극동 토착종족의 우주관과 생태

극동 토착종족의 우주관과 생태

엄순천 지음

보고사
BOGOSA

극동혼종문화권의 형성

극동 지역에는 알타이계 퉁구스족, 고아시아계 닙흐족, 계통이 불분명한 타즈족 등 인종적, 문화적으로 계통이 다른 10개 종족이 거주하고 있다. 극동은 러시아 령(領)에 속하지만 고대부터 다양한 가치를 지닌 문화들의 접촉, 교류, 타협, 충돌이 빈번했으며 이로 인해 혼종적인 새로운 문화들이 창조되는 열린 공간이었다. 극동의 오호츠크해 연안, 아무르강 중류와 하류, 연해주 지역은 전근대(前近代)부터 숙신, 읍루, 물길, 듀체르 등의 소규모 종족들, 말갈족, 여진족, 만주족처럼 국가 단위를 이룬 민족들, 부여, 옥저, 발해처럼 한민족과 관련이 있는 국가들의 흥망성쇠가 교차하였고, 근대 이후에는 러시아와 중국의 영향권에 있었다.

민족/ 종족 사이의 불평등한 위계 구조가 문화 층위에 그대로 반영된다는 문화제국주의론의 주장과 달리 문화는 고압지대에서 저압지대로, 중심부에서 주변부로, 문명지역에서 비문명 지역으로 일방적으로 흘러가는 것은 아니다. 어떤 문화든 타문화를 무비판적, 무작위적으로 수용하는 것이 아니라 자신들 기층문화의 토대 위에 수용하는 문화의 일부 요소들은 표백하고, 자신들 문화에 맞게 의미를 덧칠하면서 토착문화와 외래문화의 경계를 뛰어넘는 새로운 문화를 만들어낸다. 이러한 문화의 속성과 극동 지역의 역사적, 지정학적, 지형학적 특성으로 인해 극동 지역에는 시베리아의 다른 지역과 구별되는 독창적인 '극동혼종문화'가 만들어졌다. 극동혼종문화론은 문화담론 차원을 넘어 극동 지역의 역사, 사회, 문화적 현실 즉 근대화를 거치면서 사라져간 토착종족의 문화를 되살리고 이를 토대로 이들의 문화원형, 문화정체성을 규명하기 위한 것이다.

문화정체성을 전통, 역사, 문화의 저변에서 면면히 이어져온 정신적, 윤리적 가치, 문화원형을 문화정체성이 함의된 물질 및 정신문화의 핵심 요소라고 정의한다면, 극동 토착종족들의 전통문화에는 여전히 이들의 문화원형과 문화정체성이 자리하고 있다. 이는 1997~2005년 하바롭스크주 주립박물관의 콜리촘, 두디, 우흐타, 불라바, 보고로드스코예 울치족 마을 탐사대의 기록이 이들이 러시아인들에게 노출되기 시작한 19세기 말~20세기 초 연구자들의 기록과 거의 차이가 없다는 사실로도 알 수 있다. 즉 극동 토착종족들은 외래의 영향으로 문화적, 인종적으로 상당한 변형을 겪었지만 표층 구조의 변화였을 뿐 기층 요소들은 면면히 보존해왔다. 따라서 이들의 문화에서 외래의 요소들을 탈각시키고 남는 것이 이들의 문화원형, 문화정체성이며 그 근저에는 우주관, 토테미즘, 애니미즘, 샤머니즘 등의 전통신앙이 자리하고 있다. 현재 이들의 전통신앙은 러시아, 중국 등 주변 강대국들의 영향으로 상당부분 소실되어 구비전승으로서의 가치만 남아있는 듯 보이지만 여전히 이들 물질 및 정신문화의 기층에 자리하면서 삶의 원동력이 되고 있다.

극동 토착종족 최초의 철학, 윤리, 미학

극동 토착종족의 우주관은 자연과 주변세계, 태양과 달의 주기적 순환, 별자리의 이미지, 밤낮의 변화, 계절의 순환 등 우주와 자연에 대한 관찰에 근거한다. 이 과정에서 이들 사이에는 코스모스/ 카오스, 신/ 인간, 생/ 사, 밤/ 낮, 봄/ 가을, 여름/ 겨울, 위/ 아래, 중심/ 주변, 남/ 여, 빛/ 어둠, 아/ 타의 이원대립에 대한 자각이 싹텄고, 우주관은 신/ 인간, 인간/ 자연, 자연/ 문화를 경계 짓는 기준이 되었다. 따라서 극동 토착종족에게 우주는 신, 인간, 자연, 문화에 대한 관념이 융합된 역동적, 정적인 시공간으로 위/ 아래, 중심/ 주변, 밤/ 낮, 생/ 사, 봄/ 가을, 여름/ 겨울, 빛/ 어둠의 대립에서는 역동적인 시공간이며, 코스모스/ 카오스, 신/ 인간, 남/ 여, 아/ 타의 대립에서는 정적인 시공간이다.

이러한 이원대립적 사고를 바탕으로 고대 극동 토착종족은 자신들의 세계와 주변 미지 세계의 대립을 상정하였고, 자신들의 세계는 신에 의해 창조된 정화되고 신성한 세계, 우주의 중심, 질서와 균형이 잡힌 조직화 된 세계, 그 이외의 세계는 자신들의 세계에 대립되는 무질서하고 이질적인 타자(他)의 세계, 혼돈의 세계, 우주의 주변이라고 믿었다. 이런 우주화(宇宙化)의 사고, 아타(我他)의 이원대립적 사고는 자연과의 대립 속에서 문화가 분리되어 발전해 나가는 과정이었다. 이 과정에서 이들은 신적 존재가 신화시대에 혼돈과 무질서 속에서 우주를 창조한 뒤 자신들의 선조, 물질 및 정신문화의 토대, 삶의 체계와 질서를 창조하였다는 믿음을 가지게 되었다.

이처럼 극동 토착종족의 우주관은 우주의 구조와 자연생태계의 연쇄 사슬 속에서 인간의 위치, 인간과 주변 세계의 상호관계를 규정하는 체계적, 합리적 관념이자 우주와 인간에 대한 가치 평가적 관념이었다. 따라서 이들의 우주관은 종교적 관념이기 이전에 이들에게 사회의 조직 원리, 인간, 우주, 지구의 관계, 세계관에 관한 지침을 주는 최초의 철학이었고 윤리였으며 미학이었다. 이로 인해 우주관은 출현 이후 오랫동안 이들 사이에서 종족 및 씨족의 통합, 씨족구성원의 관계 조절 등 현실적인 기능뿐만 아니라 다양한 문화 층위 간 상호작용, 종족 및 씨족정체성, 문화정체성의 형성과 발전을 견인하는 동인이 되었다.

생태문명, 생태적 세계관으로 전환을 위한 대안

4차 산업혁명으로 전 세계 수억 명의 사람들이 시공간에 구애받지 않고 유튜브, SNS 등을 통해 세계 구석구석의 정보를 실시간으로 공유하고 있다. 스마트폰이 일상이자 삶이 되면서 글로벌 도시인 모스크바부터 오지의 극동 타이가 삼림지대 토착종족들까지, 더 나아가 러시아-우크라이나의 전장(戰場)에서도 메신저 앱을 이용한 소통이 가능해졌다. 뿐만 아니라 넷플릭스, 디즈니 플러스, 카카오 페이지, 왓챠 등의 온라인동영상서비스(OTT) 플랫폼을 통해 원하는 나라의 드라마나 영화를 언제 어디서나 시청하면서 타지역, 타민족의 문화 코드를 공유하게 되었다. 이렇듯 세계 여러 지역의 전통문화는 일상의 모든 시공간을 압축하면서 글로벌문화로 재편되고 있다.

하지만 이러한 글로벌화는 사스, 메르스, 에볼라 등의 질병 때와는 달리 COVID-19와 같은 팬데믹을 초래하는 어두운 이면을 드러냈다. COVID-19를 통해 알게 되었듯 계속되는 기후위기, 환경위기, 보건위

기 등의 생태위기, 지속적으로 증가하는 생태난민[1] 등으로 현재 인류는
'생태 위험사회'에 살고 있다. 따라서 COVID-19와 양상은 다르지만 팬
데믹 현상은 다양한 양상을 띠면서 지속될 것이고, 인류는 더 큰 위험
에 직면하게 될 것이다. 이러한 위험에서 벗어나기 위해 인류는 생태적
으로 재구성되어야 하며, 무한 경쟁과 지속 성장이 최대의 목표인 산업
문명에서 조화와 균형을 추구하는 생태문명으로, 선(線)적 시간관으로
무장한 뒤 미래를 향해 쉼 없이 달려가는 산업문명의 세계관에서 과거,
현재, 미래를 아우르면서 공존, 공감을 추구하는 원(圓)적 시간관의 생
태문명적 세계관으로 전환해야 한다.

　산업문명은 인류에게 유래 없는 물질적 풍요를 가져다주었지만 산업
문명의 세계관은 인간중심주의를 지향하기 때문에 인간이 우주의 주체
이고 인간 이외의 다른 모든 것은 인류의 발전을 위해 개척, 개발, 정복
해야 할 대상이자 도구이다. 하지만 생태문명은 인간과 자연이 공진화
(共進化)하는 문명이기 때문에 생태적 세계관은 지구중심주의를 지향하
며, 우주의 주체는 인간이 아니라 우주에 존재하는 모든 개체들이다.

　생태문명은 인간, 자연, 사회, 문화 그리고 과학, 과거, 현재 그리고
미래, 개인과 집단 사이에 조화가 이루어진 문명이며, 생태문명의 세계
관에서는 이 관계들을 보다 유기적으로 이해하면서 이 관계들의 조화
와 공존을 통해 생태형 인간(Homo Ecologius)으로 나아갈 것을 촉구한다.
산업문명의 세계관과 생태문명의 세계관의 근본적인 차이는 세계에 존

1　유엔환경계획(UNEP)에서는 생태난민을 환경파괴와 기후변화로 인해 자신이 살고 있던
　터전과 국가를 떠나온 사람들, 기후변화와 자연재해로 인한 기후난민, 환경파괴로 인한
　환경오염으로 발생한 환경난민으로 규정하고 있다. 이명희, 정영란,『모빌리티 생태인
　문학』, 앨피, 2020, p.134.

재하는 방식, 인간을 포함한 우주의 모든 개체들의 관계 맺음과 관계 설정에 대한 사유 방식에 있다.

극동 토착종족의 우주관에서 우주만물은 동일한 기원을 가지며 유기적으로 연결되어 있고 우주는 소극적, 수동적 객체들의 집합이 아니라 능동적인 주체들의 적극적이고 활발한 교류와 교감이 이루어지는 공간이다. 예컨대 에벤족 신화에서 순록의 희생적 죽음으로 땅, 산, 숲과 같은 자연물, 천둥, 바람과 같은 천체 현상, 인간과 순록이 만들어졌다. 오로치족 신화에서 대지는 다리가 8개인 뿔 없는 거대한 큰사슴에서 기원하며 큰사슴 척추는 산맥, 가죽은 숲과 풀, 이빨은 동물과 새의 기원이 되었고, 큰사슴이 다리를 바꿀 때 지진이 발생한다. 따라서 이들에게 순록과 큰사슴은 우주와 대지에 존재하는 인간, 자연물, 자연현상의 근원이자 원천이므로 우주의 모든 것은 독립적으로 존재하기 이전에 유기적으로 연결된 하나의 통일체였다. 이처럼 극동 토착종족의 우주관에서 우주만물은 지구와 우주공동체에 유기적으로 연결되어 있기 때문에 우리, 너희, 그들의 관계는 주체와 객체, 지배와 피지배의 관계가 아니라 다양한 주체들이 만들어가는 조화와 공존의 관계이다.

21세기의 극동은 산업문명과 근대화의 기치 아래 억압되고 종속되었던 토착종족들과 그들의 문화들, 그것들에게 부여되었던 이질적 시공간성이 되살아나는 공간, 포스트 국가적 상상력이 작동하는 공간이다. 물론 극동 토착종족의 전통문화가 절대적인 해법은 아니지만 이들 전통문화의 저변에는 공동체 문화가 뿌리를 내리고 있으며, 개인과 집단의 조화와 균형을 통해 공감형 사회를 이루어나간다는 가치가 자리하고 있다. 즉 극동 토착종족의 전통문화는 현재는 개념적 자원에 머물고 있지만 그 기저에는 현대 인류에게 요구되는 생태적 세계관의 철학적 사유가 자리하고 있다. 또한 이들의 우주관에 나타난 의례 의식은 생태문명에서 요구되는 인간과 지구의 관계 회복을 위한 의례 의식들, 환경 윤리 재정립을 위한 열쇠가 될 수 있다.

***

이 책의 서론에서는 '극동혼종문화론' 설정 이유를 근대화를 거치면서 사라져간 토착문화를 되살리고 이를 토대로 이들의 문화원형, 문화 정체성을 규명하기 위한 것이라고 기술하고 있다. 또 우주관은 극동 토착종족 최초의 철학, 윤리, 미학이라고 규정하면서 이들에게 우주관은 우주의 구조와 자연생태계의 연쇄사슬 속에서 인간의 위치, 인간과 주변 세계의 상호관계를 규정하는 체계적, 합리적 관념이자 우주와 인간에 대한 가치 평가적 관념이었다고 기술하고 있다. 마지막으로 '생태 위험사회'를 살고 있는 인류에게 생태문명과 생태적 세계관으로 전환할 수 있는 대안적 모델로 극동 토착종족의 우주관을 제시하고 있다.

I부에서는 극동 토착종족에 속하는 알타이계 퉁구스파 북부 그룹의 네기달족, 에벤족, 에벤키족, 남부 그룹의 나나이족, 오로치족, 오로크족, 우데게족, 울치족, 고아시아계 닙흐족, 계통이 불분명한 타즈족의 계통, 현황, 러시아에 알려진 시점 및 이후의 연구현황 등에 대해 개괄하고 있다.

II부 1장 우주의 형상에서는 극동 토착종족의 우주신화와 신석기시대로 추정되는 암벽화를 통해 우주알(卵), 우주뱀, 우주사슴, 가지가 많은 뿔을 가진 사슴의 기원, 특징, 역할을 살펴보고 있다. 2장 우주의 구조에서는 우주가 상계(上界), 중계(中界), 하계(下界)의 구조라는 삼단세계관의 기원 및 각 세계의 특징에 대해 살펴보고 있다. 3장 우주의 중심축에서는 우주목(宇宙木), 우주강(宇宙江), 우주산(宇宙山)의 기원, 특징, 역할을, 4장에서는 종족별 우주관의 특징을, 5장에서는 우주관에 근거하여 종족 간 교류, 접촉 및 분화 양상을 살펴보고 있다.

Ⅲ부 총론에서는 극동 토착종족 우주관의 특징, 이들 우주관의 세 가지 기본 개념인 우주의 형상, 우주의 구조, 우주의 중심축 관념, 우주관에 나타난 토테미즘, 샤머니즘, 기독교의 요소와 문화상징으로서 숫자 상징성과 여성상징성을 살펴보고 있다.

마지막으로 어려운 시기에 흠결 많은 원고의 출판을 흔쾌히 허락해 주신 보고사 김홍국 사장님과 늘 예쁜 책 만들어 주시는 박현정 부장님, 이소희 님께 깊은 감사의 말씀을 드린다.

1. 이 책에서 극동은 극동연방관구 중 아무르주, 하바롭스크주, 연해주, 사할린주, 마가단주 일부 지역을 가리킨다.

2. 본문에서는 퉁구스족 북부 그룹의 네기달족, 에벤족, 에벤키족, 남부 그룹의 나나이족, 오로치족, 오로크족, 우데게족, 울치족, 고아시아계 닙흐족, 계통이 불분명한 타즈족의 순으로 기술한다.

3. 문서보관소의 문서는 러시아 문서보관소의 공통적인 문서 분류방식에 따라 문서군(폰드, Ф.), 목록(오피시, Оп.), 문서철(델로, Д.), 쪽(리스트, Л) 순으로 표기했으며 쪽 숫자표기 뒤의 'Об.'는 '뒷장'을 뜻한다.

4. 출처가 표기되지 않은 그림과 사진은 필자에 의한 것임을 밝혀둔다.

5. 러시아어의 한국어 표기는 국립국어원 외래어표기법을 따른다.
   https://www.korean.go.kr/front/page/pageView.do?page_id=P000123&mn_id=97

Ⅲ부　총론　　　　　　　　　　　　　···293

I부

극동 토착종족 개관

극동은 17세기 중반 이후 러시아의 식민지 팽창정책으로 러시아 령 (領)이 된 지역으로 레나강 동쪽부터 태평양에 이르며 사할린섬과 쿠릴 열도를 포함한다.

2000년 러시아 연방 법령에 의해 연해주, 하바롭스크주, 캄차카주, 아무르주, 마가단주, 사할린주, 유대인자치주, 축치자치지구, 사하공화 국(구(舊)야쿠티야 공화국)이 포함된 극동연방관구가 조성되었는데 2018 년 러시아연방법에 의해 자바이칼주와 부랴티야 공화국도 극동에 속하 게 되었다. 극동 연방관구의 면적은 대략 620만 km2로 러시아 국토 총 면적의 36.4%이며, 러시아를 제외한 유럽 전체와 크기가 같고 유럽방 면 러시아의 1.5배이며, 극동의 1/37인 연해주도 한국보다 1.5배 크고 일본보다 1.5배 작다.[1] 극동 연방관구에는 알타이계 퉁구스파 북부그룹 의 네기달족, 에벤족, 에벤키족, 남부그룹의 나나이족, 오로치족, 오로

---

1 S. M. 두다료노크 외, 『러시아 극동지역의 역사』, 양승조 옮김, 진인진, 2018, p.558.

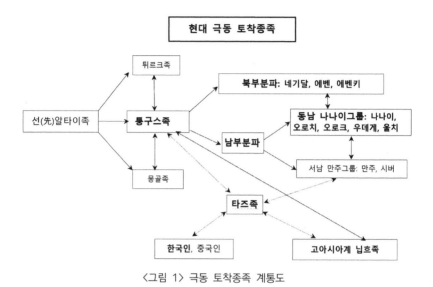

<그림 1> 극동 토착종족 계통도

크족, 우데게족, 울치족, 몽골파의 부랴트족, 튀르크파의 야쿠트족, 고
아시아계 닙흐족, 축치족, 코랴크족, 케레크족, 이텔멘족, 계통이 불분
명한 타즈족이 거주하고 있다. 엄밀한 의미에서 추콧카자치지구, 캄차
카주, 마가단주는 북극권에 속하고, 자바이칼주와 부랴티야 공화국은
동시베리아에 속하며, 유대인자치주에는 토착종족이 거의 거주하지 않
는다. 이에 이 책의 공간적 범위는 전통적 의미에서 극동에 포함되는
아무르주, 하바롭스크주, 연해주, 사할린주, 마가단주 일부지역으로 한
정한다. 오호츠크해 연안의 하바롭스크주 북부 및 마가단주 일부 지역
에는 알타이계 퉁구스파의 에벤족과 소수의 에벤키족, 연해주, 사할린
섬, 아무르강 중류와 하류지역에는 알타이계 퉁구스파 북부분파의 네
기달족, 에벤키족, 남부분파의 나나이족, 오로치족, 오로크족, 우데게
족, 울치족, 고아시아계 닙흐족, 계통이 불분명한 타즈족이 거주하는데

〈그림 2〉 극동 토착종족의 분포 현황

이 책의 범위는 이들 10개 종족이다. 이들은 인구 밀집도가 극히 낮고 오랫동안 타이가와 툰드라의 자연환경에 적합한 삶의 양태를 보존해왔으며 문화적으로도 매우 유사하다. 즉 이들은 서로를 배척하기보다는 상호교류 하면서 시베리아의 다른 지역과는 구별되는 독창적인 '극동 혼종문화'를 만들어낸 주체들이다. 타즈족은 기초 자료의 절대 부족에 더하여 COVID-19와 러시아와 우크라이나의 전쟁으로 러시아로 가는 하늘 길이 막히면서 현지조사가 이루어지지 못하여 그 내용이 매우 미진하다. 하지만 2019년 이후 타즈족의 기원에 한국인 여성이 중요한 역할을 하였다는 러시아 연구자들의 연구 결과를 국내 학계에 환기시키기 위해 미진한 대로 연구 범위에 포함시켰다.

Ⅰ. 퉁구스계 북부 종족 개관

1. 네기달족 개관

네기달족은 언어 계통상 알타이어족 퉁구스어파 북부분파에 속하며 언어적으로는 퉁구스계 북부분파의 에벤키족 기원이지만 경제활동 양식과 문화에서는 퉁구스계 남부분파의 나나이족, 울치족, 고아시아계 닙흐족에 가깝다.[2] 러시아에 거주하는 네기달족은 17세기 말 대략 390명, 19세기 중반 351명, 1897년 423명, 20세기 초 400명, 1926~1927년 371명[3]이었다. 하사노바(М. М. Хасанова)와 페브노프(А. Певнов)에 의하면 1990년대 말 대략 350명 이상이 생존해있었고 당시 하바롭스크주 행정당국의 통계조사에서도 400명을 웃돌았다.[4] 2010년 러시아 인구조사에 의하면 네기달족은 522명이 생존해 있었는데 울치 마을에 193명, 폴리나 오시펜코 마을에 157명, 블라디미롭카 마을에 103명 등으로 하바롭스크주에 505명이 집중되어 있었으며, 2021년 인구조사에 의하면 동일 지역에 481명이 거주하고 있다.[5] 네기달족은 거의 3세기 동안 다

---

2 В. И. Цинциус, Негидальский язык. Исследования и материалы, Л.: Наука, 1982, p.3.

3 Б. О. Долгих, Родовой и племенной состав народов Сибири в XVII веке, М.: АН СССР, 1960, p.603; Н. К. Бошпяк, "Экспедиции в При-Амурском крае", МС 3(март), 1859, p.213; С. Патканов, Статистические данные, показывающие племенной состав населения Сибири, язык и роды инородцев (на основании данных специальной разработки материала переписи 1897 г.) 3, СПб.: Тип. Ш. Буссель, 1912, pp.933-934; К. М. Мыльникова, В. И. Цинциус, Материалы по негидальскому языку, М.-Л.: АН СССР, 1931, p.108.

4 М. М. Хасанова, А. Певнов, Негидальцы: язык и фольклор, p.228, http://hdl.handle.net/2115/57373. 검색일: 2022.07.05.

〈그림 3〉 네기달족의 거주지와 블라디미롭카 네기달족 마을
https://www.komandirovka.ru/cities/vladimirovkafhg/. 검색일: 2022.08.02.

른 토착종족과 달리 급격한 감소는 없었지만 여전히 절멸(絶滅)의 위기에 놓여있기 때문에 인류문화 보존 차원에서 관심을 기울여야 한다.

네기달족의 주요 거주지는 암군강과 아무르강 하류인데 1940년대 초까지는 주로 암군강 중류와 하류에 거주하면서 엠군 베이에닌(emgun bejɛnin, 암군강의 사람들)을 자칭(自稱)으로 사용하였다.[6] 네기달족은 1682년 알바진 요새도시에 있던 카자크인 프롤로프(Г. Фролов)의 암군강 탐사로 러시아에 알려지기 시작했지만[7] 극소수여서 특별한 관심을 끌지

5 История и культура негидальцев: историко-этнографические очерки (И иК Нег), А. Ф. Старцев (Ред.), Владивосток: Дальнаука, 2014, p.7; Национальный состав населения Российской Федерации согласно переписи населения 2021 года, https://rosstat.gov.ru/storage/mediabank/Tom5_tab1_VPN-2020.xlsx. 검색일: 2020.12.10.

6 М. Хасанова, А. Певнов, там же, p.229.

7 РГАДА, Ф.192, Оп.1-6, Д.36, Л.193; Ф.214, Кн.1647, Л.137; Кн.1084, Л.16-34; Ф.192, Кн.1647, Ст.747, Л.56-64.

못하였다. 하지만 1844~1845년 시베리아와 극동을 탐사한 미덴도르프 (A. Миддендорф)가 암군강 토착민들을 네기달족이라고 기록하면서 본격적으로 러시아인들의 관심을 받게 되었다.[8] 당시 네기달족은 씨족정체성은 확고했지만 자신들이 독자적인 종족이라는 의식은 가지고 있지 않았으므로[9] 19세기까지도 이들에게 중요한 것은 종족이 아니라 부계 씨족이었다.

1850년대 아무르강과 사할린섬을 탐사한 시렌크(Л. Шренк)는 극동 토착종족에 대한 자료를 수집하면서 네기달족의 인종적, 지리적 경계를 제시하였고 암군강 토착민들을 암군 퉁구스라고 기록하였다.[10] 1851년 여름 네벨스코이(Г. И. Невельской) 탐사대의 암군강 탐사는 비록 정치적인 성격을 띠었지만 탐사대가 수집한 민속학, 통계학 자료는 지금까지도 네기달족 연구에서 중요한 기초자료의 역할을 하고 있다.

1920~1930년대 밀리니코바(К. М. Мыльникова), 친치우스(В. И. Цинциус), 립스키(А. Н. Липский) 등은 열정적으로 암군강 네기달족 마을에 대한 현지조사를 수행하였다.[11] 이는 1950~1960년대 이바노프(С. В. Иванов, 1937, 1954, 1963), 레빈(М. Г. Левин, 1931, 1936, 1958), 스몰랴크(А. В. Смоляк, 1962, 1966a, 1966b, 1974, 1975) 등에 의한 네기달족 언어와 문화 연구의 기반이 되었다. 1961년 콜레스니코프(В. Д. Колесников)와 콘스탄티노프(О. А. Константинов)가 암군강 하류 네기달족 마을에서

---

8 М. Хасанова, А. Певнов, там же, p.229.

9 М. Хасанова, А. Певнов, там же, p.230.

10 Л. Шренк, Об инородницах Амурского края 2, СПб.: АН СССР, 1889, p.157.

11 Народы Сибири. Этнографические очерки, М. Г. Левина, Л. П. Потапова (Ред.), М.-Л.: АН СССР, 1956, pp.776-782.

직접 조사, 수집한 네기달어 단어들은 『만주퉁구스 제어 비교사전』(CC
TMЯ, 1975, 1977)에 포함되었고, 탐사 결과물은 『소연방 제(諸)민족의 언
어들(Языки народов СССР)』에 「네기달어」로 포함되었다. 이후 셈(Л. И.
Cем), 셈(Ю. А. Cем, 2002), 포드마스킨(В. В. Подмаскин, 1984, 2004, 2018),
페브노프(2013, 2016), 하사노바(1998, 2007), 셈(Т. Ю. Cем, 1990, 2012), 베
레즈니츠키(С. В. Березницкий, 2003, 2005), 스타르체프(А. Ф. Старцев,
2002, 2012), 얀체프(Д. В. Янчев, 2002, 2006, 2014), 사마르(А. П. Самар,
2014), 일본의 추마가리(Т. Цумагари)와 카자마(С. Кадзама) 등에 의해
네기달족 연구의 맥이 이어지고 있다.

2. 에벤족 개관

〈그림 4〉 21세기 에벤족의 거주지와 인접 종족 현황

에벤족은 언어 계통상 알타이어족 퉁구스어파 북부분파에 속하며,
2002년 러시아 인구조사에 의하면 러시아 사하공화국에 11,657명, 마

가단주에 2,527명, 캄차카반도에 1,779명, 추콧카반도에 1,407명, 하바 롭스크주에 1,272명 등 약 2만 명이 거주하는데 2021년에도 큰 변화는 없었다.[12] 언어, 인종, 문화적 특성에 근거할 때 에벤족은 퉁구스계 북부분파의 에벤키족과 동일 기원이지만 씨족명의 형태적 특성, 기본 생업인 순록사육의 차이[13] 등에 근거할 때 일정 시점 독자적인 종족으로 분화되었다.

에벤이란 단어가 러시아 문헌에 처음 등장한 것은 1639~1642년 모스크비틴(Ю. И. Москвитин)의 제1차 캄차카탐사대에 통역으로 참가한 페트로프의 기록을 통해서이다.[14] 하지만 당시 에벤은 독립된 종족으로 에벤족을 가리키는 것이 아니라 에벤족과 에벤키족의 선조를 일컫는 예본(ebon)의 음성변형이므로 당시 독자적인 종족으로 에벤족의 분화는 아직 이루어지지 않았다.

19세기 후댜코프(И. А. Худяков, 1890), 보고라스(В. Г. Богораз, 1927), 이오헬손(В. И. Иохельсон, 1895, 1907), 소비에트 시기 레빈(М. Г. Левин, 1931, 1958), 포포바(Г. Попова, 1981) 등에 의해 에벤족 연구가 수행되었지만 단편적 소개와 정보전달이 주를 이루었다. 1957년 친치우스와 리

---

12 "Национальный состав населения Российской Федерации согласно переписи населения 2021 года", https://ru.wikipedia.org/wiki/%D0%AD%D0%B2%D0%B5%D0%BD%D1%8B, 검색일: 2022.12.10.

13 에벤키족 씨족명에는 -gir가 규칙적으로 접미되는 유형이 많지만 에벤족 씨족명의 경우 에벤키족 기원의 씨족명 외에는 그런 규칙성은 발견되지 않고, 에벤키족은 에벤족과 달리 순록의 젖을 식생활에 응용하며, 에벤키족의 춤은 시베리아 - 퉁구스형인 반면 에벤족의 춤은 고아시아계 추콧 - 코랴크형이다.

14 Н. Н. Степанов, "Русские экспедиции в XVII веке на Охотском побережье и их материалы о тунгусских племенах", УЗЛГПИ 188, 1959, pp.179-254.

세스(В. И. Цинциус, Л. Д. Ришес)에 의해『에벤어 – 러시아어 사전(Эвен
ско-русский словарь)』이 출판되면서 에벤족 연구의 학술적 기반이 마
련되었지만 이후 에벤족 연구는 거주지인 러시아에서조차도 거의 이루
어지지 않았다. 21세기 들어 로벡(В. А. Роббек, 2005), 로벡(М. Е. Роббек,
2004), 바라비나(Г. Н. Варавина, 2014) 등에 의해 보다 체계적으로 연구
가 진행되고 있지만 여전히 미흡한 실정이다.

3. 에벤키족 개관

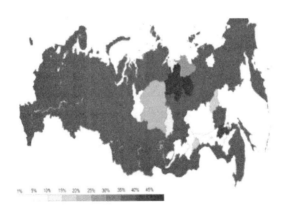

〈그림 5〉 에벤키족의 거주지. 색의 농도와 밀집도는 비례
https://ru.wikipedia.org/wiki/%D0%AD%D0%B2%D0%B5%D0%BD
%D0%BA%D0%B8

　에벤키족은 언어 계통상 알타이어족 퉁구스어파 북부분파에 속하며
2010년 러시아의 이르쿠츠크주, 아무르주, 사할린주, 사하공화국, 부랴
티야공화국, 크라스노야르주, 바이칼주, 하바롭스크주에 37,100명, 중

국의 네이멍구(內蒙古) 자치구와 헤이룽장성(黑龍江省) 쉰커(遜克)현, 후
마(呼瑪)현, 타허(塔河)현에 39,500명, 몽골에 1,000명 등 총 77,000명이
생존해 있었는데 2021년에도 큰 변화는 없었다.[15] 이 중 약 4,000명 정
도가 극동에 거주하고 있으며 중국에 거주하는 그룹은 어윈커족(鄂溫克
族)으로 불린다.

에벤키족은 16세기부터 러시아의 기록에 등장하는데 시베리아와 극
동의 다른 토착종족과 비교할 때 거주 지역이 상당히 넓기 때문에 거주
지역이나 씨족에 따라 외형, 언어, 생활양식, 세계관 등에서 차이가 난
다. 하지만 동일 종족으로 범주화할 수 있을 만큼 공통의 문화 요소를
보유하고 있다. 에벤키족은 극동의 다른 토착종족보다 상대적으로 연
구가 많이 되었으며 20세기 초까지 시베리아 관련 기록이나 문헌의 '퉁
구스족'은 에벤키족을 가리킨다.

20세기 초중반 에벤키족 연구는 비약적인 발전을 하였는데 이는 바
실례비치(Г. М. Василевич, 1936, 1943, 1957, 1959, 1966)의 개인적 역량에
의한 것이었다. 그의 연구 분야는 언어학, 문학, 민속학, 역사학, 고고학
의 전 분야를 아울렀고 개별적, 산별적으로 진행되던 에벤키족 연구를
집대성하여 '에벤키학'을 정립하는 성과를 올렸다. 1969년 출판된 그의
저서 『에벤키족: 18~19세기 초 역사 – 민속학 개요(Эвенки: Историко-
этнографические очерки XVIII-начала XX в.)』는 다양한 지역 에벤키족
의 물질 및 정신문화를 총괄하고 있다.

---

15 "Всероссийская перепись населения 2010. Национальный состав населен
    ия РФ 2010", http://www.gks.ru/free_doc/new_site/perepis2010/perepis_itogi1612.
    htm, 검색일: 2022.07.06.

1950년대 중반 이후 오클라드니코프(А. Л. Окладников, 1943, 1958), 오클라드니코프(А. П. Окладников, 1937, 1949, 1950, 1955, 1968, 1970, 1973, 2003, 2013) 등에 의해 에벤키족의 인종형질학적 재구, 돌기흐(Б. О. Долг их, 1946, 1952, 1953, 1955, 1958, 1960, 1970), 투골루코프(В. А. Туголуков, 1958, 1960, 1962, 1969, 1970, 1972, 1974, 1975, 1979, 1980a, 1980b, 1980c, 1985/ 1997)에 의해 포드카멘나야 퉁구스카강을 비롯한 다양한 지역 에벤키족의 씨족 구조와 사회조직, 의례, 의식 등이 연구되었다. 카를로프(В. В. Карлов, 1971, 1982)는 20세기 이전 에벤키족의 사회와 경제구조, 유목공동체에 대해, 예르몰로바(Н. В. Ермолова, 1984)는 연해주와 사할린섬 에벤키족의 기원과 이주 과정에 대해 연구하였다.

1980년대 말부터 연구자들은 에벤키족 전통문화의 생태적 특성에 관심을 가지기 시작했는데 투로프(М. Г. Туров, 1990, 1998, 2013)는 이르쿠츠크주 에벤키족에게서 수집한 자료를 기초로 에벤키족의 자연 활용 체계를 연구하였다. 1990년대부터는 기존에 알려지지 않은 소규모 에벤키족 씨족에 관한 연구물들이 발표되었는데 막시모바(И. Е. Максимова, 1992a, 1992b, 1994)의 심강 – 케트강 에벤키족 연구, 카탄강 에벤키족 연구 등이 대표적이다. 또한 이 시기 쿨렘진(В. М. Кулемзин, 1996), 예고로바(А. И. Егорова, 1996), 페레발로바(Е. В. Перевалова, 1992, 2004) 등에 의해 에벤키족의 행동문화에 관한 연구물이 발표되었다. 21세기 들어 에벤키족의 정신문화에 관한 바라비나(Г. Н. Варавина, 2014), 설화에 관한 바를라모바(Г. И. Варламова, 2004), 소규모 씨족에 관한 시리나(А. А. Сирина, 1992, 1995, 2002, 2011)의 연구가 두드러진다. 이상의 러시아 연구물들은 현지 탐사, 공개 미공개 출판물, 설화, 에벤키족과의 인터뷰 자료 등에 기초하고 있기 때문에 구체성, 현실성, 사실성이 매우 뛰어나다.

II. 극동 퉁구스계 남부 종족 개관

1. 나나이족 개관

나나이족은 언어 계통 상 알타이어족 퉁구스어파 남부분파에 속하며 극동 토착종족 중 가장 규모가 크다. 2021년 러시아 인구조사에 의하면 하바롭스크주에 10,771명, 연해주에 387명, 사할린섬에 137명 등 약 11,623명이 거주하고 있는데[16] 이는 2010년의 12,000명보다 다소 감소한 수치이다. 이외 중국 동북지역의 숭가리(松花)강과 우수리(烏蘇里)강 유역에 약 5천 명이 거주하는데 이들은 허저(赫哲)라고 불린다. 나나이는 나나이인 코로 사마르가 잡지 『타이가(Тайга)』 1호에 「나나이족의 사냥 전통」을 게재한 이후 이들의 공식적인 종족명이 되었다.[17]

러시아인이 극동에 본격적으로 진출한 19세기 말 나나이족은 거주 지역에 따라 아무르강 상류, 아무르강 하류, 고린강, 쿠르강, 볼로니 호수, 우수리강의 6개 그룹으로 나누어졌는데 이 중 아무르강 상류와 하류 그룹의 규모가 가장 컸다.[18] 이들의 경계는 숭가리강이었는데 상류 나나이족은 만주족, 하류 나나이족은 퉁구스계 울치족과 고아시아계 닙흐족의 영향을 많이 받았다.[19] 나나이족은 거주 지역의 광범위함, 이

---

16 "Национальный состав населения Российской Федерации согласно переписи населения 2021 года", https://ru.wikipedia.org/wiki/%D0%9E%D1%80%D0%BE%D1%87%D0%B8. 검색일: 2022.07.03.

17 История и культура тазов историко-этнографические очерки (вторая половина XIX-начало XXI в.) (ИиК Тазов), А. Ф. Старцев (Ред.), Владивосток: Дальнаука, 2019, p.60

18 История и культура нанайцев: историко-этнографические очерки (ИиК Нанайцев), В. А. Тураев (Ред.), СПб.: Наука, 2008, p.5.

<그림 6> 나나이족의 거주지
http://www.myshared.ru/slide/472315

로 인한 자연환경의 차이로 멀리 떨어진 동족보다 인접한 다른 퉁구스
족이나 고아시아계 닙흐족과 더 활발하게 교류하였다. 그 결과 지역 그
룹에 따라 세계관, 씨족 구성, 문화적 특성, 방언, 혼인 방식에서 많은
차이가 나지만 자칭(自稱)과 언어의 동질성에 근거하여 동일 종족으로
분류된다.

　나나이족 연구는 러시아가 극동에 본격적으로 진출한 19세기 중후
반부터 인류학, 종교학, 민속학 등 다방면에서 체계적으로 이루어졌는
데 심케비치(П. П. Шимкевич, 1896), 시렌크(1883, 1889, 1903), 아르세니예
프(В. К. Арсеньев, 1921, 1923), 로파틴(И. А. Лопатин, 1922), 립스키(А. Н.

19 А. В. Смоляк, "Представления нанайцев о мире", Природа и человек в
религиозных представлениях народов Сибири и Севера (вторая полови
на XIX-начало XXв.), Л.: Наука, 1976, p.131.

Липский, 1923, 1956), 립스카야 – 발리론드(Н. А. Липская-Вальронд, 1925), 코지민스키(И. И. Козьминский, 1927), 시테른베르크(Л. Я. Штернб ерг, 1933), 이바노프(1976), 스몰랴크(1976) 등이 대표적이다. 20세기 중 후반부터는 페트로바(Т. И. Петрова, 1960), 킬레(Н. Б. Киле, 1976, 1996), 가예르(Е. А. Гаер, 1984), 킬레(А. С. Киле, 2004) 등 나나이족 출신의 연구 자들에 의해 타자가 아닌 주체적 시각에서 연구되기 시작하였다. 한편 20세기 중반 이후 나나이족 연구가 비약적인 발전을 할 수 있었던 것은 셈(Ю. А. Сем, 1959, 1965, 1986, 1990, 1992), 셈(Л. И. Сем, 1961, 1976, 1997)의 개인적 역량에 의해서이며, 2020년 셈과 셈(Ю. А. Сем, Л. И. Сем)은 나 나이족의 구비전승을 집대성하는 성과를 거두었다.

2. 오로치족 개관

오로치족은 언어 계통상 알타이어족 퉁구스어파 남부분파에 속하며 2021년 러시아 인구조사에 의하면 러시아에 527명이 거주하고 있다. 이 중 426명이 하바롭스크주에 집중되어 있고, 마가단주에 126명, 사할 린섬에 42명, 연해주에 24명이 거주하며, 우크라이나에도 288명이 거 주하므로 대략 800명이 생존해 있다.[20] 이는 2002년의 1,000명에 비해 20% 정도가 감소하였는데 이러한 추세가 계속된다면 머지않아 오로치 족의 맥이 끊어지는 것은 자명한 사실이므로 인류문화 보존 차원에서

---

20 "Национальный состав населения Российской Федерации согласно пере писи населения 2021 года", https://ru.wikipedia.org/wiki/%D0%9E%D1%80%D0% BE%D1%87%D0%B8. 검색일: 2022.07.03.

관심을 기울여야 한다.

종족명 오로치가 처음 문헌에
등장한 것은 1787년 하바롭스크주
데-카스트리 만에서 사냥과 어로
에 종사하는 오로치족을 만난 프
랑스인 라페루즈(F. G. Laperous)에
의해서다.[21] 19세기 말 오로치족은
거주지에 근거하여 아무르, 훈가
리, 툼닌, 연해주(하딘), 코피의 5개
그룹으로 나누어졌다.[22] 현재 대다
수 오로치족은 툼닌강 하구 우시

〈그림 7〉 2021년 기준
오로치족의 거주지

카 마을, 훈가리강, 콤소몰지역 쿤 마을에 거주하므로[23] 19세기 말과 비
교할 때 거주지의 변화는 거의 없다. 오로치족은 지역 그룹에 따라 씨
족, 문화적 특성, 방언 등에서 차이가 나지만 동일 종족임을 부정할 만
큼은 아니다. 오로치족은 계절형 유목생활을 했는데 시호테알린산맥까
지 유목 범위에 포함되었기 때문에 이들의 활동 범위는 상당히 넓었다.

---

21 F. Albert, Die Waldmenshen Udehe: Forschungreisen in Amur und Ussurigebief,
    Darmstadt: C. W. Zeske Verlag, 1956, p.5; F. G. de Laperous, A vouage rouhd the world
    in the years 1785, 1786, 1787 and 1788. In vol. 3 London, 1788. Vol.2, pp.422-446.

22 В. П. Маргаритов, Об орочах Императорской Гавани, СПб.: ТИАН, 1888,
    p.4.

23 О. А. Ильяшевич, Традиционная жизнедеятельность орочей и ее трансфо
    рмации в XX-XXI веках, Диссерт. ...Канд. Культурологии, Дальневосточн
    ый Государственный Гуманитарный университет, Комсомольск-на-Аму
    ре, 2006, p.61.

〈그림 8〉 아쿤카 마을의 오로치인들
https://rushrono.ru/people_orochi.html

이로 인해 오로치족은 여러 종족들과 혼종, 융합되었고 이는 이들의 종족정체성, 문화정체성에 적지 않은 영향을 주었다.

러시아의 첫 오로치족 연구자는 1852년 아무르 탐사대에 참가한 보시냐크(Н. К. Бошняк, 1859)이며, 1927~1928년 쿠푸틴(Б. А. Куфтин)이 이끄는 극동 퉁구스족 탐사대에 의해 학문적으로 가치 있는 오로치족 문화 자료들이 상당수 축적되었다.[24] 1930년대 초부터 극동 토착종족의 역사, 문화에 대한 학문적 성과물들이 급증하였고 연구 범위가 다방면으로 확장되면서 오로치족 연구도 한 단계 발전하였다. 이 시기 토테미즘, 사회구조, 원시 신화에 관한 졸로타료프(А. М. Золотарев, 1934, 1964), 예술과 문양에 대한 시네이데르(Е. Р. Шнейдер, 1930)와 이바노프

----

24 Н. К. Бошняк, там же, pp.193-212; ГАХК. Ф.357, Оп.1, №60, Л.187-189а (фонд Б. А. Куфтина, Информация о Тунгусской экспедиции)

(1937, 1954, 1963, 1976), 인종 정체성에 대한 레빈(1936)의 연구물이 두드러진다.

1959년 소비에트연방 언어학연구소 아무르언어학탐사대를 이끌었던 압로린과 레베죠바(В. А. Аврорин, Е. П. Лебедев, 1966)에 의해 오로치족의 구비전승 및 언어가 상세하게 연구되었으며, 라리킨(В. Г. Ларькин, 1964)에 의해 오로치족 정신 및 물질문화를 총괄한 연구서가 발표되었다. 이후 20세기 말까지 종족 계통, 사회구조, 문화, 인류학 등 다방면에서 오로치족 연구가 수행되었는데 이들의 신화 및 정신문화에 관한 베레즈니츠키(1999, 2003), 기원 및 정신문화에 관한 포드마스킨(2001)의 연구는 매우 체계적이고 정교하다.

3. 오로크족 개관

오로크족은 고아시아계 닙흐족, 퉁구스계 에벤키족과 함께 사할린섬 3대 토착종족에 속하며[25] 그 기원은 여전히 베일에 가려있지만 17세기경 사할린섬 토착종족과 대륙 퉁구스족의 혼종 인종으로 추정된다.[26]

---

25 에벤키족은 19세기 중반 대륙에서 사할린섬으로 이주하였으므로 오로크족, 닙흐족보다 늦은 시기에 사할린섬 토착종족의 대열에 합류하였고, 제2차 세계대전 이전에는 아이누족도 사할린섬에 거주하였으나 종전 이후 모두 일본으로 떠났다. 사할린섬의 토착종족들은 1640~1650년대 러시아 농민들의 사할린섬 이주, 1639년 모스크비틴의 태평양 탐사, 1645년 포야르코프의 사할린섬 탐사 등에 의해 러시아에 알려지기 시작하였다. 하지만 18세기 중반까지 이들에 대한 정보는 제한적, 단편적, 구두적 성격이 강했고 정보의 연결성도 부족하였다.

26 История и культура уйльта (ороков) Сахалина: историко-этнографические очерки (XIX-XXI вв.) (ИиК Уйльта), В. В. Подмаскин (Ред.), Владивосток:

<그림 9> 2021년 기준 오로크족 거주지

오로크족은 언어 계통상 알타이어족 퉁구스어파 남부분파에 속하며 나나이어 하위 그룹으로 분류되기도 하지만 형태·통사 층위에서는 울치어와 매우 유사하다.[27] 오로크족은 1897년 러시아 인구조사 당시 총 749명이 생존해 있었고, 1926년에는 사할린섬 북쪽 지역에 162명, 남쪽 지역에 300명가량으로 대략 450~460명이 생존해 있었는데 2021년에는 258명이 생존해 있다.[28] 오로크족은 20세기 말부터 지속적으로 감소하고 있으며 현재는 절멸의 위기에 놓여있기 때문에 인류문화 보존 차원에서 특별한 관심을 기울여야 한다.

오로크족은 사할린섬의 역사와 함께하면서 굴곡진 삶을 살아왔다. 사할린섬은 19세기 중반부터 제국 열강들의 각축의 장이 되었는데 1855년부터는 러시아와 일본의 공동 지배, 1875부터는 러시아의 단독

Дальнаука, 2021, p.11.

27 J. A. Alonso de la Fuente, The Ainu Languages: Traditional Reconstruction, Eurasian Areal Linguistics, and Diachronic (Holistic) Typology, PhD in philol. sci. diss, Euskal Herriko Unibertsitatea, 2012, p.6.

28 Ороки, https://ru.wikipedia.org/wiki/%D0%9E%D1%80%D0%BE%D0%BA%D0%B8. 검색일: 2022.04.24.

〈그림 10〉 20세기 초 오로크족 МАЭ, №2446-72.
https://travelask.ru/articles/oroki-nani-korennoy-narod-sahalina

지배, 1905년부터는 위도 50° 이남(以南) 지역은 일본, 이북(以北) 지역
은 러시아의 지배를 받았고, 1945년부터는 섬 전체가 소연방에 귀속되
었다.[29] 1905~1945년 소련과 일본에 의해 사할린섬이 남북으로 분할되
면서 오로크족도 거의 40년 동안 남북으로 분리되어 생활하였는데 이
는 이들의 문화에 적지 않은 흔적을 남겼다. 하지만 이는 표층 구조에
서의 변화일 뿐 기층의 요소는 여전히 공통으로 보존하고 있다.

　　오로크족에 대한 최초의 문헌 기록은 제2차 캄차카탐사대(1733~1743)
에 참가했던 린데나우(Я. И. Линденау)에 의해서이다.[30] 19세기 말 이후
시렌크(1883), 폴랴코프(И. С. Поляков, 1883, 1884), 팟카노프(1906), 바실
리예프(Б. А. Васильев, 1929), 시테른베르크(1933), 스몰랴크(1975), 이바
노프(1963), 페트로바(1967), 레빈(1958), 셈(Ю. А. Сем, 1965), 펜스카야(Т.

29　ИиК Уильта, p.11.

30　Народы Сибири. Этнографические очерки, М. Г. Левин, Л. П. Потапов (Ре
　　д.), М.-Л.: АН СССР, 1956, p.856.

В. Пенская, 1984, 1985) 등에 의해 이들의 언어, 인종적 특징, 다른 퉁구스족과의 계통 관계, 종족명, 문양 등이 연구되었다. 포스트소비에트 시기에는 룬(Т. П. Роон, 1994, 1996, 1999), 페브노프(2013, 2016), 미소노바 (Л. И. Миссонова, 2002, 2005, 2006, 2013, 2014, 2017), 푼크(Д. А. Функ и др., 2000), 포드마스킨(2012, 2013, 2019, 2020) 등에 의해 연구의 맥이 이어지고 있다.

4. 우데게족 개관

우데게족은 언어 계통상 알타이어족 퉁구스어파 남부분파에 속하며 2021년 러시아 인구조사 당시 대략 1,500명이 생존해 있었는데 이 중 784명은 연해주, 609명은 하바롭스크주, 42명은 우크라이나에 거주하고 있다.[31] 1927년 러시아의 우데게족은 1,357명이었으므로 극동의 다른 토착종족과 달리 20세기 초 대비 크게 감소하지는 않았지만 여전히 절멸의 위기에 놓여있다.

우데게족은 19세기 중반 동쪽에서는 태평양 연안, 서쪽에서는 우수리강 우측 지류인 호르강, 비킨강,[32] 이만강(볼리세우수리강) 중류, 북쪽과

---

31 "Национальный состав населения Российской Федерации согласно переписи населения 2021 года", там же, 검색일: 2021.09.10.
32 비킨강은 우수리강 우측 지류로 시호테알린산맥의 지생태학(地生態學)적 시스템에서 가장 핵심이 되는 지형이다. 나나이족, 오로치족, 우데게족 등은 비킨강 연안에서 서로 인접하여 교류하면서 독창적인 극동 남부 문화를 만들어갔다. О. О. Звиденная, Н. И. Новикова, Удэгейцы: охотники и собиратели реки Бикин (Этнологическая экспертиза 2010 года), М.: Стратегия, 2010, p.24.

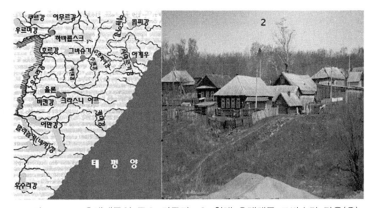

〈그림 11〉 1. 우데계족의 주요 거주지   2. 현대 우데계족 그바슈기 마을(우)
В. М. Пацкова, 2020.

북서쪽에서는 아무르강 지류인 아뉴이강, 구르강,[33] 우르미강, 연해주
의 사마르가강 등 시호테알린산맥의 양 경사면, 우수리강 우측 지류와
아무르강 연안에 주로 거주하였고 거주 지역에 따라 7개 그룹으로 나
누어졌다.[34] 사할린섬에도 소수가 거주하지만 이들은 아무르강에서 이
주하였기 때문에 별도의 그룹으로 분류하지는 않는다.

거주지역이 광범위한 만큼 우데계족은 극동 지역의 여러 토착종족들
과 인접하여 생활하였는데 북동쪽에서는 오로치족, 북쪽에서는 나이힌
나나이족과 쿠르 우르미 나나이족, 남쪽에서는 타즈족과 경계를 이루
었으며[35] 이는 이들의 종족 및 문화정체성에 많은 영향을 주었다. 이로
인해 연해주 그룹에서는 퉁구스족, 만주족, 튀르크족, 고대 한민족, 말

---

33 1973년 이전에는 훈가리강으로 불렀다.
34 В. К. Арсеньев, "Китайцы в Уссурийском крае", ЗРГО 10(1), 1914, pp.34-35.
35 В. К. Арсеньев, там же, pp.34-35.

갈족의 요소가, 하바롭스크주 그룹에서는 고아시아계 닙흐족의 요소가 강하게 발견되지만[36] 언어적 특성에 근거하여 동일 종족으로 분류된다.

19세기 말까지 대다수 연구자들은 우데게족을 오로치족과 동일 종족으로 간주하거나 오로촌족이라고 불렀다. 1902년 브라일롭스키(C. H. Браиловский)의 「타즈족 혹은 우데게족(Тазы или yguhə)」[37] 이후 독자적인 종족으로 인정받게 되었지만 규모가 너무 작아 러시아인의 관심을 끌지는 못하였다. 그런데 1929년부터 파데예프(A. A. Фадеев)의 소설 「우데게족의 마지막 사람(Последний из удэге)」이 잡지 『옥탸브리(Октябрь, 10월)』[38]에 연재되면서 비로소 러시아인들 사이에 널리 알려지게 되었다. 우데게족 연구에는 아르세니예프(1912, 1914, 1926)가 지대한 영향을 끼쳤는데 그가 수집한 현지 자료들은 연해주국립박물관(ПГОМ) 등에 보관되어 있으며 지금까지도 우데게족 연구의 중요한 기초자료의 역할을 하고 있다.

20세기 중후반까지도 비록 소수의 연구자 중심이지만 우데게족 연구의 맥은 지속적으로 이어졌으며, 1990년 이후 니키틴(O. Никитин, 1989), 스몰랴크(1999), 포드마스킨(1984, 1991, 1998), 시모노프(M. Д. Симонов и др., 1998), 스타르체프(2002, 2005, 2017), 베레즈니츠키(2003, 2005) 등에 의해 인접한 다른 퉁구스족과의 비교 속에서 연구가 이루어지고 있다. 하지만 여전히 연구자의 절대 부족으로 다각도의 입체적인 연구보다는 연구자 개인의 역량에 많이 의존하고 있다.

---

36 A. B. Смоляк, "Удэгейцы", Народы и религия мира. Энциклопедия, B. A. Тишков (Ред.), M.: БРЭ, 1999, p.561.

37 C. H. Браиловский, Тазы или yguhə, СПб.: ТКМ, 1902.

38 A. A. Фадеев, Последний из удэге, M.: ХЛ, 1982.

5. 울치족 개관

울치족은 언어 계통상 알타이어족 퉁구스어파 남부분파에 속하며, 러시아 인구조사에 의하면 러시아에 거주하는 울치족은 1897년 1,455명, 1959년 2,055명, 1970년 2,448명, 1979년 2,552명, 1989년 3,233명, 2002년 2,913명, 2010년 2,913명, 2021년 2,472명이다.[39] 울치족은 다른 토착종족과 달리 19세기 말에 비해 그 수가 증가하였는데 이는 실질적인 증가가 아니라 과거 러시아 인구조사의 부정확함, 종족 파악의 오류 등에 의한 것이다. 현재 울치족의 주요 거주지는 하바롭스크주 울치 지역 두디 마을, 불라바 마을, 콜리촘 마을, 몽골 마을, 우흐타 마을, 티르 마을인데[40] 중심지는 약 700명의 울치족이 거주하는 불라바 마을이다.

울치족은 17세기 초 카자크인에 의해 처음으로 러시아에 알려졌지만 오랫동안 러시아인들의 관심 밖에 머물렀다. 하지만 19세기 중후반 러시아의 적극적인 극동 진출과 함께 울치족 거주지에 러시아인 마을이 조성되면서 본격적으로 러시아인들에게 알려지게 되었다. 20세기 초 시렌크(1883, 1899, 1903), 시테른베르크(1933) 등에 의해 이들의 의례의식이 기록되었으며, 20세기 중후반 스몰랴크(1966, 1980, 1982, 1991)에 의해 울치족 물질 및 정신문화 연구는 한 단계 도약하였는데 여기에는 가예르(E. A. Гаер, 1974, 1984)도 적지 않은 역할을 하였다.

1997~2005년 하바롭스크주 주립박물관의 콜리촘, 두디, 우흐타, 불라바, 보고로드스코예 울치족 마을 탐사로 울치족 연구는 비약적인 발

---

39 "Национальный состав населения Российской Федерации согласно переписи населения 2021 года", там же, 검색일: 2021.09.10.

40 "Всероссийская перепись населения 2010", там же, 검색일: 2022.07.06.

전을 하였다. 탐사대의 기록은
19세기 말~20세기 초 연구자들
의 기록과 거의 차이가 없는데
이는 러시아인의 영향으로 문
화적, 인종적으로 상당한 변형
을 겪었지만 표층 구조의 변화
였을 뿐 기층 요소들은 꾸준히
보존되어왔음을 말해준다. 21
세기 들어 베레즈니츠키(1999,
2003), 스타르체프(2003), 마르티
노바와 슬리페츠카야(H. B.Map

<그림 12> 2021년 기준 울치족 거주지

тынова, Д .Р. Слипецкая, 2021) 등에 의해 울치족 연구의 맥이 이어지고
있다.

Ⅲ. 고아시아계 닙흐족 개관

닙흐족은 아무르강 하류와 사할린섬의 토착종족으로 종족 계통상 고
아시아계,[41] 언어 계통상 고립어에 속하기 때문에 극동에서 '인종의 섬',
'언어의 섬'과 같은 위치에 놓여있다. 2010년 러시아 인구조사에 의하

41　고아시아계 종족은 인종, 언어, 문화적 공통성을 가진 것이 아니라 시렌크가 『아무르주
의 이민족에 대하여(Об инородницах Амурского края)』(1883)에서 역사 – 지형적
범주에 의해 구분한 종족들이기 때문에 지리적 인접성 이외의 공통성은 느슨하다.

면 하바롭스크주 아무르강 하류와 사할린섬 북부 지역에 약 4,652명이 생존해 있었는데, 2021년에는 동일 지역에 3,842명이 거주하고 있으므로[42] 10년 사이에 대략 17%가 감소하였다.

현재 닙흐족은 거주 지역, 문화, 언어적 특성에 따라 아무르, 사할린 동부, 사할린 서부, 미몹스코 - 알렉산드로프, 리만의 5개 그룹으로 나누어지는데 주요 거주지는 아무르강의 알렙카 마을, 사할린섬 북부의 네크라솝카 마을, 노글리크 마을, 남부의 포로나이스크 지역이다.[43] 지역 그룹에 따라 문화적, 언어적 차이는 존재하지만 공통적으로 반유목 반정착 생활을 하는데 이는 이들의 주요 생업인 어로와 사냥으로 인한 것이다. 닙흐족은 여름 어로철이 되면 가족들과 함께 겨울 마을에서 여름 마을로 이동하고, 겨울 사냥철이 되면 다시 겨울 마을로 돌아가기 때문에 자신들을 유목민이라고 생각한다.

닙흐족은 1640년 모스크비틴에 의해 처음으로 러시아에 알려졌으며 1649년부터 아무르강 하류 닙흐족으로부터 현물세를 징수하기 시작한 포야르코프에 의해 보다 자세하게 모습을 드러냈다.[44] 하지만 1689년 러시아와 청나라의 네르친스크 조약 체결로 아무르강 지류인 아르군강(어얼구나강, 額爾古納河), 케르비치강, 스타노보이(外興安嶺)산맥이 국경으로 확정되면서 러시아와 닙흐족의 관계는 단절되었다. 그로부터 거

42 "Национальный состав населения Российской Федерации согласно переписи населения 2021 года", там же, 검색일: 2021.09.10.

43 Е. Ю. Груздева, "Нивхский язык," Языки мира. Палеоазиатские языки, М.: РАН, 1997, p.140; История и культура нивхов: историческо-этнографические очерки (ИиК Нивхов), В. А. Тураев (Ред.), СПб.: Наука, 2008, p.3.

44 Б. П. Полевой, Ч. М. Таксами, "Первые русские сведения о нивхах-гиляках", Страны и народы Востока 17(3), 1975, p.137.

<그림 13> 닙흐족 거주지
https://postnauka.ru/longreads/155703

의 2세기 뒤인 1858년 러시아와 청나라의 아이훈 조약, 1860년 베이징 조약 체결로 다시 극동에 진출한 러시아는 국가 정책 차원에서 닙흐족에 대해 체계적으로 조사, 연구하기 시작했다.

당시 러시아에서 닙흐족 연구의 포문을 연 연구자는 시렌크(1883)인데 주된 목적은 사회구조, 가족관계, 관습, 의례, 의식, 세시풍속, 전통신앙 등에 대한 자료 수집과 분류였다. 시테른베르크(1900, 1908, 1933)도 닙흐족의 사회구조와 종교, 구비전승과 언어 자료 수집과 기술에 집중하였는데 현재까지도 이들의 연구물은 닙흐족 연구의 기초자료로서 중요한 역할을 하고 있다.

20세기 중후반 크레이노비치(E. A. Крейнович, 1955, 1973), 판필로프(B. 3. Панфилов, 1973), 친치우스(1972), 탁사미(Ч. М. Таксами, 1975, 1976, 1994, 1996), 오타이나(Г. А. Отаина, 1992), 상기(B. M. Санги, 1989) 등에 의해 학문적 틀 속에서 닙흐족 연구가 이루어지면서 유의미한 연구물

들이 다수 발표되었다. 크레이노비치는 닙흐족의 종교관과 의례 의식에 근거하여 원시공동체 사회의 사고 체계를 재구하였고, 닙흐족의 생활양식과 언어의 독자성 규명을 시도하였다. 판필로프는 순수한 언어연구를 넘어 최초로 닙흐어에 기초하여 언어와 사고의 관계 규명을 시도하였다. 탁사미는 크레이노비치의 연구 경향을 계승하면서 닙흐족의 물질 및 정신문화를 체계적으로 분석하였으며, 오타이나는 닙흐어를 통해 닙흐족의 인지체계 규명에 주력하였다. 21세기 이후에는 곤트마헤르(П. Я. Гонтмахер, 1999), 겐나디예비치(Ф. А. Геннадьевич, 2002)에 의해 연구의 맥이 이어지고 있다.

Ⅳ. 계통이 불분명한 타즈족 개관

타즈족은 종족 계통은 불분명하지만 언어 계통상 중국 동북방언으로 분류되는데 타즈어에서는 퉁구스어파 남부분파의 나나이어, 우데게어, 울치어의 요소가 다수 발견된다. 또 『연해주의 민족들(Народы приморского края)』에서 러시아 연구자들은 뚜렷한 근거를 제시하지는 않지만 타즈족을 알타이계 종족으로 분류하며,[45] 타즈족도 자신들을 중국인이라고 생각하지 않는다. 러시아의 인구조사에 의하면 타즈족은 1880년대 1,050명, 2000년대 초 276명, 2010년 274명, 2021년 235명으로[46]

45　Народы Приморского Края, Г. Г. Ермак, Т. И. Табунщикоков (Ред.), Владивосток: Изд-во 48-часов, 2016, p.119.

46　В. И. Беликов, Е. В. Перехвальская, "Язык тазов", Языки народов России.

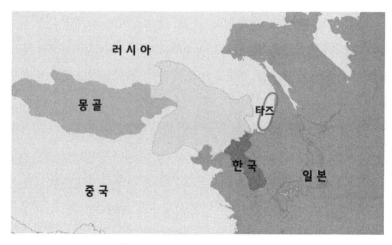

<그림 14> 2021년 기준 타즈족의 거주지

지속적으로 감소하면서 현재는 절멸의 위기에 놓여 있기 때문에 인류 문화 보존 차원에서 관심을 기울여야 한다.

타즈족은 19세기 중반 극동 남부지역에 거주했으나 중국 한족(漢族)과 만주족의 극동 이주, 1860년 베이징 조약 체결로 인한 러시아인들의 극동 진출로 이들을 피해 더 북쪽 지역으로 이주하였다. 1860~1870년 대에는 태평양 연안을 따라 암군강에서부터 한반도 국경지대에 거주했으며, 내륙에서는 우수리강 우안 지류인 비킨강, 이만강, 아르세니옙카강(1972년 이전 다우비혜강)에 거주하였다.[47] 1880년대는 조금 더 북쪽인 한카이, 수이푼, 아바쿰 관구에 거주했으며, 1890년대 한족과 만주족이 이곳까지 진출하면서 더 북쪽으로 이주한 뒤 유랑생활을 이어 나갔

Красная книга, В. П. Нерознак (Ред.), М.: Academia, 2002, pp.171-172.
47 ИиК Тазов, p.19

다.[48] 하지만 1911년부터는 정착하여 농경을 시작하였고 1914년 즈음
다다 고우, 에를다 고우, 아바쿰, 타좁스코예 등 타즈족 정주 마을이 조
성되었다.[49] 현재 타즈족은 연해주 올긴 지역의 미하일롭카 마을, 베숄
리 야르 마을, 페름스코예 마을과 라조프 지역에 소규모 그룹으로 분산
되어 생활하고 있다.

러시아 최초의 타즈족 연구자는 1857년 우수리강을 탐사한 베뉴크
(М. И. Венюк)이다.[50] 이후 타즈족에 관해 미미하게나마 연구가 이루어
졌고 이들의 기원 및 계통을 둘러싸고 연구자들 사이에 논쟁이 촉발되
기도 하였다. 하지만 1926년 아르세니예프가 타즈족은 중국인에게 동
화된 우데계족 남부그룹이라고 주장하면서 이는 러시아 연구자들의 공
식적인 입장이 되었다. 특히 포스트소비에트 시기 투라예프가 타즈족
과 우데계족을 동일종족이라고 주장하면서 학계의 논쟁은 종결되었다.
이로 인해 20세기 중반~21세기 경계까지 러시아에서는 타즈족에 대한
연구뿐만 아니라 인구조사도 실시하지 않았는데 이는 타즈족 연구를
정체시키는 결정적인 원인으로 작용하였다.

그런데 2019년 출간된 『타즈족의 역사와 문화: 역사 – 인류학 개요
(XIX 세기 중반 – XXI 세기 초)(История и культура тазов: историко-этногра
фические очерки (вторая половина XIX-начало XXI в.)』(ИиК Тазов)에서

48 Н. М. Пржевальский, Путешествие в Уссурийском крае 1867-1869, Владиво
сток: Примиздат, 1949, pp.110-113; И. С. Боголюбский, Краткий очерк наро
дов Амурского края, СПб.: ТСД, 1890, p.5.

49 В. К. Арсеньев, Лесные люди удэхейцы. Собрание сочинения 6, Владивос
ток: Примиздат, 1948, p.144.

50 ИиК Тазов, p.19.

셈과 셈(Ю. А. Сем, Л. И. Сем), 스타르체프 등이 타즈족은 중국계 종족
이 아니라 한족, 만주족 남성과 나나이족, 오로치족, 울치족, 한국인 여
성의 혼인으로 출현한 독립된 종족이며 독자적인 문화를 보유하고 있
다고 주장하면서[51] 타즈족 연구는 새로운 전기를 맞이하게 되었다.

---

51 ИиК Тазов, p.46.

II부

극동 토착종족의 우주관

극동 토착종족의 우주관은 자연과 주변세계, 태양과 달의 주기적 순환, 별자리의 이미지, 밤낮의 변화, 계절의 순환 등에 대한 관찰에 근거한다. 이 과정에서 이들 사이에는 코스모스/ 카오스, 신/ 인간, 생/ 사, 밤/ 낮, 봄/ 가을, 여름/ 겨울, 위/ 아래, 중심/ 주변, 남/ 여, 빛/ 어둠, 아/ 타의 이원대립에 대한 자각이 싹텄고, 우주관은 신/ 인간, 인간/ 자연, 자연/ 문화을 경계 짓는 기준이 되었다. 따라서 극동 토착종족에게 우주는 신, 인간, 자연, 문화에 대한 관념이 융합된 역동적, 정적인 시공간으로 위/ 아래, 중심/ 주변, 밤/ 낮, 봄/ 가을, 여름/ 겨울, 빛/ 어둠의 대립에서는 역동적 시공간이며 코스모스/ 카오스, 신/ 인간, 남/ 여, 아/ 타의 대립에서는 정적인 시공간이다.

극동 토착종족의 우주관은 우주에서 인간의 위치, 인간과 주변 세계의 상호관계를 규정하는 체계적, 합리적 관념이자 우주와 인간에 대한 가치 평가적 관념으로 이들 최초의 철학이자 윤리였고 미학이었다. 이로 인해 우주관은 출현 이후 오랫동안 이들 종족 및 씨족의 통합, 씨족 구성원의 관계 조절 등 현실적인 기능뿐만 아니라 다양한 문화 층위 간 상호작용, 종족 및 씨족정체성, 문화정체성의 형성과 발전을 견인하는 동인이 되었다. 그럼에도 이들의 우주관은 전통 신앙의 다른 부분에 비해 연구가 미진한 편인데 19세기 중후반부터 소비에트 시기까지는 시렌크(1883, 1899, 1903), 심케비치(1896), 시테른베르크(1933), 아니시모 프(1959), 바실례비치(1969), 킬레(Н. Б. Киле, 1971), 오클라드니코프(А. П. Окладников, 1979), 마진(1984) 등에 의해 연구가 수행되었다. 포스트소 비에트 시기에는 스몰랴크(1991), 투라예프(2003), 베레즈니츠키(2003), 셈(Т. Ю. Сем, 2012), 포드마스킨(2018) 등의 연구물이 두드러진다. 하지 만 많은 연구물이 특정 종족, 씨족, 지역에 국한된 단편적, 지엽적 성격 을 띠며, 자료의 단순 나열, 제시되는 자료 간 오류 등의 한계를 드러내 고 있다.

I. 우주의 형상

극동 토착종족의 우주관은 이들 사회의 생산력의 발전, 그로 인한 경 제 활동의 복잡화와 세분화 및 세계관의 변화에 맞추어 변형, 발전되어 왔다. 우주의 형상에 대한 이들의 관념은 우주신화와 신석기시대로 추 정되는 암벽화에 그려진 뱀에 의해 양분된 알(卵), 알에서 뱀의 탄생, 상계와 하계를 지키는 한 쌍의 뱀, 사슴,[1] 가지가 많은 뿔을 가진 사슴 등의 모티프에서 찾을 수 있다.[2] 이 모티프들은 모두 우주상징물로 서

---

[1] 이 책에서 사슴은 큰사슴, 순록과 동일한 상징의미를 가진다.

[2] Т. Ю. Сем, Картина мира тунгусов: пантеон (семантика образов и этноку льтурные связи): историко-этнографические очерки, СПб.: Фил-факульт

로 다른 시대의 관념들인데 출현 순서는 우주알 → 우주뱀 → 우주사슴 → 가지가 많은 뿔을 가진 사슴이다.

1. 우주알

극동 토착종족에 의하면 태초의 우주는 아무런 구별이 없는 혼돈의 단일체인 우주알이었는데 알의 내부에 있던 생명체가 우주알을 깨고 나오면서 하늘과 땅이 생겼다. 이와 유사한 관념은 극동 토착종족뿐만 아니라 시베리아, 중국, 일본 등 세계 많은 민족/ 종족에게서 발견된다. 중국에는 어둑어둑한 알 모양의 우주에서 반고(班固)가 태어났다는 반고신화가 전해진다. 중국 토착종족인 토가족(土家族), 묘족(苗族), 여족(黎族), 요족(瑤族), 동족(侗族)에게는 반고신화와 유사한 반호(盤瓠)신화가 전해지고 있다.

> 〈토가족 신화〉周天一氣生混沌, 舞天無地并無人, 混沌無極生石卵, 混沌初分一元生. 石卵 … 滾來滾法八百年, 有朝一日石卵破, 內中走出盤古仙/ 허공의 일기에서 혼돈이 태어났을 때 하늘도 땅도 사람도 없었다. 끝도 시작도 없는 혼돈 속에서 석란이 태어났다. 처음에 혼돈은 하나의 원기에서 분리되어 태어났다. 800년을 이리저리 구르던 석란이 깨지면서 반고 선인이 걸어 나왔다.[3]

---

3 陶陽, 鍾秀, 「混沌周末」, 『中國創世神話』, 上海人民出版社, 1989, p.55. 재인용: 전영숙, 「한국과 중국의 창세 및 건국신화 속에 깃든 물 숭배 관념」, 『한중인문학연구』24, p.256.

〈동족(侗族) 신화〉相傳天地原來是一團滾燙的濃濃的東西, 後來才慢
慢變凉變乾變硬, 成爲天和地/ 전해오는 바에 의하면 원래 하늘과 땅은
뜨겁고 걸쭉한 알과 같은 것이었는데 점점 차가워지고 건조해지고 딱딱
해지면서 하늘과 땅이 되었다.[4]

반호신화는 삼국시대 오(吳)나라 서정(徐整, 220~265년)이 『삼오역기
(三五歷記)』를 집필하면서 한족신화로 흡수하였지만[5] 지금까지도 이들
토착종족 사이에 보존되고 있다.

일본의 창세신화에 의하면 태초 우주는 알 모양의 혼돈 상태였는데
이 혼돈에서 가볍고 밝은 부분은 위로 떠오르고, 무겁고 어두운 부분은
아래로 가라앉으면서 천지가 열렸다.[6] 이처럼 세계 여러 민족/ 종족에
게서 발견되는, 태초 우주가 알이었다는 관념은 생명의 씨앗을 품고 있
다가 일정 시간 뒤 갈라지면서 새로운 생명이 탄생하는 생명의 원천으
로서의 알, 모든 것이 한 덩어리로 섞여 있는 무정형의 알 등 알의 생태
적 특성에 대한 관찰에 근거한다.

극동 토착종족 사이에 우주알의 기원 시기를 명확하게 규명하기는
힘들지만 시베리아에서 발견된 〈그림 15 (1)〉 뱀에 의해 양분된 우주알
을 상징하는 φ자 문양에서 그 답을 찾을 수 있다. 이 문양은 기원전
천 년기 즈음의 청동기 시대 혹은 철기시대의 것인데 시베리아 신석기

---

4 衛興儒, 「論貴州天地神話中的宇宙星雲觀」, 『貴州神話史詩論文集』, 貴州民族出版
   社, 1988, p.69.
5 馬振鋒, 「試論楚蠻夷神話與巫術對漢代儒學的影響」, 『儒學與中國少數民族思想文
   化』, 當代中國出版社, 1996, p.289. 재인용: 전영숙, 앞의 논문, p.255.
6 우노 하르바, 『알타이 민족의 종교적 표상: 샤머니즘의 세계』, 박재양 옮김, 보고사,
   2014, p.91.

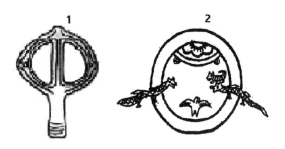

〈그림 15〉 나나이족의 관념 속 우주알
1. Чернецов, 1958, p.150; 2, Тураев, 2003, p.163.

시대 유물에서도 유사한 문양이 발견되므로[7] φ자 문양은 신석기시대
에 기원하였고 당시 이미 우주알과 우주뱀의 싹으로서 뱀에 대한 관념
이 공존했다. 그런데 우주알은 언제 기원하였을까? 우주뱀을 품고 있
는 우주알의 상징인 〈그림 15 (1)〉이 신석기시대에 출현했다면 뱀을 품
지 않은 우주알은 이보다 이른 시기의 관념이다. 한편 우주알에서는 극
동 토착종족 우주관에서 중요한 자리에 있는 우주의 중심축 관념이 보
이지 않기 때문에 우주알은 우주의 중심축보다 이른 시기의 관념이다.
그런데 이들 우주의 중심축의 가장 초기 형태인 우주목이 신석기시대
초의 산물이므로(95쪽 참고) 우주알은 그보다 이른 구석기시대와 신석기
시대의 경계에서 출현하였다.

〈그림 15 (1)〉에 의하면 우주알 내부의 좌우에 있는 한 쌍의 뱀은 일
정 기간이 흐른 뒤 알을 깨뜨리고 나와 우주의 형상으로 자리 잡게 된
다. 따라서 〈그림 15 (1)〉은 우주의 형상이 우주알에서 우주뱀으로 변형

---

7 아리엘 골란, 『선사시대가 남긴 세계의 모든 문양』, 정석배 옮김, 푸른 역사, 2004, p.139.

되는 과정을 보여주고 있으며 코스모스/ 카오스, 생/ 사, 창조/ 파괴, 안/ 밖, 알/ 뱀의 이원대립을 내포하고 있다.

〈그림 15 (2)〉 나나이족 사마르 씨족 샤먼의 무복에 그려진, 서로 마주보고 있는 우주알을 뚫고 나온 두 마리 뱀은 우주알과 우주뱀의 계통적 계승 관계를 보여주는데 〈그림 15 (1)〉보다 늦은 시기의 관념이다. 〈그림 15 (2)〉에서 우주알 위쪽 3개의 꽃잎은 3개의 태양으로 상계를, 아래쪽 동물들은 나나이족 창세신화의 주체들로 호랑이는 중계, 독수리와 뱀은 하계를 상징하는데 이때의 뱀은 우주뱀이 아니라 하계를 대표하는 하계 수호신이다. 〈그림 15 (2)〉는 우주알을 깨고 나온 뱀이 우주의 형상에서 하계신으로 변형되는 과정, 숭배의 중심에서 주변부로 밀려나는 과정을 보여주고 있다. 또한 〈그림 15 (2)〉에서 두 마리 뱀은 우주를 생자(生者)와 태양의 세계인 동쪽, 망자(亡者), 죽음, 달의 세계인 서쪽으로 양분하고 있으므로 〈그림 15 (2)〉에서 우주는 상계, 중계, 하계의 수직 분할과 동서의 수평 분할이 융합된 모델이다. 〈그림 15 (2)〉에서 우주알은 삼단세계관, 토템신앙 등 시대가 다른 다양한 층위의 관념들과 혼종, 융합되어 복잡한 중층구조를 이루고 있으며 상계/ 중계, 중계/ 하계, 생/ 사, 동/ 서, 위/ 아래의 이원대립을 내포하고 있는데 이는 우주의 조화와 균형을 위한 생산적, 창조적, 필연적 대립이다.

2. 우주뱀

극동 토착종족에게 우주뱀은 여성과 남성적 기원을 동시에 가지고 있는 자웅동체의 날아다니는 뱀인데 라리체프는 우주뱀의 출현 시기를 구석기 시대라고 주장한다.[8] 우스티놉카, 수보로보, 리소보예, 몰로도

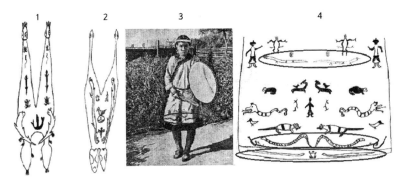

〈그림 16〉 1, 2. 우데게족 샤먼 흉복　3. 울치족 샤먼　4. 우데게족 샤먼의 치마
С. В.Березницкий, 2005, pp.563, 566, А. В. Смоляк, 1991, p.174.

지나야 등 구석기시대 주거 유적지와 작업장의 존재로[9] 이 시기 극동
지역에 인간이 거주한 것은 확인된다. 하지만 구석기인들과 현대 극동
토착종족 간 계통 관계 해명의 불가능, 장신구, 노동 도구와 같은 유물
의 부재, 의례 의식 관련 유적의 빈약함으로 라리체프의 주장은 설득력
이 떨어진다. 우주뱀의 출현 시기를 명확하게 규명하기는 어렵지만 우
주알이 구석기시대와 신석기시대의 경계에서 출현하였다면 우주뱀은
이보다 다소 늦은 시기인 신석기시대 초기의 관념이다.

　그런데 극동 토착종족 사이에서 뱀이 우주의 형상으로 자리 잡게 된
이유는 무엇일까? 뱀은 알을 깨고 나오지 못하면 그 안에서 죽음을 맞

8　В. Е. Ларичев, "Скульптурное изображение женщины и лунно-солнечный
　календарь поселения Малая Сыя (семантика образа и реконструкция спо
　соба счисления времени на раннем этапе палеолита Сибири", Известия
　СО АН СССР. Серия: История, философия, филология 3(1), 1984, pp.20-31.
9　S. M. 두다료노크 외, 『러시아 극동지역의 역사』, 양승조 옮김, 진인진, 2018, p.18.

이하기 때문에 생을 완성하기 위해 스스로의 힘으로 알을 깨고 나와야 하므로 불굴의 '생명력'을 상징한다. 또 뱀은 성장하는 동안 고통과 죽음의 위협을 무릅쓰면서 계속해서 스스로 허물을 벗으면서 살아가는데 허물을 벗지 못하면 그 안에 갇혀서 죽어야 하므로 끊임없는 '윤회, 불멸'을 상징한다. 따라서 우주뱀은 뱀의 이러한 생태적 특성에 대한 관찰에서 기원하며, 우주뱀에는 코스모스/ 카오스, 생/ 사, 소멸/ 불멸, 현재/ 과거, 안/ 밖의 이원대립이 내포되어 있다.

〈그림 16 (1, 2)〉 우데게족 샤먼의 흉복은 두 쌍의 뱀이 몸통을 공유하고 있는데 흉복의 위쪽은 상계, 가운데는 중계, 아래쪽은 하계를 상징하므로 이 뱀은 상계, 중계, 하계를 통합하는 자웅동체의 우주뱀이다. 〈그림 16 (3)〉 울치족 샤먼 무복 아랫부분에서 마주보고 있는 한 쌍의 뱀은 하계를 개척한 하계신이며, 우주를 생자와 태양의 세계인 동쪽과 망자, 죽음, 달의 세계인 서쪽으로 수평분할하고 있다. 〈그림 16 (4)〉 우데게족 샤먼 치마의 위 가운데 아래에는 등을 맞댄 한 쌍의 뱀이 상계, 중계, 하계를 대표하면서 동시에 우주를 생자와 태양의 세계인 동쪽, 망자, 죽음, 달의 세계인 서쪽으로 수평분할하고 있다.

> 〈에벤키족 지고신 부가(에네칸 부가)의 창세 신화〉 대지가 만들어졌다. 지고신 부가는 대지에 매머드 셀리를 살게 했다. 뱀은 부가의 이런 처사가 마음에 들지 않았다. 뱀은 매머드를 쫓아내려고 했다. 그들은 하계로 떨어질 때까지 치열하게 싸웠다. 하계에서 둘은 화해를 했고 하계의 수호신이 되었다. 그들이 싸울 때 던진 흙더미는 산, 흙을 파낸 곳은 강과 호수가 되었다.[10]

〈에벤키족 지고신 부가의 창세 신화〉에서 뱀은 매머드와 함께 중계

에 산, 강, 호수를 만든 뒤 매머드와 함께 하계로 내려가 하계 수호신이
되었다. 이상의 내용에 의하면 우주적 형상이었던 우주뱀은 상계에서
중계로 내려왔는데 삼단세계관 수용 이후에는 하계로 내려가서 하계
수호신이 되었고, 샤머니즘 수용 이후에는 샤먼의 보조령이 되어 상계,
중계, 하계를 연결하는 중개자가 되었다. 즉 이들에게 뱀은 수평적 포
월(匍越)과 수직적 비상(飛上)을 통해 상계, 중계, 하계의 경계를 넘나들
면서 서로 다른 차원의 세계들이 품고 있는 비밀을 알고 있는 신비의
존재로 자리 잡았다. 따라서 극동 토착종족에게 우주뱀은 신화적 세계
관에서는 우주의 발생, 삼단세계관에서는 하계의 출현과 관련이 있고,
샤먼의 세계관에서는 상계, 중계, 하계를 연결하는 중개자다.

3. 우주사슴(큰사슴, 순록)

1) 우주사슴의 출현

오클라드니코프와 마진에 의하면 아무르강 상류와 사하공화국 남부
지역의 고고학 유적, 유물에 근거할 때 극동 토착종족 사이에 우주사슴
의 출현 시기는 신석기시대 초기이다.[11] 당시의 것으로 추정되는 레나
강 시시킨 암벽화의 사슴 그림에서는 우주적 특징이 명확하게 드러나
므로 이 시기 사슴은 우주를 상징했으며[12] 우주사슴은 출현 이후 대략

---

10 А. И. Мазин, Традиционные верования и обряды эвенков-орочонов (коне
   ц XIX-начало XX в.), Новосибирск: Наука, 1984, p.20.

11 А. П. Окладников, А. И. Мазин, Писаницы бассейна реки Алдан, Новосиби
   рск: Наука, 1979, p.82.

12 Г. М. Василевич, "Ранние представления о мире у эвенков", ТИЭ 51, 1959,

6~8천 년 동안 극동 토착종족의 우
주관에서 기본적, 중심적인 역할을
하였다.

그런데 극동 토착종족의 관념에
서 우주사슴 이전 매머드가 일정
기간 우주의 형상이었다. 당시 우
주의 형상이 매머드에서 사슴으로
변형된 것은 지구환경과 생태계의
변화, 이로 인한 극동 토착종족 경
제 활동의 변화에 의한 것이었다.

〈그림 17〉 에벤키족 봄맞이 세베칸 의식
때 샤먼 니콜라예프가 만든 매머드 형상
А. И. Мазин, 1984, p.22.

신석기시대에 접어들면서 세계 여러 지역에서 사냥, 어로, 채집 경제가
농경과 목축으로 바뀌었지만 극동 지역은 자연생태 조건으로 인하여
농경의 발달은 극히 제한적이었다. 이로 인해 극동 지역에서는 여전히
사냥이 주요 경제 활동이었는데 지구 환경의 변화로 주된 사냥 대상이
었던 매머드가 사라지면서 사냥 대상이 사슴으로 대체되었다.[13] 이후
사슴은 새로운 특징을 지닌 사냥 대상으로 단계적으로 극동 토착종족
의 세계관에 들어왔고, 신화적 동물로서 이들 세계관의 중요한 사슬로
자리 잡았으며, 매머드를 대신해 우주를 상징하게 되었다.

pp. 162-163; А. П. Окладников, Шишкинские писаницы, Иркутск: ИКИ,
1959, p.70.

13 Т. Ю. Сем, Картина мира тунгусов: пантеон (семантика образов и этноку
льтурные связи): историко-этнографические очерки, СПб.: Фил-факульт
ет СПбГУ, 2012, p.77; А. П. Окладников, "Олень золотые рога", Рассказы
об охоте за наскальными рисунками, М.-Л.: Искусство, 1964, p.58.

〈에벤키족 지고신 부가의 창세 신화〉에서 매머드는 지고신 부가에 의해 하늘에서 대지로 내려왔으므로 상계를 대표하였지만 뱀과의 전투 과정에서 중계에 산, 강, 호수를 만든 뒤 하계로 내려가서 뱀과 함께 하계의 수호신이 되었는데 이는 매머드가 상계 → 중계 → 하계를 거치면서 이들의 숭배대상에서 멀어지는 과정과 몇몇 세계관의 층위에서는 그대로 잔존하게 된 과정을 보여주고 있다. 특히 매머드는 자신을 이어 우주의 형상으로 자리 잡은 사슴과 융합되었는데 이는 극동뿐만 아니라 시베리아 토착종족 사이에서 두루 발견된다. 타즈강 인근 오스탸크 족 신화에 의하면 매머드는 본디 야생 순록이었는데 매머드로 변한 뒤 강으로 이동하여 하계의 수호신이 되었다.[14] 20세기 초 에벤키족 캅투가르 씨족의 샤먼 그리고리예프의 무복에는 짧은 다리에 사슴뿔이 달린 모캐 형상의 매머드가 그려져 있었고, 돈고이 씨족의 샤먼 니콜라예프가 봄맞이 세베칸 의식 때 만든 매머드 형상(〈그림 17〉)은 사슴 형상과 결합되어 있다.

2) 우주사슴의 단계적 변형

우주사슴 모티프는 극동 토착종족 신화에서 두루 발견되는데 에벤키족 신화에서 한 아가씨가 여덟 개의 다리를 가진 순록으로 우주를 만들었으므로[15] 순록(사슴)은 우주의 모체이다. 이에 의하면 우주만물은 순

---

14 А. П. Окладников, А. И. Мазин, там же, p.66.

15 А. Н. Мыреева, Эвенкийский героические сказания, Новосибирск: Наука, 1990; М. Г. Воскобойников, Эвенкийский фольклор: учеб. пособие для пе д. училищ, Л.: Учпедгиз, 1960.

록이라는 동일한 모체에서 태어났기 때문에 서로 유기적으로 연결되어 있으며 아와 타는 서로 대립, 배척하는 관계가 아니라 우주 속에서 공존하는 관계이다. 이후 우주사슴은 가시적인 모든 세계의 총체적 특징들과 결합하면서 태양, 별, 별자리 등을 상징하게 되었는데 거의 모든 극동 토착종족에게 큰곰자리는 우주사슴과 결합되어 있다.[16]

〈에벤키족 무사 망기의 우주사냥〉 아주 오래전, 대지는 지금처럼 크지 않았다. 당시 대지에 식물, 동물, 사람은 있었지만 밤은 없었고 태양만 하루 종일이 비추었다. 어느 날 수사슴이 태양을 낚아채서 하늘로 날아가자 옆에서 같이 걸어가던 암사슴이 그 뒤를 따라갔다. 그 순간 세상은 칠흑같이 어두워졌고 사람들은 혼란에 빠졌다. 당시 에벤키족 가운데 무사 망기가 있었다. 활을 든 망기는 두 마리 사냥개를 데리고 사슴들의 뒤를 쫓았다. 이미 사슴들은 하늘 멀리 달아나서 보이지 않았다. 하지만 망기의 사냥개들은 사슴을 잡기 위해 날렵하게 그 뒤를 쫓아갔다. 수사슴은 태양을 암사슴에게 던져준 뒤 사냥개들을 유인하였다. 암사슴은 때를 엿보다가 태양을 감추기 위해 쏜살같이 방향을 바꾸어 하늘 구멍이 있는 북쪽으로 달려갔다. 가까이 다가온 망기가 수사슴에게 활을 쏘았지만 태양은 없었다. 수사슴이 암사슴에게 태양을 건네주었다고 짐작한 망기는 하늘을 보면서 암사슴을 찾았는데 암사슴은 이미 하늘 구멍 근처에 가 있었다. 그때 망기는 암사슴을 향해 세 개의 화살을 쏘았다. 처음 두 개의 화살은 암사슴의 몸통 앞부분에 맞았지만 마지막 세 번째 화살은 심장에 명중했다. 망기가 태양을 가지고 돌아와서 사람들에게 전해주자 태양을 쫓던 동물들은 그 자리에서 하늘의 별이 되었다. 그 이후 밤낮이 생겨났고 밤마다 수사슴은 태양을 훔쳐 가고 망기는 그 뒤를 쫓아가서 태양을 되찾아 아침 녘이면 사람들에게 돌려준다.[17]

---

16 Г. М. Василевич, там же, pp.162–163; А. П. Окладников, там же, p.70.

위 신화는 에벤키족 신화지만
유사한 모티프의 신화가 극동 토
착종족뿐만 아니라 세계 여러 민
족/ 종족에게 전파되어 있는데 '사
냥' 모티프에 근거할 때 이들의 주
요 생업이 사냥이던 시기에 출현
하였다. 위 신화에서 우주 사냥꾼

〈그림 18〉 아무르강 상류 지류
마이강의 암벽화
А. И. Мазин, 1984, p.9.

망기가 암사슴으로부터 태양을 찾아와 인간에게 돌려주면서 밤낮, 빛
과 어둠의 조화가 복원되었고, 우주의 질서가 확립되었으며, 암사슴을
죽일 때 태양을 쫓던 동물들은 그 자리에서 별이 되었으므로 사슴은
별, 별자리 출현에도 중요한 역할을 하였다. 오클라드니코프와 마진은
〈그림 18〉 아무르강 상류 지류 마이강 암벽화가 처음에는 사냥꾼이 활
로 사슴 사냥을 하는 모습이었는데 이후 태양의 형상이 덧붙여졌다고
주장한다.[18] 그렇다면 처음 사슴은 단순한 우주의 형상이었으나 극동
토착종족 사이에 '태양을 품은 암사슴' 모티프가 전파된 이후 태양을
품고 있는 우주의 형상으로 변형되었다. 위 신화에서 우주 사냥꾼 망기
의 또 다른 목적은 여인의 획득이었으므로 〈그림 18〉 '태양을 품은 암
사슴 사냥'은 이전 시대 자웅동체의 우주에서 여성적 기원의 분화가 이
루어짐을 의미한다. 이에 근거할 때 초기 우주사슴은 자웅동체였으나
우주 사냥꾼에 의해 여성적 기원이 분화되면서 여성 형상의 사슴 – 모
(母)로 변형되었고 종족, 씨족의 선조로 자리 잡았다.

---

17 А. И. Мазин, там же, p.9.
18 А. П. Окладников, А. И. Мазин, там же, p.63.

〈노파와 토끼 자매〉 저녁에 노파가 돌아와서 불을 지피기 시작했다. 신기하게도 노파의 집에 있는 모든 물건들은 스스로 일을 할 줄 알았다. "장작아, 이리 오너라! 어서 불을 피우도록 해라!" 장작이 걸어와서 직접 불을 피우기 시작했다. "양동이야, 이리 오너라, 물을 가득 채워 넣어라!" "솥아, 이리 오너라!" 솥은 낑낑대기만 할 뿐 한 발짝도 내딛지 못했다. 노파가 심하게 화를 내면서 몽둥이를 들어 솥을 후려치자 토끼 자매가 깔깔대면서 솥에서 튀어나왔다.[19]

〈노파 칸디카와 곰〉 노파 칸디카가 토끼에게 물었다. "곰은 어디로 갔니?", "여기로 갔어요!" 노파가 토끼에서 말했다. "상을 가져오너라." 노파는 타이가의 규율을 어기면서 여우를 잡아먹으려고 한 곰에게 벌을 주려는 것이었다. 노파가 "곰, 이리 와! 이리 와! 이리 와!" 하고 불렀더니 곰이 달려왔다. 노파가 곰에게 상 위를 구르라고 했다. 곰은 상 위를 구른 뒤 그 자리에서 죽었다.[20]

〈노파와 토끼 자매〉에서 동물뿐만 아니라 생명이 없는 불, 장작, 양동이, 솥 같은 물건도 노파의 명령에 생명체처럼 행동하면서 복종하므로 노파는 대지의 모든 생물체와 무생물체를 다스리는 대지모신이다. 〈노파 칸디카와 곰〉에서 칸디카가 타이가의 규율을 어긴 곰에게 벌을 주기 위해 곰을 부르자 스스로 달려왔고, 상 위를 구르라는 명령에 복종하면서 죽음을 맞이하였으므로 칸디카는 동물의 신이자 주권자로 〈노파와 토끼 자매〉의 노파와 유사한 존재이다. 그런데 바이칼 호수 인근 에벤키어에서 kandika는 '큰사슴'을 의미하므로[21] 위 신화의 칸디카는

---

19 『시베리아 설화집 예벤키인 이야기』, 엄순천 편역, 지식을만드는지식, 2018, p.38.
20 Г. М. Василевич, Сборник по эвенкийскому (тунгусскому) фольклору, Л.: Учпедгиз, 1936, p.22.

큰사슴 형상인데 이는 극동 토착종족 사이에서 사슴이 우주의 형상 →
여성 형상의 모(종족, 씨족의 선조) → 대지모신, 동물의 신으로 변형되는
과정을 보여준다.

이후 우주사슴은 극동의 더 넓은 지역으로 전파되었고, 기원전 4~3
천 년기 극동 암벽화의 중심 모티프가 되었지만 신석기시대 후기인 기
원전 2천 년기 이후 인간이 암벽화의 중심 모티프가 되면서 점점 퇴색
되어 갔다.[22] 이는 이 시기 극동 지역의 생산력의 발전, 이로 인한 사회
적, 문화적 발전에 힘입어 토착종족 사이에 우주의 구조와 자연생태계
의 연쇄사슬 속에서 인간의 위상에 대한 체계적인 관념이 전파되기 시
작했기 때문이다.

4. 가지가 많은 뿔을 가진 사슴

철기시대 초 우주의 형상은 가지가 많은 뿔을 가진 사슴으로 변형된
다. 이런 형상은 청동기 시대 바이칼 호수 인근에서도 발견되지만 철기
시대 본격적으로 극동 지역까지 그 범위가 확대되었고, 알타이족 공통
이지만 대체로 동물 양식이 발달한 스키타이의 영향이다.[23] 〈그림 19
(1)〉은 스키토 - 시베리아 문화의 대표적 표지유적인 러시아 투바공화
국 아르잔 유적 내부에서 발견된 사슴돌 탁본인데[24] 뿔에 가지가 많은

---

21 Сравнительный словарь тунгусо-маньчжурских языков (ССТМЯ) 1, В. И.
   Цинциус (Ред.), Л.: Наука, 1975, p.372.

22 А. П. Окладников, А. И. Мазин, там же, p.66.

23 Э. А. Новгородова, Древняя Монголия (Некоторые проблемы хронологии
   и этнокультурной истории), М.: Наук, 1989; Т. Ю. Сем, там же, p.77.

 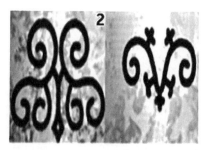

〈그림 19〉 1. 스키토 - 시베리아 문화를 대표하는 아르잔 유적 내부에서 발견된 사슴돌 탁본
강인욱, 2015, p.131; 2. 극동 토착종족 장식예술 속 순록문 T. M. Сафьянникова, 2007, p.74.

점이 특징이므로 이 시기 사슴은 우주보다는 대지 상징성을 더 많이
가지고 있다. 〈그림 19 (2)〉는 극동 토착종족 사이에서 발견되는 쌍으로
된 나선형 식물문(紋)인데 사슴의 양쪽 뿔을 상징한다. 따라서 이 시기
이들에게 중요한 것은 이전 시기처럼 사슴의 우주 상징성이 아니라 가
을에 떨어졌다가 봄이 되면 다시 돋아나는 사슴뿔의 상징의미인 '생명
의 순환, 부활'이었고, 이들에게 가지가 많은 뿔을 가진 사슴은 대지의
무한한 생산성과 재생능력을 상징하였다.

우주의 형상으로서 가지가 많은 뿔을 가진 사슴의 출현은 당시 극동
지역의 사회적, 물질적 발전에 의한 것이었다. 이 시기 극동 토착종족
의 생업에서 사냥과 어로의 비중이 여전히 높았지만 남부 지역에서는
농경의 의미가 점점 커졌고, 목축이 모든 지역으로 확산되면서 인구의
양적 증가, 인구 집중, 인구 안정이 가능해졌다.[25] 일부 지역에서는 사

---

24 강인욱, 「스키토 – 시베리아 문화의 기원과 러시아 투바의 아르잔 1호 고분」, 『中央
   아시아 硏究』20(1), 2015, p.131.
25 S. M. 두다료노크 외, 앞의 책, p.38.

회계층화가 이루어졌으며 잉여생산물이 권력에 따라 수직으로 재분배
되면서[26] 생산성 향상이 이전 시기에 비해 훨씬 중요해졌고, 남성성과
여성성의 분화가 명확하게 자리 잡았다.

<표 1> 극동 토착종족의 관념 속 우주 형상의 비교

	우주알	우주뱀	우주사슴	가지가 많은 뿔을 가진 사슴
출현 시기	구석기시대와 신석기의 경계	신석기시대 초	신석기시대 초	청동기시대 혹은 철기시대 초
관념의 근거	알의 생태적 특성에 대한 관찰	뱀의 생태적 특성에 대한 관찰	지구 환경과 생태계의 변화, 그로 인한 경제 활동의 변화	극동 지역의 사회·물질적 발전
상징 의미	생명의 원천	생명력, 윤회, 불멸	우주의 모체 → 대지모신, 동물의 신이자 주권자	생명의 순환, 부활, 대지의 무한한 생산성과 재생능력
남녀 대립	없음	자웅동체	자웅동체 → 여성성의 분화	남성성과 여성성의 분화

　　극동 토착종족의 관념 속 우주의 형상은 이들의 우주신화와 신석기
시대로 추정되는 암벽화에 그려진 알(卵), 뱀, 사슴, 가지가 많은 뿔을
가진 사슴 등의 모티프를 통해 규명할 수 있다. 이 모티프들은 우주적
형상이며 서로 다른 시대의 관념들인데 출현 순서는 우주알 → 우주뱀
→ 우주사슴 → 가지가 많은 뿔을 가진 사슴이다. 우주알은 구석기시대
와 신석기의 경계, 우주뱀은 신석기시대 초, 우주사슴은 신석기시대 초
에 출현하였지만 우주뱀보다는 늦은 시기에, 가지가 많은 뿔을 가진 사

---

26 S. M. 두다료노크 외, 앞의 책, p.38.

슴은 청동기시대 혹은 철기시대 초에 출현하였다.

우주알과 우주뱀은 알과 뱀의 생태적 특성에 대한 관찰에 근거하며, 우주사슴의 출현은 지구 환경 및 생태계의 변화와 극동 토착종족의 경제 활동의 변화, 가지가 많은 뿔을 가진 사슴의 출현은 극동 지역의 사회적, 물질적 발전에 의한 것이었다. 우주 형상에서 우주알은 생명의 원천, 우주뱀은 윤회, 불멸, 우주사슴은 우주의 모체, 대지모신, 동물의 신이자 주권자, 가지가 많은 뿔을 가진 사슴은 생명의 순환, 부활, 대지의 무한한 생산성과 재생능력을 상징한다. 따라서 초기 이들의 우주의 형상은 자연에 대한 관찰에 근거하였으며 이들에게 중요한 것은 '생명력'이었다. 하지만 이후 극동 지역의 경제, 사회, 문화의 발전으로 '생산성'이 중요한 가치가 되면서 우주의 형상은 인간, 사회, 자연, 문화의 관계에 대한 체계적, 합리적 관념에 근거하게 되었다.

한편 우주알에서 남녀의 대립은 발견되지 않고, 우주뱀은 자웅동체이며, 우주사슴에서는 여성성의 분화가 이루어지는데 남성성보다 여성성의 분화가 먼저 이루어진 것은 당시 이들 사회에서는 남성보다 여성의 생산성, 대지의 생산성이 중요했기 때문이다. 따라서 우주사슴이 전파된 신석기시대 초 즈음 이들은 모계 씨족사회에 살고 있었다. 가지 많은 뿔을 가진 사슴에서는 남성성과 여성성의 분화가 명확하게 자리 잡았으므로 청동기시대 혹은 철기시대 초 이들 사회에서는 남녀의 역할이 분명하게 나누어져 있었다.

II. 우주의 구조 : 삼단세계관을 중심으로

1. 우주 삼단세계관의 특징과 변형

극동 토착종족 우주 구조의 핵심은 우주가 상계(上界), 중계(中界), 하계(下界)로 이루어져 있다는 삼단세계관으로 각 세계에는 그 세계를 다스리는 신이 있고 그 세계의 사람들이 살고 있으며 그 세계만의 고유한 관습과 규율이 있다. 이는 우주의 각 세계는 인간세계와는 독립된 세계이며 각 세계의 주인은 그 세계 사람들이고 이 세계들의 조화와 통합에 의해 지구와 우주의 균형과 조화가 유지된다는 이들의 생태적 세계관에 의한 것이다.

그런데 이러한 우주의 다층 구조에 대한 관념은 종교적 층위에서만 보관되어 있을 뿐 신화적 층위에서 각 세계의 경계는 느슨하고, 불분명하고, 상호 침투하는 관계이며, 인간의 자유로운 이동을 보장해주는 많은 구멍으로 연결되어 있다. 삼단세계관에서 상계와 하계는 중계의 복사본인데 이는 이들이 신화적 상상력의 세계인 상계와 하계를 중계 인간 사회의 프리즘을 통해 발전시켜 나갔기 때문이다.

삼단세계관은 이들 전통신앙의 중요한 연결고리로서 현재까지도 생활 곳곳에서 그 흔적을 발견할 수 있는데 〈그림 20 (1)〉은 에벤키족 의복에 반영된 삼단세계관으로 가장자리 3개의 줄문(紋)은 상계, 중계, 하계를 상징한다. 〈그림 20 (2)〉는 우주를 상징하는 1m 높이

〈그림 20〉 에벤키족의 삼단세계관
1. 전통 의복　2. 샤먼의 제단 세르게

의 에벤키족 샤먼의 제단 세르게인데[27] 둥근 돔 모양의 윗부분은 상계, 중간의 평판은 중계, 평판의 아랫부분은 하계를 상징한다.

극동 토착종족에게 상계는 지고신, 태양, 달, 별, 별자리를 다스리는 천신(天神)들, 문화영웅들, 신이 된 조상령(祖上靈)들의 세계이자 씨족의 기원지가 있는 곳이고, 중계는 현실 인간의 세계, 하계는 씨족 조상령의 마을이 있는 곳, 죽음과 악령의 세계이다.

극동 토착종족의 초기 신화적 관념에서 상계는 위쪽, 하계는 아래쪽에 있었지만 우주는 그 경계가 희미한 통합의 단일체였다. 또한 상계는 천막, 석궁(石宮), 수정궁, 뒤집힌 냄비 등 다양한 형상이었고,[28] 중계 사람 모두 상계와 하계를 오갈 수 있었지만 초기 하계는 희미하거나 없었다. 그런데 샤머니즘 수용 이후 샤먼의 하계 개척으로 하계가 출현하면서 삼단세계가 완성되었으므로 삼단세계관은 샤머니즘의 산물이다. 이후 천신으로부터 우주의 자유로운 통행권을 부여받은 샤먼 이외의 중계 사람들은 상계와 하계 출입이 불가능해졌고, 샤먼은 인간을 상계, 하계와 이어주는 특수한 계급으로 자리매김하였다.

극동 토착종족의 삼단세계관에서는 상계, 중계, 하계는 다른 차원의 시공간이지만 서로를 배척하는 관계가 아니라 하나의 네트워크 속에서 상호 보완하는 관계, 우주의 질서와 균형 유지를 위해 끊임없이 상호 작용, 상호 보완하는 관계라는 생태적 세계관이 발견된다.

---

27 http://vadimons-blog.ru/page/kostum_evenki_foto/ 검색일: 2022.01.12.; А. И. Мазин, там же, p.7.

28 M. 엘리아데, 『세계종교사상사 3』, 박규태 옮김, 이학사, 2006, p.19.

2. 상계에 대한 관념

극동 토착종족의 상계에 대한 관념은 논리적, 합리적 사고를 통해 얻어진 것이 아니라 끝없이 펼쳐진 무한함, 초월성, 영원성, 광대무변 등 하늘의 특성에 대한 관찰에서 비롯되었다. 극동 토착종족 신화에 의하면 옛날 젊은 무사가 하늘의 높이를 재어 보러 올라갔는데, 이빨이 빠지고 등이 굽은 백발의 노인이 되어 땅으로 돌아와서 하늘은 처음부터 있었고 영원하며 위로 끝도 없이 펼쳐져 있다고 전했다.[29] 신화에 의하면 젊은 무사가 노인이 되어 돌아올 만큼 하늘과 땅은 엄청나게 먼 거리에 있고, 무사가 본 것은 하늘의 일부에 불과하므로 하늘은 무한하고 광대하다. 이러한 하늘의 특성에 근거하여 이들은 상계를 초월적 신의 세계, 신성성과 연결시켰고 지고신과 천신들의 세계로 숭배하였다.

〈상계에 갔다 온 에벤키족 기달로〉 에벤키족 기달로는 중계의 삶에 지루함을 느꼈다. 기달로는 상계에 가서 살기로 마음먹었다. 아침 일찍 상계로 가는 길을 알고 있다는 새를 찾으러 갔다. 밤이 되자 기달로는 새를 데리고 집으로 돌아와서 상계로 갈 준비를 했다. 기달로는 새가 시키는 대로 삼 년 동안 먹고 입을 음식, 옷, 물, 장작을 준비한 뒤 상계로 떠났다. 새가 데려다준 곳에서 계단을 따라 아주 오랫동안 위로 올라가니 작은 문이 보였다. 무척 어두웠다. 그런데 갑자기 위쪽에서 한 줄기 빛이 비쳤다. 그곳으로 가서 주위를 둘러보니 연기가 피어나는 춤이 있었는데 그곳에는 부부와 딸이 살고 있었다. 기달로가 말을 걸었지만 아무도 대답을 하지 않았다. 기달로가 딸의 가슴을 찌르자 딸이 시름시

---

29 В. К. Арсеньев, Фольклорные материалы, Фольклор удэгейцев ниманку, тэлунгу, ехэ, Новосибирск: Наука, 1998, pp.471-463.

름 아프기 시작했다. 아버지는 샤먼을 데리고 왔지만 차도가 없었다. 이
번에는 더 영험한 샤먼을 순록에 태워 데리고 왔다. 기달로를 발견한
샤먼은 딸의 병이 기달로 때문이라며 기달로에게 중계로 돌아가라고 했
다. 샤먼은 기달로를 하늘 문까지 데려다주었고 기달로는 새를 타고 집
으로 돌아왔다.[30]

위 신화는 에벤키족 신화지만 유사한 모티프의 신화가 극동 토착종
족 사이에 두루 전파되어 있기 때문에 위 신화에 근거하여 상계에 대한
이들의 보편적인 관념을 추론할 수 있다.

첫 번째, 에벤키족 기달로는 중계의 삶에 지루함을 느껴 상계에 갔으
므로 본디 일반인도 원하면 상계에 갈 수 있었다.

두 번째, 극동 토착종족에게 인간의 영혼은 새(드물게 나비)의 형상이
므로 기달로를 상계로 데려다준 새는 상계와 중계를 연결하는 인간의
영혼이다.

세 번째, 새는 기달로에게 삼 년 동안 필요한 음식, 옷, 물, 장작을
준비하라고 했는데 삼 년은 성수 3 숭배에서 기원하며, 구체적인 숫자
가 아니라 매우 멀리 떨어져 있다는 의미이다.

네 번째, 기달로는 새가 데려다준 곳에서 계단을 따라 아주 오랫동안
위로 올라간 뒤 작은 문을 통해 상계로 들어갔으므로 상계는 중계의
위쪽에 있으며 상계와 중계는 수직 배열되어 있고 서로를 연결하는 문
이 있다.

다섯 번째, 상계 사람들의 생활양식은 중계 사람들과 동일하여 혼인

---

30 『시베리아 설화집: 예벤키인 이야기』, 앞의 책, pp.62-64.

을 하고, 가정을 꾸리고 아이를 낳으며, 춤[31]에서 산다.

여섯 번째, 집에서 연기가 피어났으므로 집 안에는 가족과 씨족의 보호신인 불신이 깃들인 화덕이 있으며, 상계 사람들도 불을 사용하고 숭배한다.

일곱 번째, 아버지가 샤먼을 순록에 태워 데리고 왔으므로 상계 사람들도 순록사육에 종사하지만 생업은 종족에 따라 달라지기 때문에 나나이족, 오로치족, 우데게족, 닙흐족의 상계 사람들은 어로에 종사한다.

여덟 번째, 아버지가 딸의 병을 치료하기 위해 샤먼을 데리고 왔으나 차도가 없자 더 영험한 샤먼을 데리고 왔으므로 상계에도 샤머니즘이 전파되어 있고 샤먼은 주술능력에 따라 계층화되어 있다. 또 상계 사람들은 병에 걸리면 병의 객관적 원인을 찾기보다는 샤먼에 의지하므로 상계에서 샤먼은 사회적, 종교적으로 중요한 위치에 있다.

아홉 번째, 기달로를 알아본 영험한 샤먼은 기달로에게 중계로 돌아가라면서 하늘 문까지 데려다주었으므로 상계 샤먼 중 대(大)샤먼만이 중계 사람들과 소통이 가능하며, 상계에서 샤먼은 상계와 중계를 연결하는 특수한 계급이다.

열 번째, 기달로가 부부와 딸에게 말을 걸었지만 대답을 하지 않았고, 처음에 아버지가 데리고 온 샤먼은 기달로를 발견하지 못하였으므로 상계 사람들은 중계 사람들을 볼 수도, 중계 사람들의 말을 들을 수 없다. 또 기달로가 딸의 가슴을 찌르자 시름시름 아프기 시작했으므로 중계 사람은 상계 사람에게 병이나 죽음 등 불행을 가져다주는데 이는 상계와 중계가 서로 다른 차원의 시공간이기 때문이다.

---

31 순록 가죽이나 자작나무 껍질 등으로 만든 시베리아 토착종족의 이동식 천막집.

　열한 번째, 극동 토착종족 사이에 여성의 상계 여행 모티프는 발견되지 않으므로 상계 여행은 남성들의 특권이었다.

　열두 번째, 위 신화에는 나오지 않지만 극동 토착종족에 의하면 상계 사람들은 인간이 아니라 신의 영역에 속하기 때문에 중계 사람들과 달리 초월적이고 신성한 힘을 가지고 있으며 이 힘을 이용하여 중계 사람들을 도와준다. 하지만 씨족의 관습법, 자연생태계의 규율을 어기는 사람에게는 벌을 내리므로 상계 사람들은 씨족의 관습법과 자연생태계의 보존자이다. 뿐만 아니라 이들은 인간처럼 희로애락을 느낄 뿐만 아니라 측은지심, 공감능력 등 부차적 감정도 가지고 있으며, 서로 교류하면서 친분을 다지기도 하는데 이는 인간 너머의 존재들도 인간과 같은 '사람'이라는 이들의 생태적 세계관에 의한 것이다.

3. 중계에 대한 관념

1) 중계의 특성

　중계는 극동 토착종족 우주관의 중심에 위치하며 그 내용은 종족, 씨족에 따라 다소 차이가 있지만 다음과 같은 공통점을 가지고 있다.

　첫 번째, 중계는 인간이 동식물, 타이가, 산, 강, 호수, 계곡 등 주변 자연환경과 상호작용을 하면서 실제 생활하는 공간, 생업과 밀접한 관련이 있는 공간이다.

　두 번째, 혼돈에서 우주가 만들어진 뒤 하늘과 물로 분리되면서 상계가 출현하였고, 중계는 그 이후 신적 존재 혹은 그와 유사한 자연의 힘에 의해 만들어졌으므로 중계는 신에 의해 창조된 신성하고 정화된 세계, 질서와 조화가 이루어진 세계이다. 이때, 신들의 중계와 대지 창조의 목적은 우주의 조화와 균형을 확립하기 위한 것이었다.

세 번째, 중계는 수평구조이지만 산, 나무, 불처럼 중계의 종족, 씨족을 상계, 하계와 연결하는 우주의 수직축을 동시에 가지므로[32] 중계는 수평과 수직 구조가 결합된 모델이다.

네 번째, 중계는 토착종족들이 거주하는 땅, 타이가(산), 물(바다)의 세계로 나누어지는데 땅의 세계가 중심에 있다. 타이가와 물의 세계에는 그 세계만의 관습과 질서가 있고, 그 세계의 사람들이 기거하는데 이들은 땅의 사람들과 달리 신성하고 초월적인 힘을 가지고 있으며 이를 이용하여 땅 사람들의 사냥과 어로를 도와준다. 따라서 땅의 사람들은 이들과 우호적인 관계를 유지하기 위해 타이가와 물 세계의 규율과 금기를 엄격하게 지키는데 이러한 믿음은 이들의 자연생태계 보존에 일정한 역할을 하였는데 이는 인간이 살고 있는 땅의 세계, 물고기와 바다동물이 살고 있는 바다 세계, 곰, 호랑이 등 타이가의 동물들이 살고 있는 타이가의 세계의 조화와 공존에 의해 지구와 우주의 질서와 균형이 유지된다는 생태적 세계관에 의한 것이다.

또한 땅의 사람들은 타이가와 물 세계 사람들과 적극적으로 교류하면서 가끔 혼인을 하기도 한다. 하지만 혼인 이후 갈등관계는 나타나지 않는데 이는 땅, 타이가, 물 사람들이 외형과 거주지는 다르지만 생활양태, 관습, 신앙, 세계관 등이 유사하여 서로의 낯섦, 이질감은 배척해야 할 요소, 갈등의 원인이 아니라 극복과 화해가 가능한 요소이기 때문이다. 이처럼 극동 토착종족들은 자신들은 땅의 사람, 타이가의 동물

---

32 Т. Ю. Сем, там же, p.94.

은 타이가 사람, 물(바다)의 물고기와 동물은 물 사람(바다 사람)이라고 하는데 이는 인간 주변의 모든 생물체를 인간과 동등한 '사람'으로 바라보는 이들의 생태적 세계관에 의한 것이다. 이는 인간과 주변 자연환경의 관계 맺음, 자연을 대하는 태도 및 자연과 공존하는 방법에 대한 일종의 지침이자 이들 생태적 세계관의 핵심 교리의 하나이다.

2) 대지의 기원

극동 토착종족에게 대지는 중계의 등가물인데 대지 창조신화를 통해 대지의 기원에 대한 이들의 관념을 알 수 있다. 이들 대지 창조신화의 주요 모티프는 '물새의 잠수와 대지 확장', '대지받침대'인데 극동 토착종족 고유의 모티프가 아니라 알타이계 종족 공통의 모티프이다.

(1) 물새의 잠수와 대지 확장 모티프

〈네기달족의 대지 기원신화〉 태초에 샨코이, 샨카오, 샨카가 살았다. 어느 날 그들은 세 마리 백조에게 잠수하여 대지를 만들 수 있는 돌과 모래를 가져오라고 했다. 백조들은 잠수를 하여 칠일 동안 물 밑에 있었다. 물 밖으로 나와 둘러보니 대지가 점점 커지고 있었고 아무르강이 흐르고 있었다.[33]

〈에벤키족의 세베키와 하르기 신화〉 태초에 물만 있었다. 두 형제 하르기와 세베키가 살았는데 착한 세베키는 위쪽, 못된 하르기는 아래쪽

---

33 История и культура негидальцев: историко-этнографические очерки (И иК Нег), А. Ф. Старцев (Ред.), Владивосток: Дальнаука, 2014, p.142.

에 살았다. 세베키에게는 물오리와 까마귀가 조수로 있었다. 세베키의 명령으로 까마귀가 잠수를 해서 진흙을 가지고 와서 물 위에 던졌는데 점점 커지더니 지금과 같은 모습이 되었다.[34]

위 두 신화에 의하면 태초에 우주는 물만 있는 혼돈 그 자체였는데 물속의 원초적 총합인 진흙에서 대지가 만들어졌으므로 물은 대지의 원천이다. 위 두 신화에서 신적 존재인 샨코이, 샨카오, 샨카와 세베키의 명령을 받은 백조와 까마귀에 의해 인간이 출현할 수 있는 전제조건인 대지가 만들어졌으므로 인간은 태생적으로 새에게 많은 빚을 지고 있다.

신석기시대의 것으로 추정되는 하바롭스크주 시카치알랸 마을과 세레메티예보 마을 암벽화에는 가슴에 사선 십자문(紋)이 있는 백조, 거위, 오리 등이 새겨져 있는데[35] 여기에서는 대지의 창조주로서 물새의 창조적 역할과 우주적 본성이 강조되고 있다. 또한 〈그림 21〉[36] 에벤키족의 십

〈그림 21〉 에벤키족의 아비새 상징 십자문

34 А. И. Мазин, там же, p.20.

35 ИиК Нег, p.144.

36 http://www.ruthenia.ru/folklore/visual/Antropology/GRAPH/Antropol/ Pictures/Jpg/Ill39.jpg;5; https://copirayter.ru/moj-reportazh-s-mesta- sobytij-primer-kak-delat/, 검색일: 2022.07.03.

자문 혹은 사선의 십자문은 우주적 본성을 가진 아비새를 상징한다. 오클라드니코프에 의하면 고대 십자문은 우주의 상징이었고 많은 문화권에서 동서남북 네 방위를 상징한다.[37]

극동 토착종족 신화에서 두루 발견되는 대지의 창조주 혹은 창조의 집행자로서 '물새' 모티프의 기원에 관하여 다양한 의견이 존재한다. 시프너는 북아시아와 중앙아시아 민족/ 종족들 사이에 전파되어 있는 물새 모티프는 러시아문화의 영향에 의한 것이라고 주장한다.[38] 하지만 러시아인이 본격적으로 극동 지역에 진출한 것은 1860년 러시아와 중국의 베이징 조약 체결 이후인데 신화는 그보다 훨씬 이전의 원형적 사고를 반영하고 있으므로 시프너의 주장은 적어도 극동 지역과 관련해서는 합리적 근거가 부족하다. 나폴리스키흐(B. B. Напольских)에 의하면 대지 창조에서 물새 모티프는 고아시아족 기원이며 극동 퉁구스족 사이에 전해지는 유사한 모티프의 신화는 이들의 영향이고, 극동 퉁구스족은 이들의 인종적, 언어적 후손이다.[39] 언어적 유사성, 체질 형질학, 인류학, 민속학 등의 특징들을 고려하지 않고 신화의 모티프만으로 계통적 상관관계를 논하는 것은 다소 무리가 있다. 하지만 극동 지역에서는 고아시아계 축치족 사이에 새 숭배가 가장 발달하였으므로 다른 극동 토착종족 사이에 전파된 물새의 잠수 모티프는 고아시아계 축치족의 영향이다.

37 А. П. Окладников, Петроглифы Нижнего Амура, Л.: Наука, 1971, pp.97~98.
38 W. Radloff, "Aus Sibirien Lose Blaatter aus dem eines reisen den Linguisten von Wihelm Radloff", Bd. I. Leipzig. 1884, p.75f.
39 В. В. Напольских, "Миф о возникновении Земли в прауральской космогонии: реконструкция, параллели, эволюция", СЭ 1, 1990, pp.65~74.

〈에벤키족의 세베키와 하르기 신화〉에서 창조주 세베키는 선(善), 그와 대립되는 하르기는 악(惡)을 상징하지만 세베키가 까마귀의 도움으로 대지를 만들 때 하르기는 전혀 문제가 되지 않으므로 초기 이들에게 선, 악은 대립하는 관계가 아니었다. 본디 극동 토착종족은 선은 좋은 것, 착한 것, 창조, 악은 나쁜 것, 파괴를 상징하면서 서로 대립, 배척하는 관계가 아니라 선악의 공존과 조화 속에서 우주의 질서와 균형이 유지된다고 믿었다. 댄하르트는 대지의 기원에 관한 이원대립 신화는 이슬람의 영향을 받은 시리아 혹은 아르메니아 그노시스파에서 출현한 뒤 유럽으로, 또 페르시아를 거쳐 중앙아시아로, 또 이후 여러 지역으로 전파되었다고 주장한다.[40] 그런데 극동 토착종족의 대지 창조신화에서 이원대립 모티프는 이슬람보다는 러시아정교의 영향이므로 이슬람의 이원대립 모티프와는 다른 기원과 발전 과정을 거쳤다.

(2) 대지받침대 모티프

〈에벤키족의 개구리 받침대 신화〉 태초에 물과 하늘이 있었고 물에는 뱀과 조수인 개구리가 살고 있었다. 뱀은 무척 늙어서 자주 피로를 느꼈으며 물속에서 기력을 잃어갔다. 어느 날 뱀은 개구리에게 자신이 햇볕을 쬐면서 쉴 수 있도록 물속에 들어가 진흙을 가져와 물 안에 단단하게 박아달라고 부탁했다. 개구리는 잠수를 한 뒤 진흙을 가져와 물 안에 박았다. 그런데 진흙이 무너지기 시작했다. 그때 개구리는 뱀이 물을 헤치면서 자신을 향해 다가오는 것을 보았다. 개구리는 뱀이 자신을 심하게 나무랄 것이란 생각에 너무 놀랐다. 개구리는 얼른 몸을 바꾸어 다리

---

40 우노 하르바, 앞의 책, p.105.

로 땅을 떠받치기 시작했다. 개구리는 지금까지 그 상태로 대지를 받치
고 있다.[41]

위 신화에서 개구리는 뱀의 부탁으로 대지를 만든 뒤 대지가 밑으로
가라앉지 않게 스스로 받침대가 되어 받치고 있는데 유사한 모티프는
알타이계 여러 민족/ 종족, 북아메리카 인디언족, 슬라브족 신화에서
두루 발견된다. 받침대 역할을 하는 동물은 바이칼 호수 인근 퉁구스족
의 거북이, 다른 지역 퉁구스족의 개구리, 중앙아시아 알타이계 튀르크
족과 몽골족의 거북이와 물고기, 이슬람계 종족의 영향을 받은 튀르크
계 종족들의 황소, 아이누족의 등에 가시가 있는 세계어(世界魚), 일본
인의 지진어(地震魚) 등 민족/ 종족에 따라 차이가 있다.[42]

위 신화처럼 개구리가 받침대의 역할을 하는 것은 개구리 숭배에 근
거하며 유사한 관념이 세계 여러 민족/ 종족에게서 발견되지만 기원
규명은 쉽지 않다. 슬라브족은 개구리가 '가정의 불(화로)'을 지켜줄 뿐
아니라 망자의 영혼이 깃들인 존재이기 때문에 죽어서는 안 된다고 믿
으며, 남동아시아의 여러 민족/ 종족들에게 개구리는 근면, 불요불굴의
의지, 용맹함을, 대다수 민족/ 종족에게 개구리는 풍요의 신, 가정의 수
호신, 삶의 수호신, 인류의 선조를 상징한다.[43] 극동 토착종족은 개구리
(혹은 두꺼비)가 불신의 보조령, 운명의 예언자라고 믿었고, 개구리와 마

---

41 А. И. Мазин, там же, p.20.

42 우노 하르바, 앞의 책, p.29.

43 М. П. Дьяконова, Миф в фольклоре эвенков и эвенов (цикл творения мир
а), Диссерт. ...Кандид. Филолог. Наук, Дагестан. Гос. Пед. Ун-т, Мачхала,
2016, p.112.

주치면 여성은 머릿수건을, 남성은 벨트를 개구리 앞에 깔았으며,[44] 샤
머니즘 수용 이후 개구리는 샤먼의 보조령이 되었다.

대지받침대가 거북이라는 관념은 신이 거북이의 모습을 하고 대지를
받치고 있다는 인도의 비슈누(Vishnu)신화에서 기원한다.[45] 키르기스족,
타타르족, 텔레우트족 등 이슬람의 영향을 받은 튀르크족에게 대지받
침대는 황소인데 황소 아래에는 물고기, 물, 바람, 어둠 등이 있다.[46] 이
집트나 이슬람교가 전파된 캅카스족 사이에도 대지받침대가 황소라는
관념이 널리 전파되어 있었으므로 황소는 이슬람적 세계관과 관련이
깊지만 이슬람계 민족/ 종족은 소 사육에 종사하지 않는다. 그런데 고
대 페르시아 신화에 소가 등장하므로 대지받침대가 황소라는 모티프는
이란 고원의 페르시아 기원이다.[47]

대지받침대 모티프는 고대인의 과학적 지식과 관념 체계에서는 도저
히 이해할 수 없는 지진, 화산, 눈사태 등으로 인한 붕괴, 매몰, 흔들림
과 같은 자연현상을 설명하는 과정에서 출현하였다. 따라서 이러한 자
연 현상에 자주 노출된 민족/ 종족들에게 더 널리 전파되어 있었고, 받
침대의 역할을 하는 동물은 해당 민족/ 종족의 자연환경과 생태조건에
따라 달라졌다. 따라서 이 모티프는 주변 자연현상에 대한 관찰, 이러

---

44 М. П. Дьяконова, там же, p.113.

45 비슈누는 세계의 보존과 유지, 세계의 질서와 정의, 인류를 보호하는 존재로 힌두신들
가운데 가장 자비롭고 선한 신이다. 인도 최고(最古)의 문헌인 『리그베다』에서 비슈누
는 주요한 신은 아니었는데 베다 시기 말엽부터 비슈누 숭배가 빠른 속도로 발전하여
『마하바라따』와 『뿌라나』시기가 되면서 상당한 권위를 얻게 되었고 세상과 우주를 유
지, 지속, 보존시키는 신으로 자리 잡았다. 우노 하르바, 앞의 책, p.32.

46 우노 하르바, 앞의 책, p.32.

47 우노 하르바, 앞의 책, p.33.

한 현상이 인간과 주변 환경에 미치는 영향에 대한 인지에 근거하므로 물새의 잠수와 대지확장 모티프보다 늦은 시기에 출현하였다. 또한 특정 민족/ 종족 혹은 특정 지역 기원이 아니라 세계 여러 민족/ 종족 사이에서 동시에 기원한 뒤 주변 세계로 전파되었다.

그런데 대지받침대 모티프에 의하면 붕괴, 매몰, 흔들림과 같은 자연현상으로부터 인간과 대지를 지켜내어 지구와 우주의 조화와 균형을 유지할 수 있었던 것은 개구리, 거북이, 황소, 물고기 등의 자기희생에 의한 것이었다. 이는 인간만이 지구와 우주에서 우월하고 가치 있는 존재가 아니고, 인간 이외의 비인간 존재들, 인간 너머의 존재들도 인류 문명의 발전에 일정한 기여를 하였다는 이들의 생태적 세계관에 근거한다.

4. 하계에 대한 관념

1) 하계의 기원

극동 토착종족의 하계에 대한 관념은 빛과 어둠, 낮과 밤, 위와 아래의 대립 등 인간을 둘러싼 주변 환경, 자연현상에 대한 관찰에서 비롯되었으며, 일점 시점 이후에는 하계를 지하, 어두운 밤, 망자의 세계, 남성성과 연결시켰고, 뱀, 매머드 등의 야생동물로 형상화하였다.[48] 이에 대한 대립적 측면에서 중계는 밝은 낮, 빛, 생자의 세계, 여성성과

48 А. В. Лушникова, "Календари Северной Евразии и Сибири как источник для реконструкции древней картины мира", Вопросы языкознания 5, 2005, p.25.

연결시켰고, 다양한 시기 자신들 문화에서 중요한 연결고리의 역할을 한 순록(큰사슴, 사슴) 등으로 형상화하였다. 하지만 종교적 관념에서 하계의 출현은 인간이 너무 많아져서 살기 힘들다는 문화영웅 – 샤먼의 현실적 자각에 의한 것이었으므로 삼단세계관은 샤머니즘의 산물이다.

〈나나이족 하다우 신화〉 오래전 이 땅에는 많은 사람들이 살았으나 오랫동안 계속된 비로 모두 죽고 남성 하시야 마시야와 여성 첼케 지울 리만 살아남았다. 이들 사이에 세 아들 쥴추, 고란투, 하다우와 딸 먀멜리지가 태어났는데 낮에는 3개의 태양이, 밤에는 3개의 달이 뜨는 바람에 살 수가 없었다. 하다우는 금과 은 화살로 불필요한 2개의 태양과 2개의 달을 차례대로 죽였다. 이후 그는 여동생 먀멜리지와 결혼하여 아들 후올둑다 쟈포그다를 낳았다. 아들이 자라자 하다우는 아버지 하시야 마시야에게 이 땅에 사람들이 너무 많아 살 수가 없으니 하계를 개척해야한다고 말했다. 하다우와 아버지는 하계를 개척하러 갔다. 하계 입구에 이르자 하다우는 아버지에게 집으로 돌아가라고 하면서 가는 도중 나무에서 작은 사과 모양의 방울, 뿔, 거울들을 따서 모으고 집에 도착하면 문, 창문, 화덕의 굴뚝, 벽의 구멍들을 빈틈없이 막고 잠을 자라고 했다. 아버지는 하다우가 시키는 대로 한 뒤 잠이 들었다가 열흘 뒤에 깨어났다. 아버지가 깨어났을 때 이 물건들에서 샤먼의 거울, 샤먼 모자용 철제 뿔들과 여러 개의 청동 종들이 만들어져 있었다.[49]

위 신화에서 하다우는 나나이족의 문화영웅이자 첫 선조로 낮에는

49 М. М. Хасанова, "Путь души в мир мертвых по представлениям народов Амура", Структура, функция и семантика погребального обряда народов Сибири: Этнографические очерки, Л. Р. Павлинская (Ред.), СПб.: Наука, 2007, pp.139-140.

3개의 태양이, 밤에는 3개의 달이 뜨면서 인간 세계의 조화가 파괴되자 금과 은 화살로 불필요한 2개의 태양과 2개의 달을 죽임으로써 인간 세계와 자연생태계의 조화와 균형을 복원시켰다. 그런데 이후 사람이 너무 많아지면서 살기 힘들어지자 하다우는 인간에게 죽음의 속성을 부여하기 위해 스스로 죽음을 택하여 하계를 개척함으로써 상계, 중계, 하계의 삼단세계를 완성하였다. 또 아버지가 집으로 가는 도중 하다우의 부탁으로 방울, 뿔, 거울을 딴 나무는 상계, 중계, 하계를 연결하는 우주목이므로 하다우는 우주목에서 샤먼의 종, 샤먼의 거울, 샤먼 모자용 철제 뿔들 등 샤먼의 징표를 만든 존재이다. 따라서 하다우는 하계를 개척하여 인간에게 생사의 균형을 가져다준 존재, 우주목을 이용하여 상계, 중계, 하계를 연결한 존재, 나나이족 최초의 샤먼이다. 위 신화와 유사한 모티프의 신화가 극동의 모든 토착종족에게 전파되어 있는데 퉁구스족 남부 그룹과 고아시아계 닙흐족 신화는 매우 구체적이지만 퉁구스족 북부 그룹의 신화는 구체성이 떨어진다. 따라서 샤먼에 의한 하계 개척 모티프는 퉁구스족 남부 그룹 혹은 닙흐족에게서 기원한 뒤 퉁구스족 북부 그룹으로 전파되었다.

극동 토착종족 사이에 샤머니즘이 출현한 시기를 분명하게 규명하기는 힘들지만 신석기시대 후기인 기원전 2천 년기로 추정되는 아무르강, 레나강, 앙가라강 연안과 사하공화국 암벽화에서 발견된 뿔 달린 반인반수 형상, 뿔 달린 토기, 샤먼의 장례식에서 그 답을 찾을 수 있다.[50] 뿔 달린 반인반수 형상은 샤먼의 보조령인 순록을 상징하며, 뿔 달린

----

50 А. П. Окладников, Неолитические памятники Нижней Ангары (от Серово до Братска), Новосибирск: Наука, 1976, pp.98-99.

토기는 순록 형상의 제기로 특별한 종교적 의미를 가지고 있고, 샤먼의
장례식에 근거할 때 당시 이미 샤먼이 존재하였다. 바이칼 호수 인근의
일부 무덤에서는 기원전 1,800년~1,300년 기 글라즈코프 시대의 것으
로 보이는 뿔이나 매머드 뼈로 만든 반인반수 형상, 물고기 턱뼈나 큰
새의 부리로 만든 호부(護符), 뿔로 만든 방울이 발견되었는데[51] 이는
샤먼의 보조령의 신상(神像) 샤먼의 징표들이다. 따라서 샤머니즘은 신
석기시대 후기인 기원전 2천 년기 전후 출현하였고 이후 샤먼에 의한
하계 개척으로 우주의 삼단세계가 완성되면서 우주의 조화와 균형이
이루어졌다.

2) 하계의 문화적 특징

극동 토착종족에게는 상계보다 하계에 대한 관념이 더 구체적이고
풍부한데 이는 하계가 이들의 중요한 의례, 의식인 장례식, 초혼식(招魂
式), 송혼식(送魂式), 제례 등과 관련이 있기 때문이다.

〈하계에 갔다 온 에벤키족 남자〉 한 에벤키인 남자가 늪 안으로 들어
갔는데 잠시 후 물이 나왔다. 물 밑으로 하염없이 내려가다 아주 먼 낯
선 곳까지 가게 되었다. 오솔길이 보여 걸어가는데 순록의 발자국, 사람
들의 발자국이 보였다. 어디선가 대장장이가 쇠 두드리는 소리도 들렸
다. 마을로 갔다. 대장장이 근처에서 순록이 한가로이 노닐고 있었다.
남자가 그곳에 가자 순록이 느닷없이 죽었다. 멀리 춤이 보여 그곳으로
갔더니 아까처럼 느닷없이 한 여인이 죽었다. 사람들이 수군거렸다. "무
슨 일이지? 샤먼에게 물어봅시다." 샤먼이 와서 의식을 시작했고 의식

51 А. П. Окладников, там же, pp.98~99.

이 끝나자 샤먼은 남자의 존재를 알아냈다. 샤먼은 남자에게 그곳을 떠나라고 하면서 손으로 중계로 가는 길을 가르쳐 주었다. 샤먼이 말한 길로 한참을 걸어가니 위로 올라가는 계단이 있었다. 계단을 따라 올라갔더니 밑으로 떨어지기 직전에 남자가 머물렀던 곳이 나타났다.[52]

〈하계에 갔다 온 오로크족 사냥꾼〉
한 사냥꾼이 겨울에 타이가로 사냥을 갔다. 하루 종일 여우를 쫓아다녔는데 도저히 잡을 수가 없었다. 여우가 굴로 기어들어가자 사냥꾼도 뒤따라갔다. 굴은 점점 더 좁아졌다. 사냥꾼은 겨우겨우 기어갔다. 빛이 비치는 곳으로 갔더니 그곳은 여름이었다. 강에서 두 소년이 물고기를 잡고 있었다. 근처에는 집이 있었고 한 노인이 마당에 앉아 썰매를 만들고 있었다. 사냥꾼이 인사를 했지만 대답을 하지 않았다.

〈그림 22〉 아무르강 상류
암벽화에 그려진 하계신
Т. Ю. Сем, 2012, p.522.

노인이 집으로 들어가길래 사냥꾼도 따라 들어갔다. 그곳에는 노파와 이들의 딸이 있었다. 두 소년이 물고기를 가지고 오자 삶기 시작했다. 잠시 후 모두 식탁에 모여 앉아 식사를 하면서도 사냥꾼에게는 권하지 않았다. 식사를 끝낸 뒤 식탁을 치우고 자려고 누웠다. 딸은 문 근처에 누웠다. 사냥꾼이 딸 옆에 가서 눕자 딸이 얼어 죽을 것 같다고 했다. 아침에 사냥꾼은 밖으로 나가서 말린 생선을 조금 가지고 집으로 돌아왔다. 사냥꾼은 자신이 겪은 일을 사람들에게 들려주었고 며칠 뒤에 죽었다.[53]

52 『시베리아 설화집: 예벤키인 이야기』, 앞의 책, pp.51-53.

53 С. В. Березницкий, Этнические компоненты верований и ритуалов корен

위 설화는 에벤키족과 오로크족 설화지만 극동 토착종족 공통의 모
티프이므로 위 설화를 통해 하계에 대한 이들의 보편적인 관념을 추론
할 수 있다.

첫 번째, 〈하계에 갔다 온 에벤키족 남자〉에서 남자가 들어간 늪, 〈하
계에 갔다 온 오로크족 사냥꾼〉에서 사냥꾼이 들어간 굴은 자신들의
거주지에서 멀지 않은 곳에 있으므로 중계와 하계, 생과 사는 연접(連
接)해 있다. 〈그림 23〉 우데게족 샤먼 흉복의 위쪽은 상계, 가운데는 중
계, 아래쪽은 하계를 의미하는데 하계는 중계 바로 아래쪽 가까이에 있
다는 점으로도 알 수 있다. 물론 상계도 중계와 연접해있지만 하늘로

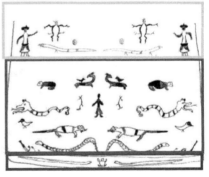

〈그림 23〉 우데게족 샤먼의 흉복
С. В. Березницкий, 2005, p.566.

ных народов амуро-сахалинского региона, Владивосток: Дальнаука,
2003, pp.92-93.

인해 다소 거리감이 느껴진다. 즉 이들에 의하면 상계, 중계, 하계는 차원은 다르지만 서로 연접해 있으며 우주는 이 세계들의 분리와 통합 속에 존재한다.

두 번째, 하계 입구는 늪이나 굴이며 에벤키족 남자는 물 밑으로, 오로크족 사냥꾼은 굴로 기어들어 간 뒤 하계에 가게 되었으므로 하계는 중계 아래쪽에 있고, 중계와 하계는 서로 연결되어 있으며, 우주는 수직 배열되어 있다. 그런데 이는 이들의 의례, 의식에서 보이는 하계의 방위 및 구조와는 다른데 이들의 종교적 관념에서 하계는 지하가 아닌 서쪽이나 북쪽에 위치하고, 우주는 수평 배열되어 있다. 이로 인해 이들은 장례식 때 망자의 시신을 관에 안치하면서 머리를 서쪽을 향하게 한다. 이는 신화는 하계에 대한 이들의 원형적 사고를, 의례 의식은 샤먼의 세계관을 반영하고 있기 때문이므로 신화적 관념이 종교적 관념보다 이른 시기의 산물이다.

세 번째, 하계의 위치나 지형 조건은 종족, 씨족 거주지의 자연생태 환경에 따라 달라지는데 어떤 종족에게는 산이나 산기슭 혹은 깊은 숲 속에, 어떤 종족에게는 험한 계곡에 위치한다. 또 어떤 종족의 하계는 멀리 떨어져 있고 가는 길도 험난하지만, 어떤 종족의 하계는 비교적 가까이에 있고 가는 길도 평탄해서 힘들이지 않고 쉽게 갈 수 있다.

네 번째, 〈하계에 갔다 온 에벤키족 남자〉에서 남자는 늪에 들어갔다가 우연히, 〈하계에 갔다 온 오로크족 사냥꾼〉에서 사냥꾼은 여우 사냥 중 우연히 하계에 가게 되었으므로 중계 사람이 하계에 가는 것은 우연에 의한 것이다.

다섯 번째, 〈하계에 갔다 온 에벤키족 남자〉에서 여인이 죽은 뒤 샤먼이 와서 의식을 거행하는 도중 죽음의 원인이 남자란 사실을 알아냈으므로 하계에도 샤머니즘이 전파되어 있고, 샤먼은 하계에서 의례 의식의 주관자이며 종교적, 사회적으로 중요한 위치에 있다.

여섯 번째, 〈하계에 갔다 온 에벤키족 남자〉에서 샤먼은 남자에게 그곳을 떠나라고 했으므로 하계에서 샤먼만이 중계 사람을 알아볼 수 있고 대화도 할 수 있으므로 샤먼은 중계와 하계를 연결하는 특수한 계급이다.

일곱 번째, 〈하계에 갔다 온 에벤키족 남자〉에서 하계 사람들에게는 남자가 보이지 않았고, 〈하계에 갔다 온 오로크족 사냥꾼〉에서 사냥꾼이 노인에게 인사를 했지만 대답을 하지 않았으므로 하계 사람들은 중계 사람을 볼 수 없는데 이는 하계가 중계와 다른 차원의 시공간이기 때문이다.

여덟 번째, 〈하계에 갔다 온 에벤키족 남자〉에서 남자로 인해 순록과 여인이 죽었으므로 중계 사람은 하계 사람에게 병이나 죽음 등 불행을 가져다주는데 하계 사람도 중계에 오면 중계 사람들에게 비슷한 영향을 미친다. 이는 중계와 하계가 다른 차원의 시공간이기 때문인데 이러한 관념으로 인해 샤먼은 의식 때 하계 사람들이 중계에 오지 못하게 하계 입구를 막고 근처에 자신의 보조령을 배치하여 지키게 한다. 샤먼은 이와 같은 의식을 통해 중계와 하계의 출입을 차단하여 각 세계의 질서와 체계를 바로잡음으로써 우주의 조화와 균형을 유지할 수 있다고 믿었다.

아홉 번째, 〈하계에 갔다 온 오로크족 사냥꾼〉에서 중계는 겨울이었지만 하계는 여름이었고, 사냥꾼은 하루 종일 여우를 쫓아다녔으므로 사냥꾼이 굴 안으로 들어갈 무렵 중계는 밤이었지만 하계는 낮이었다. 이는 봄 – 여름 – 가을 – 겨울, 밤 – 낮의 순환구조 속에 중계와 하계가 서로 대칭점에 위치한다는 관념에 의한 것으로 중계가 봄이면 하계는 가을, 중계가 여름이면 하계는 겨울, 중계가 낮이면 하계는 밤이므로 중계와 하계는 그 경계는 불분명하지만 서로 연결되어 있다. 이는 시공간의 차원은 다르지만 중계와 하계, 생과 사, 생자와 망자 등 우주만물은 서로 유기적으로 연결되어 있다는 이들의 생태적 세계관에 의한 것이다.

열 번째, 〈하계에 갔다 온 오로크족 사냥꾼〉에서 사냥꾼이 하계에서 가지고 온 생선이 중계에서는 썩어 있었으므로 중계와 하계는 서로 반대의 속성을 가지고 있다. 중계에서 완전한 것, 새것은 하계에서는 부서진 것, 헌 것, 중계에서 죽은 사람은 하계에서는 산 사람, 중계에서 맛있고 건강에 좋은 것은 하계에서는 맛이 없으며 건강을 해치는 것으로 바뀌는데 이는 중계와 하계가 다른 차원의 시공간이기 때문이다. 극동 토착종족들이 상례(喪禮) 때 망자에게 바치는 물건을 망가뜨리는 것은 이러한 관념에 근거하여 이 물건들에 하계의 속성을 부여하기 위해서이다.

열한 번째, 〈하계에 갔다 온 오로크족 사냥꾼〉에서 사냥꾼은 자신의 하계 여행을 다른 사람에게 이야기하고 며칠 뒤에 죽었다. 이는 샤먼 이외의 누구도 하계에 갈 수 없으며 그 이외의 사람은 우연히 하계에 갔다 와도 다른 사람에게 말을 하면 안 된다는 씨족의 관습법을 어겼기 때문이다. 이에 의하면 샤먼만이 하계의 통행에 대한 독점권을 가지고 있으며 일반인이 우연히 하계에 갈 수는 있지만 이에 대해 이야기하는 행위는 샤먼의 독점권에 대한 전면 도전이자 씨족의 관습법 위반으로 간주되었다.

열두 번째, 위 설화에서 에벤키족 남자가 간 마을과 오로크족 사냥꾼

이 본 집은 씨족 조상령의 마을이므로 하계 사람들도 씨족 단위로 생활
한다. 〈하계에 갔다 온 에벤키족 남자〉에서 하계의 에벤키족은 중계에
서처럼 타이가에 살면서 순록사육에 종사한다. 반면 〈하계에 갔다 온
오로크족 사냥꾼〉에서 두 소년은 강에서 물고기를 잡고 있으므로 하계
의 오로크족은 중계에서처럼 강 인근에 살면서 어로에 종사한다. 이처
럼 종족에 따라 하계의 삶의 양태가 달라지는데 이는 이들이 중계 현실
세계에 근거하여 하계에 대한 관념을 발전시켜 나갔기 때문이다.

열세 번째, 두 설화에서 하계 여행의 주체는 모두 남성이며 극동 토
착종족 사이에서 여성의 하계 여행 모티프는 발견되지 않으므로 하계
여행은 남성의 특권이었다.

극동 토착종족에게 우주는 상계, 중계, 하계로 이루어진 삼단세계이
며 상계와 하계는 중계의 복사본인데 이는 이들이 신화적 상상력의 세
계인 상계와 하계를 중계 인간 사회의 프리즘을 통해 발전시켜 나갔기
때문이다.

이들의 종교적 관념에서 우주 삼단세계는 샤먼에 의해 하계가 개척
되면서 완성되었는데 이는 우주의 질서와 균형 유지를 위한 생산적, 창
조적, 필연적인 과정이었다. 이들에게 상계는 지고신, 태양, 달, 별, 별
자리, 번개, 천둥, 바람 등 천체와 천체현상을 다스리는 천신들, 문화영
웅들, 신이 된 조상령들의 세계이자 씨족의 기원지가 있는 곳이다. 중
계는 현실 인간의 세계, 하계는 씨족 조상령의 마을이 있는 곳, 악령과
죽음의 세계이다. 이들의 삼단세계관에서 상계, 중계, 하계는 다른 차
원의 시공간이지만 서로를 배척하는 관계가 아니라 하나의 네트워크
속에서 상호 보완하는 관계, 우주의 질서와 균형 유지를 위해 끊임없이
상호 작용하는 관계인데 이는 이들의 생태적 세계관에 의한 것이다.

<표 2> 극동 토착종족의 상계와 하계에 대한 관념

		상계	하계
출현의 관념적 근거		하늘의 특성에 대한 관찰	자연현상에 대한 관찰
창조주	초기	불분명	자연현상에 대한 관찰
	샤머니즘 수용 이후		문화영웅 – 샤먼
씨족에게 주는 의미		씨족의 기원지	씨족 조상령의 마을
생활의 특징		중계와 같음	
샤먼의 존재		있음	
중계와의 관계		중계와 같음	모든 것이 반대
중계 사람의 출입	초기	모두 출입 가능	
	샤머니즘 수용 이후	샤먼만 가능	
중계 사람과의 관계		서로 볼 수 없음, 중계 사람은 상계 사람에게 불행 야기, 상계 사람은 중계 사람에게 도움	서로 볼 수 없음, 서로에게 불행 야기
중계와의 구조적 관계	신화적 관념	수직 배열	수직 배열
	종교적 관념	수평 배열	수평 배열
출현 시기	신화적 관념	상계 → 중계 → 하계	
	종교적 관념	중계 → 상계 → 하계	

이들 사이에 상계, 중계, 하계의 출현 시기를 명확하게 규명할 수는 없지만 종교적 관념에서는 인간의 현실 세계인 중계가 가장 먼저 출현하였고, 이후 상계가 출현하였으며, 하계는 샤머니즘이 전파된 기원전 2천 년기 전후한 신석기시대 후기에 출현하였다. 하계가 가장 늦은 시기에 출현한 것은 하계는 생사관, 상례 등과 관련되어 매우 추상적이고 복잡한 사고를 필요로 하는 세계이기 때문이다.

하지만 신화적 관념에서는 상계가 가장 먼저 출현하였고, 그 이후 신적 존재나 그와 유사한 지위에 있는 자연의 힘에 의해 중계가 출현하였

는데 이는 신에 의해 정화된 신성한 세계, 우주의 중심, 질서 잡힌 조직
화 된 세계에 살고자 하는 인간의 원초적 염원에 의한 것이다. 신화적
관념에서 하계는 상계와 중계 출현 이후 상계의 힘에 의해 출현하였다.
에벤키족 〈하계를 개척한 까마귀〉 신화에서 까마귀가 태양이 준 흙 조
각을 뱉어낼 때 흙 조각이 아주 깊게 박히면서 중계가 만들어졌고 하계
로 가는 길까지 열렸으므로 신화적 관념에서도 하계의 출현은 샤먼에
의한 것이었다.

Ⅲ. 우주의 중심축으로서 우주목, 우주강, 우주산

우주의 중심축은 가능한 한 우주의 중심 혹은 그 가까이에 살고자하
는 인간의 원초적 염원에서 기원하는데[54] 극동 토착종족의 우주의 중심
축에는 우주목(宇宙木), 우주강(宇宙江), 우주산(宇宙山)이 있다. 고대 극
동 토착종족은 우주의 중심축을 자신의 주위에 설정함으로써 자신들이
우주의 중심, 신에 의해 정화된 성스러운 세계, 질서 잡힌 조직화된 세
계에 살고 있다는 믿음, 우주의 중심축을 통해 상계를 자유롭게 오가면
서 인간의 길흉화복을 주관하는 천신들과 항시적으로 교류할 수 있다
는 믿음을 가지게 되었다. 따라서 이들에게 우주의 중심축은 특정 우주
영역에서 다른 우주 영역으로, 차원이 다른 시공간으로 이행하는 출구
로서의 종교적 역할과 우주론적 역할을 동시에 수행하였다.[55]

---

54 M. 엘리아데, 『성과 속』, 이은봉 옮김, 한길사, 1998, p.60.

극동 토착종족 사이에 우주 중심축의 출현 순서 규명은 쉽지 않지만 여러 자료에 근거할 때 우주목 → 우주강 → 우주산이다. 거주 지역의 자연환경, 그로 인한 우주관 및 세계관의 차이로 우주목은 타이가 삼림지대, 우주강은 큰 강 연안의 그룹들에게 더 적극적으로 수용되었으며, 늦은 시기 이들의 세계관에 들어온 우주산은 우주목, 우주강을 보조해주는 부차적인 지위에 머물렀고 폭넓게 전파되지는 못하였다. 그런데 이들에게 우주목, 우주강, 우주산은 독립적으로 존재하는 것이 아니라 혼종, 융합되어 있다. 또한 이들의 사회적, 개인적 삶의 근간은 씨족이었기 때문에 이들에게 의미 있는 것은 종족 공통의 우주목, 우주강, 우주산이 아니라 개별 씨족의 우주목, 우주강, 우주산이었다.

1. 우주목

1) 우주목의 관념적 기원과 특징

우주목은 상계, 중계, 하계를 연결하는 수직적 우주 모델로 우주 중심축의 전형이며 인간과 천신들을 연결하는 매개체로써 성/ 속, 위/ 아래, 상계/ 중계, 중계/ 하계, 신/ 인간, 생/ 사의 이원대립을 내포하고 있다. 우주목은 세계 많은 민족/ 종족들에게 두루 전파되어 있는데 이는 우주목의 기원 시기가 오래되었음을 의미한다. 알타이족 신화에 의하면 만물의 중심인 대지의 배꼽 위에 대지에서 가장 높은 전나무가 솟아 있는데 가지의 끝은 바이 윌괸(Bai Ülgön)이 사는 곳에 닿아있다.[56]

---

55 M. 엘리아데, 앞의 책, p.67.

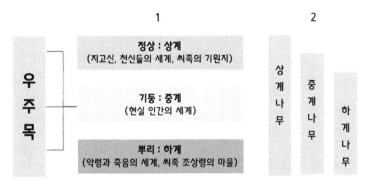

〈그림 24〉 우주목의 유형   1. 한 그루   2. 세 그루

타타르족 신화에 의하면 대지의 중심에 있는 철산(鐵山)에는 일곱 개의 하얀 가지가 있는 자작나무가 있고, 중앙아시아 신화에 의하면 우주목은 처음에는 작은 싹이었는데 크게 자라났으므로[57] 이들 신화에서 우주목은 동적인 과정에 있으며 수직적 위계를 가진다.

멜레틴스키와 레베죠바는 우주목은 신석기시대 초 메소포타미아 지역에서 출현하였다고 주장하는데[58] 신석기시대 초 세계 여러 지역에서 동시에 발생하였다. 이는 우주목의 관념적 기원이 논리적, 합리적 사고의 결과라기보다는 자연의 객체로서 나무에 대한 관찰에서 비롯되었기 때문이다. 나무는 수직으로 서서 성장하면서 재생, 부활을 끊임없이 반복하기 때문에 우주를 상징하는 동시에 우주를 집약하면서 성스러운

56 우노 하르바, 앞의 책, p.71.
57 우노 하르바, 앞의 책, p.71.
58 E. M. 멜레틴스키, 『신화시학 2』, 박종소 외 옮김, 나남, 2016, p.397; Ж. К. Лебедева, Эпические памятники народов Крайнего Севера, Б. Н. Путилов (Ред.), Новосибирск: Наука, 1982, p.21.

힘을 부여받게 되었고[59] 우주의 중심축으로 자리 잡게 되었다. 이때 이들이 숭배한 것은 나무 그 자체가 아니라 나무에 내포된 생명력, 부활, 신성성 등이었다. 극동 토착종족의 초기 우주목에는 우주를 통합적, 단일적으로 바라보는 시각이 두드러졌으며 우주목의 각 부분이 상계, 중계, 하계라는 관념은 흐릿하였다. 하지만 샤머니즘 수용 이후 우주목의 각 부분은 상계, 중계, 하계를 상징하게 되었고, 우주목의 관념적 내용들은 샤먼의 세계관에 맞추어 일정 정도 변형되었다.

극동 토착종족에게 우주목은 한 그루 혹은 세 그루인데 한 그루의 우주목에서 우주는 수직 분할되며 정상은 상계, 기둥은 중계, 뿌리는 하계를 상징한다. 세 그루의 우주목에서 높은 키의 나무는 상계, 중간 키의 나무는 중계, 낮은 키의 나무는 하계를 상징하는데 우주의 수직분할과 수평 분할이 동시에 발견되므로 한 그루의 우주목보다 이후에 출현한 보다 안정적인 모델이다. 〈그림 25〉는 나나이족 샤먼 복다노 오넨코가 그린 우주의 형상으로 우주알은 우주를 상징하며, 우주알 가운데 있는 나무의 남쪽 수관(樹冠)과 북쪽 뿌리를 연결하면 우주의 중심축으로서 우주목이 완성되는데 남과 북이 뒤집혀 있다. 이러한 '뒤집힘'은 우주목과 이들 종교적 관념 속

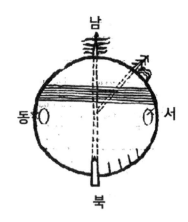

〈그림 25〉 나나이족의 관념 속 우주목
ИиК Нанайцев, p.163.

---

59 E. M. 멜레틴스키, 앞의 책, p.358.

상계, 중계, 하계를 결합시키면서 발생한 현상이다. 즉 이들의 종교적 관념에서 상계는 동쪽이나 남쪽, 하계는 서쪽이나 북쪽에 위치하는데 우주목에서는 상계가 정상, 하계가 뿌리에 위치하기 때문이다. 우주알 위쪽은 일곱 개 층으로 나누어져 있으며, 가운데 양 끝에는 호수가 있는데 동쪽의 호수는 생자와 태양의 세계, 서쪽의 호수는 망자와 달의 세계를 상징한다. 〈그림 25〉에서 우주는 우주목에 의해 상계, 중계, 하계로 수직 분할되면서 동시에 호수에 의해 동쪽과 서쪽으로 수평 분할되고 있다. 즉 초기 수직적 위계를 가졌던 우주목은 수평 구조와 결합되면서 동적인 수직 구조와 수평적 안정 구조의 이상적 모델이 되었고, 극동 토착종족의 전 역사에서 세계관의 중심 및 주변 요소를 조직화하는 중요한 우주적 표상으로 자리 잡았다.

씨족사회가 정착된 이후 우주목은 씨족나무로, 샤머니즘이 발전, 강화된 이후에는 샤먼목, 샤먼의 기둥으로 변형되었는데[60] 서로 독립적으로 존재하기보다는 〈그림 25〉처럼 우주알 등 시대가 다른 여러 층위의 관념과 혼종, 융합되면서 복잡한 중층구조를 이루고 있다.

2) 씨족의 기원지로서 씨족나무

씨족나무는 상계에서 자라며 씨족의 기원지이자 우주의 모체인데 환생을 기다리는 조상령의 마을이 있다는 점에서는 씨족의 기원지로, 사후 망자의 영혼 혹은 하계에 기거하던 씨족의 조상령이 환생을 위해

---

60 극동 토착종족에게 우주목은 낙엽송, 소나무, 삼나무, 버드나무, 자작나무, 벚나무, 아주 드물게 느릅나무와 참나무, 샤먼목로는 낙엽송, 소나무, 버드나무, 느릅나무, 포플러나무 등이 가능하다. Т. Ю. Сем, там же, p.76.

〈그림 26〉 씨족나무 앞 우데게족 제단
C. B. Березницкий, 2005, p.581.

〈그림 27〉 1. 오이오퉁 마을의 에벤족 씨족나무 Г. Н. Варавина, 2014, p.165;
2. 3. 나나이족 여성용 예복의 씨족나무와 문양 А. С. Киле, 2004, p.76.

〈그림 28〉 에벤키족의 묵지그라와 묵지의 형상
А. Ф. Старцев, 2017, p.63.

돌아가는 곳이라는 점에서는 우주의 모체이다. 씨족의 기원지로서 씨족나무에 대한 극동 토착종족의 관념이 가장 명료하게 드러나는 지점은 나무 – 모(母) 관념이다. 나무 – 모는 생명의 원천이 나무에 응집되어 있다는 점을 전제하기 때문에 인간은 나무에 종자의 형태로 잠재적 실존 상태에 놓여있다.[61] 에벤키족 무사 촐본 초쿨다니는 다섯 개의 깊은 강 하구로 가지를 뻗은 나무 밑에서 태어났고, 울치족과 오호츠크해 에벤족은 자신들의 기원을 나무 기둥에 사는 소녀에게서 찾는다.[62] 나나이족 작소르 씨족은 자신들의 기원을 자작나무에서 태어난 뒤 새 – 어머니들에 의해 길러진 소년 하다우에게서, 파사르 씨족은 두 그루 버드나무 방울에서 태어난 남성과 여성에게서 찾는다.[63] 나무 – 모는 나무 – 여신과도 연결되는데 네기달족, 에벤키족, 나나이족, 오로치족, 오로크족에게는 태양나무의 여신, 우데게족과 울치족에게는 빛, 인간의 영혼, 식물을 지배하는 나무 여신의 관념이 전해지고 있다.[64]

  이후 나무 – 모는 신화적 선조뿐만 아니라 모든 인간의 어머니로 발전하였고, 자신의 창조력을 신화적 선조를 낳기 위해 단 한번만 사용한 것이 아니라 모든 인간의 탄생을 위해 끊임없이 사용하였다. 에벤키족

---

61 E. M. 멜레틴스키, 앞의 책, p.401.

62 Типы героических сказаний эвенков, Г. И. Варламова, А. Н. Мыреева (Сост.), Новосибирск: Наука, 2008, p.31; А. Б. Спеваковский, "Этнокультурные контакты тунгусоязычных народностей на востоке Сибири (эвены и эвенки)", Этнокультурные контакты народов Сибири, Л.: Наука, 1984, p.124.

63 Л. Я. Штернберг, Гиляки, орочи, гольды, негидальцы, айны. Классификация, коренного населения Приамурского края, Хабаровск: Дальгиз, 1933, p.330.

64 Т. Ю. Сем, там же, p.76.

신화에서 소녀는 자작나무에서 태어났고 곰이 길렀으며, 울치족 신화에서 소녀는 버드나무에서 태어난 뒤 새가 키웠고, 소년은 낙엽송에서 태어난 뒤 수지(樹脂)를 먹고 자랐다.[65] 나무 - 모 관념에서 인간은 나무에서 기원하므로 나무는 인간의 모체이고 인간과 나무는 혈연공동체인데 여기에서는 자연을 대하는 태도, 인간과 자연의 관계 맺음에 대한 이들의 생태적 세계관이 엿보인다.

씨족나무에 대한 이들 관념의 독특성은 mo(나무/ 퉁구스 제어)에서 기원하는 mug(k)- 어간의 단어를 통해 알 수 있는데 이 단어들의 의미는 죽음, 망자의 영혼; 씨족, 부족의 두 갈래로 나누어진다. 첫 번째 갈래에 속하는 단어들에는 mukӡi(망자의 영혼/ 에벤키어), mukӡigra(망자의 영혼의 거처/ 에벤키어), mukӡi-(나무 그루터기/ 네기달어, 에벤어, 에벤키어, 나나이어, 오로치어, 오로크어, 우데게어, 울치어), mugӡɛ(나무로 만든 망자의 영혼 혹은 망자의 영혼의 거처/ 나나이어), muikchɛ(나무뿌리/ 나나이어), muӡi(죽다/ 닙흐어)가 있다.

두 번째 갈래에 속하는 단어들에는 mukun(씨족, 부족/ 나나이어), mo(씨족, 부족/ 우데게어)가 있다.[66] 두 갈래의 단어들은 서로 독립된 것이 아니라 상호 연결되어 있으며 상계 씨족나무(우주의 모체, 씨족의 기원지) → 인간의 영혼 → 중계 씨족마을 환생 → 죽음 → 망자의 영혼 → [하계 씨족 조상령의 마을][67] → 상계 씨족나무(우주의 모체, 씨족의 기원지)의 순

65 А. В. Смоляк, Шаман: личность, функции, мировоззрение народы Нижнего Амура, М.: Наука, 1991, p.73.
66 ССТМЯ 1, pp.544, 550; Ч. М. Таксами, Нивхско-русский и русско-нивхский словарь, Л.: Просвещение, 1983, p.185.
67 1개의 영혼이 단계별로 그 속성을 달리하면서 상계, 중계, 하계를 순환하는 네기달족,

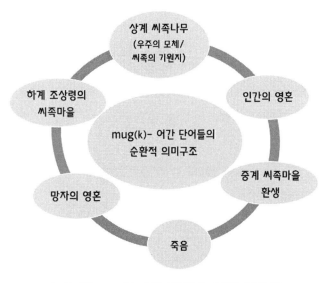

〈그림 29〉 mug(k)- 어간 단어들의 순환적 의미구조

환구조 속에 놓여있다. 따라서 이 단어들에는 상계, 중계, 하계를 연결
하는 우주론적 상징성과 사후 환생을 위해 우주의 모체로, 천신이 다스
리는 씨족의 기원지로 되돌아간다는 종교적 상징성이 동시에 함의되어
있다. 여기에서는 우주 삼계와 그곳에 존재하는 모든 유기체, 무기체
심지어 영혼까지도 동일한 순환 구조 속에서 유기적으로 연결되어 있
다는 이들의 생태적 세계관이 엿보인다.

오로치족, 오로크족, 우데게족, 울치족, 닙흐족과 달리 사후 상계와 하계 씨족 조상령의
마을로 가는 영혼이 별개로 존재하는 에벤족, 에벤키족, 나나이족의 경우 상계 씨족나무
의 순환구조 속에 하계 씨족 조상령의 마을은 상정될 수 없다.

3) 샤먼목 투루(turu)

(1) 샤먼목 투루의 기원과 의미 확장 과정

샤먼목은 투루(turu~tura~tora)의 형태로 알타이 제어에 두루 전파되어 있지만[68] 퉁구스어에서 turu의 의미가 가장 구체적이고 폭이 넓기 때문에 투루는 퉁구스어 기원이며 우랄 제어의 turu-는 퉁구스어 차용어이

〈표 3〉 turu의 알타이 제어 분포 현황.

CCTMЯ 2, 1977, p.221; Г. М. Василевич, 1957, pp.155-156; Ю. Крючкин, 2006, p.814.

어파	언어	어형	turu의 의미		
			1차 의미	2차 의미	3차 의미
퉁구스어파	에벤키어	turu	작은 나무, 기둥	춤의 기본 장대	샤먼목, 샤먼의 기둥
	에벤어	turting	기둥	지지대	샤먼목
	울치	tura, tora	기둥	X	샤먼의 기둥
	나나이어	tora	기둥, 말뚝	X	샤먼의 기둥, 송혼식용 생목(生木)
		toroan	X	X	망자의 영혼의 형상 묵제를 걸어두는 기둥
	만주어	turuni	깃발	평보의 가장자리	X
몽골어파	몽골어	tura/tuk	깃발	집, 마을	X
	부랴트어	tura/ turuge	X	집, 마을	성목으로서 자작나무
튀르크어파	사하어	X	X	정착하다	샤먼목
	타타르어	tur	X	정착하다	X
	튀르크어	tug	말의 꼬리를 묶는 깃발	X	의식 때 샤먼이 주위를 돌면서 춤을 추는 자작나무

---

[68] Г. М. Василевич, "Древние охотничьи и оленеводческие обряды эвенков", СМАЭ 17, 1957, p.155.

다. 〈표 3〉에 근거할 때 알타이 제어에서 투루는 나무~기둥~말뚝~깃
발; 춤의 기본 장대~지지대~집~마을; 샤먼목, 샤먼의 기둥 혹은 샤먼
의 계단의 세 갈래로 의미 확장을 하였다. 퉁구스어에서 나무(~기둥~말
뚝~깃발)를 의미하던 turu는 춤이 주거 형태로 자리 잡으면서 '춤의 기본
장대'로 의미 확장을 하였고, 이에 근거하여 몽골어와 부랴트어에서는
'집, 마을'로, 사하어와 타타르어에서는 '정착하다'로 의미 확장을 하였
다. 퉁구스족 사이에 샤머니즘이 광범위하게 전파되고 샤먼의 권위와
위상이 강화되면서 샤먼목, 샤먼의 기둥으로 의미 확장을 하였지만 몽
골어에서는 의미 확장이 제한적이었다.

(2) 샤먼목의 특징과 유형

샤먼의 권위와 위상이 강화되면서 우주의 중심축은 우주목에서 샤먼
목으로 전이되었고, 우주목의 관념적 내용들은 샤먼목으로 옮겨졌으며
우주목과 샤먼목은 이원대립의 관계에 놓이게 되었다. 우주목이 천신

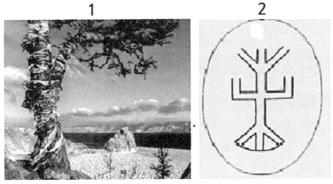

〈그림 30〉 1. 바이칼 호수 인근 에벤키족 샤먼목 2. 에벤키족 샤먼 무고의
샤먼목 https://goru.travel/irkutsk/tours/

의 창조물로 하늘에 닿아있다면 샤먼목은 보통의 나무와 크기는 비슷
하지만 자신만의 뚜렷한 특징을 가지고 있으며 타이가나 바다 가운데
섬에서 자라는데[69] 전자는 타이가 삼림지대, 후자는 바다에 인접하여
생활하는 그룹에 특징적이다. 이 나무로 샤먼의 무고(巫瞽), 샤먼 보조
령의 신상, 호부를 만들기 때문에 샤먼목은 샤먼의 삶과 긴밀하게 연결
되어 있으며 샤먼목이 죽으면 샤먼도 죽는다. 하우 마을의 나나이족 오
닌카는 샤먼목은 실재하는 것이 아니라 샤먼의 꿈에만 등장하는 나무
라고 주장한다.[70] 극동 토착종족은 의례 의식 때 샤먼의 꿈에 나온 나무
의 특징에 근거하여 씨족원들이 타이가에서 찾아온 나무로 샤먼목을
만들기도 하고, 타이가에서 자라는 나무 중 샤먼의 꿈에 나온 나무와
유사한 나무를 샤먼목이라고 믿기도 한다. 따라서 샤먼목은 오닌카의
주장처럼 샤먼의 꿈에만 등장하는 나무가 아니라 꿈의 현실태라는 특
징을 가진다.

그런데 이들 사이에서 우주목이 샤먼목으로 전이될 수 있었던 관념
적 근거는 〈나나이족의 하다우 신화〉에서 찾을 수 있다. 신화에서 하다
우는 아버지에게 집으로 가는 도중 나무에서 방울, 뿔, 거울을 따서 가
지고 가라고 하였는데 이 나무는 상계, 중계, 하계를 연결하는 우주목
이다. 그런데 이 나무에서 샤먼의 종, 샤먼의 거울, 샤먼 모자용 철제
뿔 등 샤먼의 징표가 만들어졌으므로 우주목은 샤먼목의 모체이며 샤
먼목의 씨앗을 내부에 품고 있었다.

극동 토착종족에게 샤먼목은 한 그루 혹은 세 그루인데 한 그루의

---

69 Т. Ю. Сем, там же, p.79.

70 А. В. Смоляк, там же, p.27.

샤먼목에서 정상은 상계, 기둥은 중계, 뿌리는 하계를 의미하므로 우주
는 수직 배열되어 있다. 세 그루의 샤먼목에서 높은 키의 나무는 상계
를 상징하며 샤먼은 이곳에 가서 천신을 만나 씨족의 평안, 행복, 건강
을 기원하고, 중간키의 나무는 중계를 상징하며 샤먼 보조령들의 거처
이고, 낮은 키의 나무는 하계를 상징하며 샤먼 조상령의 거처이다.[71] 세
그루의 샤먼목에서는 우주의 수직 분할뿐만 아니라 생자의 세계인 동
쪽과 망자의 세계인 서쪽으로의 수평 분할도 함께 발견되므로 한 그루
보다 안정적인 우주모델이다.

　샤먼의식 때 신당(神堂)이나 신당 상징성을 가진 공간에 샤먼목을 설
치하는데 〈그림 31 (1, 2)〉는 에벤키족 샤먼의 신당에 설치된 샤먼목으

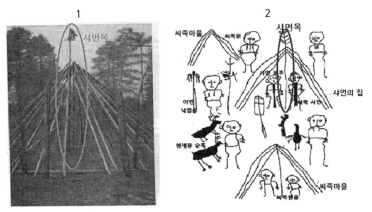

〈그림 31〉 1. 에벤키족 샤먼 신당에 설치된 샤먼목 Г. М. Василевич, 1957, p.152;
　　　　　 2. 에벤키족 쿠르카기르 씨족의 샤먼의식과 샤먼목 А. Ф. Анисимов, 1959, p.33.

---

71 А. Ф. Анисимов, Космологические представления народов Севера, М.-Л.:
　　АН СССР, 1959, pp.47, 48.

로 정상은 의례 의식 때 샤먼이 천신이나 그 보조신들을 만나는 곳이기 때문에 반드시 신당 밖으로 나와 있어야 한다. 의례 의식 때 샤먼목이 있는 공간은 신에 의해 정화된 공간, 소우주, 우주의 중심이 되며 의식 참가자들은 샤먼목으로 인해 자신들이 우주의 중심에 있으며 신의 선택을 받은 존재라는 믿음을 가지게 된다.

따라서 샤먼목은 상계, 중계, 하계를 연결하는 우주의 중심축으로써 우주를 구현하는 우주론적 역할과 샤먼에게 인간의 길흉화복과 씨족의 영속성을 보장하는 천신들의 세계로 갈 수 있는 길을 열어주는 종교적 역할을 동시에 수행하며 의식에서 둘은 서로 융합되어 하나의 완전한 체계를 형성한다.

(3) 샤먼의 기둥

샤머니즘의 발전으로 샤먼의 권위가 더욱 강화되면서 샤먼목의 관념적 내용들은 샤먼의 기둥으로 확장되는데, 샤먼의 기둥은 자작나무와 사시나무를 제외한 모든 나무로 만들 수 있다.[72] 대개 샤먼의 기둥은 끝이 두 갈래로 갈라진 두꺼운 장대 모양인데 이는 인간의 영혼인 새를 상징한다. 샤먼의 기둥은 샤먼의식 때 씨족원들이 천신들에게 순록, 다람쥐, 여우, 오소리 등의 모피, 스카프, 천 조각 등의 제물을 바치는 곳이며[73] 샤먼이 상계로 올라가고 천신이나 그 보조신들이 중계로 내려올 때 사용하는 계단을 상징한다. 〈그림 32 (1, 2)〉는 에벤키족, 〈그림 32 (3)〉은 오로치족 샤먼의 기둥으로 신당 안이나 그 근처에 설치하는데

72　A. B. Смоляк, там же, p.25.
73　A. B. Смоляк, там же, p.25.

의식 때 샤먼의 기둥이 설치된 공간은 신에 의해 정화된 공간, 소우주, 우주의 중심이 된다. 샤먼의 기둥은 샤먼목과 역할이 유사하지만 샤먼목이 샤먼의 삶과 직접 연결되어 있다면 샤먼의 기둥은 샤먼의 삶과의 관련성은 상대적으로 떨어진다.

〈그림 32〉 1, 2. 에벤키족 샤먼의 기둥 https://icrt-russia.ru/, А. Ф. Анисимов, 1958, p.162; 3. 오로치족 샤먼의 기둥 С. В. Березницкий, 1999, p.121.

2. 우주의 중심축으로서 우주강

샤머니즘이 전파되면서 우주의 중심축은 우주목에서 우주강으로 변형되었지만 우주목을 완전히 밀어내지는 못하였고 일정기간 공존하였다. 우주강은 우주목과 유사한 기능을 하지만 우주목이 우주를 수직적, 단일적, 통합적 시각으로 바라본다면 우주강은 우주를 다층적 시각으로 바라본다. 또한 우주목에서는 상계와 하계가 인간의 현실 세계인 중계와 수직적 대립을 낳았다면, 우주강에서는 문명화된 우주의 중심과 문화가 결여된 야만스러운 주변부라는 수평적 대립이 발생한다.[74] 따라

---

74 E. M. 멜레틴스키, 앞의 책, p.46.

서 우주강은 코스모스/ 카오스, 중심/ 주변, 문화/ 야만, 상계/ 중계, 중
계/ 하계, 생/ 사의 이원대립을 내포하고 있다.

1) 우주강의 관념적 기원과 특징

신석기시대 후기인 기원전 2천
년기까지 극동 암벽화의 주된 모티
프는 사슴이었는데 〈그림 33〉 아무
르강 유역 시카치알랸 마을의 암벽
화를 통해 알 수 있듯이 이후 인간
들에게 일차적 의미가 주어지고 동
물은 2차적 지위로 물러나면서 동
물 모티프는 점차 퇴색되어 간다.
이러한 변화는 이 시기 극동 토착

〈그림 33〉 시카치 알랸 마을의 암벽화
ИиК Нанайцев, p.164.

종족 사이에 우주의 구조와 자연생태계의 연쇄사슬 속에서 인간의 위
상에 대한 관념이 체계적으로 전파되기 시작했음을 말해준다. 또한 이
즈음 아무르강을 비롯한 강들이 극동 토착종족의 문화 발전을 견인하
면서 강 인근에 거주하는 그룹을 중심으로 강이 중요한 신화적 상징물,
신성한 지형물이 되었다.

그런데 이들 사이에서 강이 우주의 중심축으로 자리 잡게 된 관념적
근거는 무엇일까? 신석기시대 초 바이깔 호수 인근 타이가 지역 퉁구
스족의 무덤들은 모두 태양의 방향을 따르고 있었으나 후기에 오면서
강을 따라 조성되었다. 일부 연구자들은 이를 고대부터 강이 삶의 근간
이었던 인접한 예니세이강 우랄계 종족의 영향이라고 주장한다. 하지

만 신석기시대 후기 바이칼 호수 지역에서도 강이 물질 및 정신문화에서 중요한 위치를 차지하게 되었으므로 우주강은 이들 고유의 관념에 근거한다.

신석기시대 후기 극동 지역의 무덤들도 바이칼 호수 인근과 유사한 배열로 변형되는데 이는 바이칼 호수 지역 퉁구스족의 영향도 있지만 이 시기 극동 토착사회의 물질적, 문화적 변화에 의한 것이다. 이 무렵 극동 토착종족들은 씨족사회로 진입하였고, 이들의 생업에서 아무르강과 그 지류에서의 어로가 중요해지면서 아무르강과 그 지류들을 따라 겨울 마을과 임시 여름 마을이 혼재된 장기 정주지가 조성되었다.[75] 이로 인해 사후 하계로 가는 길은 태양의 방향에서 강의 흐름으로 바뀌었고, 더불어 강을 따라 무덤을 조성하게 되었다. 또한 이즈음 이들 암벽화의 모티프가 인간 형상으로 바뀌었으므로 이 시기 이들 사이에는 인간과 주변 세계의 상호관계, 우주에서 인간의 위치, 삶과 죽음 등 인간에 대한 존재론적 사유가 생겨났고, 샤머니즘이 전파되면서 우주의 중심축은 우주목에서 우주강으로 바뀌었다. 즉 극동 토착종족에게 우주강이 출현하게 된 일차적 원인은 신석기시대 후기 극동 토착사회의 물질적, 문화적 변화와 샤머니즘의 출현이지만 부분적으로 바이칼 호수 인근 퉁구스족의 영향도 배제할 수 없다.

우주강 수원은 상계, 본류는 중계, 하구는 하계를 상징하는데 시베리아의 지형적 특성 상 강은 남(남서)쪽에서 북(북동)쪽으로 흐르기 때

---

75 А. П. Окладников, "Археологические данные о древнейшей истории Прибайкалья", Вестник древней истории 1(2), 1938, pp.253-254; S. M. 두다료노크 외, 앞의 책, pp.28-29.

〈그림 34〉 1. 오로치족의 우주강 2. 아무르강 상류 지류 늇자강 암벽화
Т. Ю. Сем, 2012, pp.83, 88.

문에 남(남서)쪽이 상계, 북(북동)쪽이 하계가 된다. 따라서 극동 토착종
족의 우주강은 수평 모델을 기본으로 부분적으로 수직 모델과 결합될
수밖에 없는데 이는 〈그림 34 (1)〉 우주강을 따른 오로치족의 우주 모
델, 〈그림 34 (2)〉 아무르강 상류 지류 늇자강 암벽화를 통해서도 알
수 있다.

하지만 이는 지형학적 조건에 근거한 모델이며 신화적 관념에서 우
주강의 공간적 방향은 기원지의 차이로 인해 종족에 따라 달라진다. 극
동 에벤키족, 나나이족은 우주강이 서쪽에서 동쪽으로 흐른다고 믿으
므로[76] 이들은 서쪽에서 기원하여 동쪽으로 이주한 뒤 현재의 거주지에
정착하였다. 오로치족, 우데게족, 울치족은 우주강이 남쪽에서 북쪽으
로 흐른다고 믿으므로[77] 이들은 남쪽에서 기원하여 북쪽으로 이주한 뒤

76 Т. Ю. Сем, там же, p.71.
77 Т. Ю. Сем, там же, p.71.

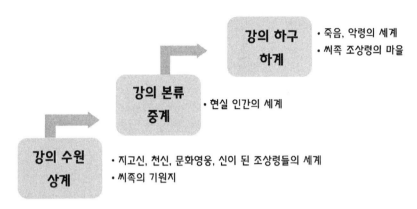

〈그림 35〉 극동의 지형학적 조건에 근거한 우주강의 구조

현재의 거주지에 정착하였다. 그런데 신화적 관념과 달리 이들의 의례 의식에서 하계는 서쪽 혹은 북쪽, 상계는 동쪽 혹은 남쪽에 위치하는데 이는 샤먼의 세계관에 근거한 것이다.

　우주강의 지류들은 개별 씨족 샤먼의 강인데 하계인 하구 아래쪽에 는 씨족 조상령의 마을이 있다. 생전 선했던 사람의 영혼은 이곳으로 가서 일정기간 거주하다 상계 씨족의 기원지로 이동하여 환생을 하기 도 하고, 이곳에서 영생하기도 하는데 이는 종족의 생사관과 영혼관의 차이에 의한 것이다.[78] 악한 사람의 영혼은 우주강 심연에 있는 영원한 죽음의 세계인 지하바다로 가는데 그곳에 가면 다시는 돌아오지 못한 다.[79] 본디 극동 토착종족은 죽음을 선악과 연결시키지 않았기 때문에

---

78 에벤족, 에벤키족, 나나이족처럼 사후 상계와 하계로 가는 영혼이 별개로 존재할 경우 하계 씨족 조상령의 마을로 간 영혼은 그곳에서 영생한다.

79 Г. М. Василевич, Эвенки. Историко-этнографические очерки (XVIII-нача ло XX в.), Л.: Наука, 1969, p.213; Н. В. Ермолова, "Представления о душе,

선악을 사후 운명과 관련짓는 것은 러시아문화 수용 이후 기독교의 영
향에 의한 것이다.

2) 씨족 샤먼의 강

샤머니즘의 발전으로 샤먼의 권위와 위상이 강화되면서 우주의 통
행은 샤먼의 특권이 되었고, 우주강은 씨족 샤먼의 강으로 변형되었으
며, 우주강의 관념적 내용들은 씨족 샤먼의 강으로 옮겨갔다. 극동 토
착종족들은 이 강이 실재한다고 믿는데 가령 에벤키족은 바이칼 호수
옆에 있는 강의 최상류 지류는 바이 씨족 샤먼의 강, 그 옆의 지류는
키마 씨족 샤먼의 강이라고 믿는다.[80] 샤먼의 강 하구 밑에는 상계와
하계 샤먼의 세계를 연결하는 곳이 있는데 예니세이강 에벤키족에 의
하면 팔을 사방으로 뻗고 서 있는, 철과 뿔로 된 샤먼의 보조령 다리살
이 이곳을 지키고 있다.[81] 이에 근거하면 〈그림 36〉처럼 상계와 하계는
씨족 샤먼의 강 밑으로 연결되어 있으며, 샤먼은 다리살로 인해 이 강
을 이용하여 상계, 중계, 하계를 통행할 수 있는 독점적 권리를 가지게
되었다.

우주강의 공간적 방향이 종족에 따라 달라진다면, 씨족 샤먼의 강의
공간적 방향은 같은 종족 내에서도 씨족에 따라 달라지는데 이는 최초

смерти и загробной жизни в традиционном мировоззрении эвенков", От
бытия к инобытию: Фольклор и погребальный ритуал в традиционных
культурах Сибири и Америки, Ю. Е. Березкин, Л. Р. Павлинская (Ред.),
СПб.: МАЭ РАН, 2010, p.155.

80 Г. М. Василевич, там же, p.213.
81 Г. М. Василевич, там же, p.214.

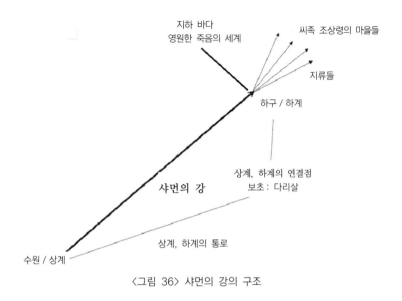

지하 바다
영원한 죽음의 세계

씨족 조상령의 마을들

지류들

하구 / 하계

상계, 하계의 연결점
보초 : 다리살

샤먼의 강

상계, 하계의 통로

수원 / 상계

〈그림 36〉 샤먼의 강의 구조

의 기원지가 아니라 이주 경로의 차이에 의한 것이다. 시베리아 동쪽 바이칼 호수 인근에서 시베리아 서쪽 예니세이강으로 이주한 에벤키 씨족은 샤먼의 강이 동쪽에 있다고 믿으며, 바이칼 호수 인근에서 북쪽 알단강 상류로 이주한 에벤키 씨족은 샤먼의 강이 남쪽에 있다고 믿는다.[82] 이는 씨족의 의례 의식에서 중요한 기준점이 되는데 샤먼이 치병 의식 때 환자의 영혼을 찾으러 상계 천신에게 갈 때의 방향, 송혼식 때 망자의 영혼을 하계로 인도할 때의 방향의 차이로 이어진다.

---

82 Г. М. Василевич, там же, p.212.

3. 우주의 중심축으로서 우주산

1) 우주산의 관념적 기원과 특징

우주의 중심축으로써 우주산은 인도, 중앙아시아, 유럽 등 세계 많은 민족/ 종족에게 전파되어 있다. 우노 하르바와 뮐러는 우주산의 발생 동기를 고대 우주발생론과 관련짓는데 뮐러는 태초의 물에서 높은 언덕 혹은 불타는 섬 모양의 물이 솟아오르면서 세계가 창조되었다는 기원전 삼천 년기 이집트 문헌에서 그 기원을 찾는다.[83] 퉁구스족, 튀르크족, 몽골족에게도 우주산이 전파되어 있는데 몽골계 몽골족, 부랴트족, 칼미크족의 숨부르(수무르, 수메르)산, 태초에 원해와 그곳에서 솟아오른 산만 있었고 산 정상의 사원에 33명의 텡그리가 살고 있었다는 중앙아시아 튀르크족 신화는 인도 수메르산 신화에서 기원한다.[84] 따라서 몽골족과 중앙아시아 튀르크족의 우주산은 이들 고유의 관념이 아니라 인도 기원의 관념이며 우주발생론과 밀접하게 결합되어 있다. 그런데 퉁구스족을 비롯한 극동 토착종족의 우주산은 우주발생론과의 연결고리가 명확하지 않고 몽골족, 중앙아시아 튀르크족의 우주산과도 유사성이 적기 때문에 이들의 우주산은 우주목, 우주강보다 늦은 시기 이들 고유의 기층요소에 외래의 요소가 융합되면서 만들어진 혼종적인 관념이다.

그렇다면 이들의 기층에 자리한 우주산의 관념적 근거는 무엇일까? 자연환경으로 인해 극동 토착종족에게는 고대부터 뿌리 깊은 산악(山

---

83 우노 하르바, 앞의 책, p.61; W. Muller, Die heilige Stadt. Roma quadrata, himmlisches Jerusalem und die Mythe vom Weltnabel, Stuttgart, 1961, p.226.
84 Т. Ю. Сем, там же, p.78; 우노 하르바, 앞의 책, p.61.

岳)숭배가 있었으므로 초기 이들의 우주산에 대한 관념적 근거는 하늘과 가장 가까이에 있다는 산에 대한 관찰에 근거한다. 하지만 이후 산의 이러한 특징은 산을 통해 위쪽의 상계, 아래쪽의 하계로 갈 수 있다는 신화적 상상력으로 이어졌고, 산은 하늘과 땅이 만나는 곳, 우주에서 가장 높은 곳, 상계, 중계, 하계를 연결하는 우주의 중심축으로 자리잡게 되었다.

우주산은 산악지대의 그룹들에게 주로 전파되었는데 이들은 씨족의 고유성과 변별성을 확보하기 위해 우주산을 상징하는 마을의 성산(聖山)을 중심으로 지연의식과 혈연의식을 발전시켜나갔다. 이후 신앙이 발전하면서 마을에 성소, 신전, 신당 등을 설치하였고, 이 공간들은 우주산, 성산과 동일시되면서 우주의 중심, 소우주를 상징하게 되었으며 우주의 중심축으로서 우주론적 역할과 종교적 역할을 동시에 수행하게 되었다.

극동 토착종족에게 우주산 정상은 상계, 지하는 하계를 상징하는데 우주산은 다시 생자, 식물, 태양의 세계인 동쪽(동남쪽), 망자, 동물, 달의 세계인 서쪽(서북쪽)으로 나누어진다.[85] 따라서 이들에게 우주산은 우주의 수직 구조와 수평 구조가 융합된 모델로 코스모스/ 카오스, 태양/ 달, 상계/ 중계, 중계/ 하계, 생/ 사, 위/ 아래, 동(동남)/ 서(서북), 동물/ 식물의 이원대립을 내포하고 있다.

---

85 О. П. Суник, Ульчский язык. Исследования и материалы, Л.: Наука, 1985, pp.113-117; Т. Ю. Сем, там же, pp.72, 74.

2) 우주산의 형상

극동 토착종족들은 우주산을 자신들의 물질 및 정신문화의 중심에 있는 뿔이 하늘에 닿아 있는 거대한 순록으로 형상화 시킨다. 사하공화 국과 바이칼 호수 인근 에벤키족 신화에서 산신 쿨라다이는 뿔에 태양과 달이 있는 순록을 타고 가는 무사 메르겐을 만났는데[86] 순록은 우주산, 태양과 달이 있는 양쪽 뿔은 태양의 세계와 달의 세계를 상징한다. 울치족 사이에는 한 무사가 불을 지나 거대한 순록 형상의 우주산으로 갔다는 신화가 전해지며, 우데게족 신화에서 문화영웅은 대홍수가 끝난 뒤 하늘에 닿아있는 순록 형상의 높은 우주산에 있던 첫 선조들을 구했다.[87] 따라서 이들 신화에서 우주산은 우주를 상계, 중계, 하계로 수직 분할하면서 동시에 태양의 세계와 달의 세계로 수평 분할할 뿐만 아니라 불길한 세력, 악령으로부터 인간을 보호하는 역할을 한다. 또한 우주산이 순록 형상이라는 관념에 근거할 때 우주산에 있는 나무, 풀과 같은 생물체들, 바위, 절벽, 계곡, 물, 돌과 같은 무생물체는 순록이 모체인 혈연공동체의 구성원으로 유기적으로 연결되어 있다. 여기에서는 우주만물은 유기적으로 통합되어 있으며 이는 지구와 우주의 균형과 질서 유지를 위한 것이라는 이들의 생태적 세계관이 엿보인다.

우주산의 관념적 내용들은 우주기둥으로 확장되는데 울치족의 신화적 영웅 켐테르케는 철로 만든 보트를 타고 하계로 가는 도중 바다에서

---

86 С. А. Садко, Эвенкийские сказки, Новосибирск: Западно-Сибирское кни
    жное изд-во, 1971, pp.9-12.

87 О. П. Суник, там же, pp.113-117; Б. А. Васильев, "Основные черты этнограф
    ии ороков. Предварительный отчёт по материалам экспедиции 1928 г.",
    Этнография 1, 1929, p.11.

악령을 만나 전투를 하게 되었는데 바다 가운데 하늘까지 닿는 돌기둥을 세워 악령들의 출입을 차단하였다.[88] 신화에서 쾜테르케가 바다 한 가운데 세운 돌기둥은 우주기둥으로 중계와 상계, 하계의 경계를 차단하여 중계 사람들을 보호하는 역할을 한다. 따라서 극동 토착종족에게 우주산과 우주기둥은 일부 유사한 기능을 하지만 우주산은 우주 삼단 세계의 완성을 통해 우주의 구조와 체계를 확립하기 위한 것이었다면, 우주기둥은 상계, 중계, 하계의 출입을 차단하여 각 세계만의 질서를 확립하여 지구와 우주의 균형과 조화를 이루기 위한 것이었다.

3) 샤먼의 산

샤머니즘의 발전으로 샤먼의 권위와 위상이 강화되면서 우주산은 샤먼의 산으로 변형되었고, 우주산의 관념적 내용들은 샤먼의 산으로 옮겨갔으며, 우주산과 샤먼의 산은 이원대립의 관계에 놓이게 되었다. 우주산은 신적 존재에 의해 만들어졌고, 상계, 중계, 하계를 연결하면서 위로는 하늘, 아래로는 지하바다에 닿아있지만, 샤먼의 산은 샤먼에 의해 만들어졌으며 우주산처럼 높지 않다.

유사한 모티프는 우데게족, 울치족 등 극동 퉁구스족 남부 그룹 사이에 두루 전파되어 있다. 오로치족의 〈하계를 개척한 샤먼〉에서 바다오리의 알을 가지러 샤먼의 아들이 올라간 절벽은 샤먼의 산의 변형이다. 울치족 신화에서 울치족의 첫 선조이자 첫 샤먼인 순록 형상의 쾜테르케는 사람들이 낳은 아이를 보기 위해 바다 중앙의 섬에 하늘과

---

88 О. П. Суник, Ульчский язык. Исследования и материалы, Л.: Наука, 1985, pp.106–112.

대지를 연결하는 거대한 산을 만들었는데[89] 이 산은 샤먼의 산의 변형
이다. 이처럼 샤먼이 샤먼의 산을 만든 것은 인간 사회의 질서를 확립
하기 위한 것이었으므로 샤먼의 산은 우주산, 우주 기둥과는 다른 기
능을 한다.

<표 4> 극동 토착종족 관념 속 우주의 중심축

	우주목	우주강	우주산
출현 시기	신석기시대 초	신석기시대 후기	우주목, 우주강보다 늦은 시기
관념적 근거	나무에 대한 관찰	극동 토착사회의 물질적, 문화적 변화, 샤머니즘의 전파	산에 대한 자각, 신화적 상상력
기원	극동 토착종족 고유의 관념	극동 토착종족 고유의 관념	극동 토착종족 기층 요소 + 외래의 요소
우주의 구조	수직구조	수평구조(부분적으로 수직구조)	수직 + 수평구조
전파 지역	타이가 삼림지대	큰 강 인근	산악 지대
변형 과정	씨족나무→ 샤먼목 → 샤먼의 기둥	씨족 샤먼의 강	우주기둥→ 샤먼의 산

　우주의 중심축은 가능한 한 우주의 중심 혹은 그 가까이에 살고자하
는 인간의 원초적 염원에 의한 것인데 극동 토착종족의 우주의 중심축
에는 우주목, 우주강, 우주산이 있으며 출현 순서는 우주목 → 우주강
→ 우주산이다. 거주 지역의 자연환경, 그로 인한 우주관 및 세계관의
차이로 인해 우주목은 타이가 삼림지대, 우주강은 큰 강 연안의 그룹들
에게 적극적으로 수용되었다. 늦은 시기 이들의 세계관에 들어온 우주

---

[89] Т. Ю. Сем, там же, p.73.

산은 우주목, 우주강을 보조해 주는 부차적인 지위에 머물렀고 폭넓게 전파되지는 못하였다. 그런데 극동 토착종족에게 우주목, 우주강, 우주산은 독립적으로 존재하는 것이 아니라 혼종, 융합되어 있다. 또한 이들의 사회적, 개인적 삶의 근간은 씨족이었기 때문에 이들에게 의미 있는 것은 종족의 우주목, 우주강, 우주산이 아니라 개별 씨족의 우주목, 우주강, 우주산이었다.

우주목은 상계, 중계, 하계를 연결하는 수직적 우주 모델로 우주 중심축의 전형이며 신석기시대 초 세계 여러 지역에서 동시에 발생하였다. 이는 우주목의 관념적 기원이 논리적, 합리적 사고의 결과라기보다는 수직으로 서서 성장하면서 재생, 부활을 끊임없이 반복하는 자연의 객체로서 나무에 대한 관찰에서 비롯되었기 때문이다.

샤머니즘 출현 이후 우주의 중심축은 우주목에서 우주강으로 변형되었지만 우주목을 완전히 밀어내지 못하였고 일정기간 공존하였다. 우주강은 우주목과 유사한 기능을 하지만 우주목이 우주를 수직적, 단일적, 통합적 시각으로 바라본다면, 우주강은 우주를 다층적 시각으로 바라본다. 또 우주목에서는 상계와 하계가 인간의 현실 세계인 중계와 수직적 대립을 낳았다면, 우주강에서는 문명화된 우주의 중심과 문화가 결여된 야만스러운 주변부라는 수평적 대립이 발생한다.

우주산은 하늘과 가장 가까이 있다는 산에 대한 관찰에 근거하지만 이후 산의 이러한 특징은 산을 통해 위쪽의 하늘, 아래쪽의 지하세계에 갈 수 있다는 신화적 상상력으로 이어졌고, 산은 하늘과 땅이 만나는 곳, 우주에서 가장 높은 곳, 상계, 중계, 하계를 연결하는 우주의 중심축으로 자리 잡게 되었다.

IV. 극동 토착종족의 종족별 우주관

1. 극동 퉁구스 북부 종족의 우주관

1) 네기달족의 우주관

네기달족에게 우주는 상계, 중계, 하계의 삼단세계이고, 상계와 하계는 다시 9층으로 나누어지는데 상계, 중계의 명칭은 지역 그룹에 따라 다르지만 하계의 명칭은 동일하다. 이에 의하면 하계는 이들이 지역 그룹으로 분화된 이후에도 변형을 겪지 않았는데 이는 하계가 장례식, 초혼식, 송혼식, 제례 등 이들에게 중요한 의례 의식의 중심에 있는 세계이기 때문이다. 하지만 상계와 중계를 가리키는 용어는 분화 이후 인접 종족의 영향으로 변형이 발생하였다.

(1) 상계의 구조와 특징

상계를 아무르강 네기달족은 우우 볼라, 암군강 네기달족은 냠무라고 하는데 우우 볼라는 ugu(위쪽/ 퉁구스 제어) + bola(buga~boga~bua~boa~bo~ba, 우주, 하늘, 지역, 나라, 땅, 세계, 날씨, 자연, 자연현상/ 퉁구스 제어)의 구조로[90] '인간의 위쪽에 있는 모든 환경'을 의미한다. 따라서 우주는 위, 아래로 나누어지지만 그 경계가 매우 희미하므로 우주는 통합의 단일체이다.

냠무는 n'jam + mo(나무/ 퉁구스 제어)[91]의 구조인데 냠은 n'jaŋna(하늘/

---

90 ССТМЯ 1, pp.224, 573.

91 В. И. Цинциус, Негидальский язык. Исследования и материалы, Л.: Наука, 1982, p.250.

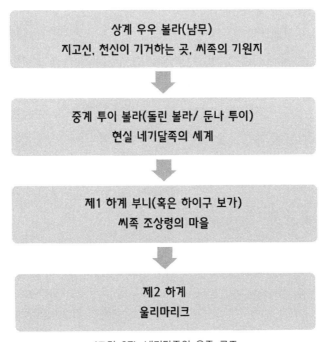

상계 우우 볼라(냠무)
지고신, 천신이 기거하는 곳, 씨족의 기원지

중계 투이 볼라(돌린 볼라/ 둔나 투이)
현실 네기달족의 세계

제1 하계 부니(혹은 하이구 보가)
씨족 조상령의 마을

제2 하계
울리마리크

〈그림 37〉 네기달족의 우주 구조

퉁구스 제어)의 음성변형이며, 냠무는 '하늘나무'의 의미이므로 우우 볼
라보다 늦은 시기에 우주의 중심축으로서 우주목에 근거하여 출현한
용어이다. 용어의 차이에도 상계는 9층이며 항상 태양이 비치고 강과
숲에는 물고기와 동물들이 넘쳐나는 풍요로운 세계라는 관념은 공통적
인데 각 층의 내용에 대해 구체적으로 규명하기는 힘들다.

상계는 지고신 보아, 남성 형상의 태양의 신 테이가니와 여성 형상의
달의 신 옴나인칸, 천둥과 번개의 신 악디 등의 천신들을 비롯한 상계
사람들의 세계, 신이 된 조상령들의 세계, 씨족의 기원지가 있는 곳이
다.[92] 상계 사람은 보아 베이에닌인데 boa + bejɛ(사람/ 퉁구스 제어) + nin

(접미사)의 구조이며, 보아는 buga의 음성변형이므로 보아 베이에닌은 '우주적 형상의 사람'을 의미한다. 상계 사람들은 네기달족에게 호의적일 뿐만 아니라 아주 강하고 뛰어난 사냥꾼이자 어부들인데[93] 이는 이들의 주요 생업이 사냥과 어로이던 시기의 흔적이다.

태양, 달 등 천체를 다스리는 천신에 대한 이들의 관념은 시기에 따라 달라지는데 예컨대 초기 여성적 본성을 가지고 있었던 달은 주요 생업이 사냥으로 바뀌면서 남성적 본성으로 변형되었다. 이는 경제 활동의 변화가 이들의 종교관과 세계관에 직접적으로 영향을 미쳤음을 말해준다.

〈메르게와 사냥꾼의 아내〉 부부가 있었다. 남편은 매일 타이가에서 사냥을 했다. 이 시간 아내는 갖가지 음식을 만들어 해변에 나가 울면서 달에게 빌었다. "메르게, 오래전부터 당신을 기다리고 있었으니 내게 오세요." "안 돼요. 당신의 집에는 남편이 있잖아요. 두려워요!" "집에는 아무도 없어요." 메르게는 여인의 집에 와서 음식을 먹고 잠을 잔 뒤 다시 달로 올라갔다. 잠시 후 사냥에서 돌아온 남편이 냄새를 맡으면서 말했다. "다른 남자 냄새가 나는데... 누가 왔었던 거 아니요?" "아니에요. 아무도 오지 않았어요." 다음날 남편은 사냥을 나갔고 아내는

92 В. И. Цинциус, "Воззрения негидальцев, связанные с охотничьем промыслом", Религиозные представления и обряды народов Сибири в XIX-XXначале века, СМАЭ 27, 1971, p.179; С. В. Иванов, "Материалы по изобразительному искусству народов Сибири в XIX-XX начале века", ТИЭ. Новая серия 22, М.-Л.: АН СССР, 1954, pp.211-214.
93 ИиК Нег, p.152; Т. Ю. Сем, "Традиционные представления негидальцев о мире и человеке", Религиоведческие исследования в этнографических музеях. Сборник научных трудов, Л.: ГМЭ, 1990, p.93.

또 해변으로 나가 달을 보며 울면서 말했고 같은 일이 계속 반복되었다. 나흘째 되는 날 남편은 사냥을 나가는 대신 아내의 뒤를 밟았다. 여인과 메르게가 만나서 포옹하는 순간 남편은 메르게를 창으로 찔렀고 메르게는 경련을 일으키면서 달로 뛰어 올라갔다. 아내는 차분하게 메르게의 뒤를 따라 올라갔다. 아내는 메르게를 보살피면서 함께 살았다. 아내를 기다리다 지친 남편은 아내를 찾아 달로 올라갔다. 아내는 메르게에게 음식을 먹이면서 같이 노래를 부르고 있었다. 남편은 그들을 남겨두고 위쪽으로 떠났다. 달을 자세히 보면 메르게의 피가 든 컵을 들고 있는 여인이 있다.[94]

위 신화에서 남편은 사냥에 종사하므로 달과 달의 반점에는 이들의 주요 생업이 사냥이었던 시기의 흔적이 남아있다. 위 신화에서 메르게는 mɛrgɛ(n)(생각하다, 지혜/ 퉁구스 제어)에서 기원하며 퉁구스족 신화에서 대개는 행운이 따르는 잘생긴 사냥꾼이나 무사로 등장하지만 위 신화처럼 가끔 여인을 유혹하여 가정의 행복을 깨뜨리는 부정적인 인물로 그려지기도 한다. 위 신화에서 메르게는 달, 메르게를 따라 달로 올라간 사냥꾼의 아내는 달의 반점이므로 달은 남성, 달의 반점은 여성적 본성을 가지고 있다. 네기달족에게 달의 성적 정체성이 달의 신 옴나인칸은 여성, 달의 신 메르게는 남성으로 차이가 나는 것은 생업의 변화, 그로 인한 남성과 여성의 역할 변화 등으로 이들의 천체관이 변형되었기 때문이다.

---

94 Архив ИИАЭ ДВО РАН. Ф.1, Оп.2, Д.403, Л.294-295.

(2) 중계에 대한 관념

중계는 현실 네기달족의 세계로 아무르강 네기달족은 돌린 볼라 (dolin bola) 혹은 투이 볼라(tuj bola), 암군강 네기달족은 둔나 투이(dunna tuj)라고 한다.[95] 돌린 볼라는 dulin(중앙) + bola, 투이 볼라는 tuj + bola, 둔나 투이는 dunne(땅, 지역, 나라/ 퉁구스 제어) + tuj의 구조이다.[96] 볼라는 buga, tuj는 tuka(땅, 흙/ 퉁구스제어)의 음성변형이므로 각각 '중간 세계에서 인간을 둘러싼 모든 환경', '땅의 세계에서 인간을 둘러싼 모든 환경', '땅의 세계'를 의미하며 용어의 출현 순서는 돌린 볼라 → 투이 볼라 → 둔나 투이이다. 돌린 볼라에 근거할 때 네기달족에게 중계는 우주의 중간에 있으며 우주의 중심이다.

(3) 하계의 구조와 특징

① 하계를 가리키는 용어와 하계의 구조

네기달족에게 하계는 제1 하계 부니(하이구 보가), 제2 하계 울리마리크로 나누어지는데 제1 하계 부니는 bu-(죽다/ 퉁구스 제어)에서 기원하며 '죽음의 세계'를 의미하므로 이들 사이에 죽음관이 정착된 이후 출현한 용어이다. 극동 토착종족의 종교적 관념에서 인간이 죽음을 속성으로 가지게 된 것은 샤먼에 의한 것이므로 부니는 샤머니즘의 산물이지만 부니에서 삼단세계관의 요소는 드러나지 않기 때문에 부니는 샤머니즘 초기의 산물이다. 제1 하계 부니에는 조상령 부닌켄이 거주하

---

95 ИиК Нег, p.152.

96 Сравнительный словарь тунгусо-маньчжурских языков (ССТМЯ) 2, В. И. Циншиус (Ред.), Л.: Наука, 1977, pp.207, 223, 224.

는 '씨족 조상령의 마을'이 있는데 부닌켄은 buni(하계) + ken(집미사)의
구조이므로 ken은 본디 '사람'을 의미하는 내용어였으나 이후 접미사
로 품사전이를 하였다.

하이구 보가는 hεrgu(아래/ 퉁구스 제어) + boga(buga~bua~boa~bo~ba, 우
주, 하늘, 지역, 나라, 땅, 세계, 날씨, 자연, 자연현상/ 퉁구스 제어)의 구조로 '아래
쪽에 있는 모든 환경'을 의미한다. 따라서 하이구 보가에서 우주는 수
직 배열되지만 삼단세계관의 요소가 뚜렷하지 않다. Haigu는 hε(다른 곳,
반대편/ 퉁구스 제어)에서 기원하며 hεi(죽음/ 에벤키어), hεiε(악령/ 에벤어, 에
벤키어)[97]와 동일 어간이므로 에벤키어에서 다른 퉁구스 제어에 '죽음'
의 의미로 전파되었다. 따라서 하이구 보가에서는 생/ 사, 상계/ 중계,
위/ 아래, 선/ 악, 이곳/ 저곳, 아/ 타의 이원대립이 발견되는데 이는
우주의 조화와 균형을 위한 필연적인 대립이다.

울리마리크는 uli(강/ 우데게어, 울치어, 만주어) + mari(k)(방향을 바꾸다, 되
돌아오다/ 만주어)의 구조로[98] '강을 따라 다른 방향으로 가다, 강을 따라
되돌아오다'는 의미이다. 따라서 울리마리크에서 우주는 강을 따라 수
평 배열되고, 우주의 중심축은 우주강이므로 샤머니즘 전파 이후 출현
한 용어이다. 이처럼 네기달족의 하계에 대한 관념은 다양한 시기 다양
한 관념을 흡수하면서 변형, 발전되어왔는데 출현 순서는 부니 → 하이
구 보가 → 울리마리크이다.

---

97 ССТМЯ 2, p.361.
98 ССТМЯ 2, p.260; ССТМЯ 1, p.532.

② 우주관과 윤회 과정

사후 제1 하계 부니(하이구 보가)로 간 망자의 영혼은 죽음을 맞이하여 제2 하계 올리마리크로 이동하여 일정기간 기거하다 다시 죽음을 맞이하여 상계로 가서 중계 환생을 기다린다.[99] 네기달족의 우주관에서 인간의 영혼은 상계 씨족의 기원지 → 중계 환생 → 죽음 → 제1 하계 부니(하이구 보가) → 죽음 → 제2 하계 올리마리크 → 죽음 → 상계 씨족의 기원지의 순환 구조 속에서 불멸의 삶을 살기 때문에 이들에게 죽음은 소멸이 아니라 영생을 위한 또 다른 출발점이다.

〈하계에 갔다 온 네기달족 남자〉 한 남자가 암캐 한 마리를 키우면서 늘 굶주린 채 살고 있었다. 어느 날 집을 나갔던 개가 썩은 생선 꼬치를 가지고 배가 부른 상태로 돌아왔다. 이상하게 여긴 남자는 다음 날 개의 뒤를 따라갔다. 개는 한참을 가더니 어떤 동굴로 기어들어 갔다. 남자는 개의 뒤를 따라갔다. 처음에는 어두웠지만 조금 지나니 넓고 멋진 오솔길이 나왔고 곧 밝은 빛이 비쳤다. 곧이어 사람들과 모닥불이 보였는데 모닥불 옆에는 생선 꼬치가 쌓여있었다. 남자는 개가 생선 꼬치를 먹는 것을 보았다. 생선 꼬치를 먹은 개는 집으로 돌아가려고 하였다. 남자는 생선 꼬치와 말린 생선을 허리춤에 묶은 뒤 개를 따라 집으로 돌아왔다. 집에 와서 보니 생선들은 모두 썩어있었다.[100]

위 설화를 통해 네기달족 고유의 하계에 대한 관념을 규명할 수 있다. 첫 번째, 남자는 개를 기르고 있었으므로 오래전부터 네기달족은 개 사육에 종사했다. 또 개는 중계와 하계를 자유롭게 오갔으므로 개는 중

99 Л. Я. Штернберг, там же, p.538.
100 М. М. Хасанова, там же, p.136.

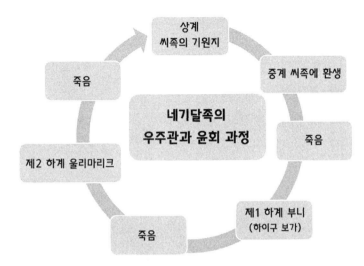

<그림 38> 네기달족의 우주관과 윤회 과정

계와 하계를 연결하는 중개자인데 이는 이들의 개 숭배에 근거한다.

두 번째, 남자가 어두운 동굴을 지나자 하계가 나왔으므로 남자가 들어간 동굴은 하계 입구이다. 또 이 동굴은 마을에서 멀지 않은 곳에 있으므로 중계와 하계는 서로 연결되어 있으며 생과 사, 생자와 망자도 서로 연결되어 있다. 이는 우주만물뿐만 아니라 생사와 같은 현상도 지구와 우주의 네트워크 속에 유기적으로 통합되어 있다는 이들의 생태적 세계관에 의한 것이다.

세 번째, 남자는 동굴을 지난 뒤 빛, 모닥불을 보았으므로 하계에도 태양이 있고 하계 사람들도 불을 사용한다.

네 번째, 모닥불 옆에는 생선 꼬치가 쌓여있었으므로 하계의 네기달족은 중계에서처럼 어로에 종사하는데 이는 이들이 중계의 프리즘을 통해 하계를 그려나갔기 때문이다.

2) 에벤족의 우주관

에벤족에게 우주는 상계, 중계, 하계의 구조로 이루어진 삼단세계인데 샤머니즘 수용 전 신화적 관념에서 우주는 통합의 단일체였다. 하지만 샤머니즘 수용 이후 상계와 하계는 28층으로 나누어졌고, 샤먼들은 주술능력에 따라 상계와 하계 7, 9, 12층까지 갈 수 있게 되었다.[101] 이에 의하면 상계, 하계가 세분화되면서 능력에 따른 샤먼의 계층화가 발생했는데 이는 이 시기 이들 사회에 원시적 형태의 계층분화가 이루어졌음을 말해준다. 각 층의 특징에 대해 알려진 바는 없지만 분명한 것은 인간에게 출입이 허용된 것은 상계와 하계 12층까지이고 그 이상은 오롯이 신들의 영역이라는 점이다.

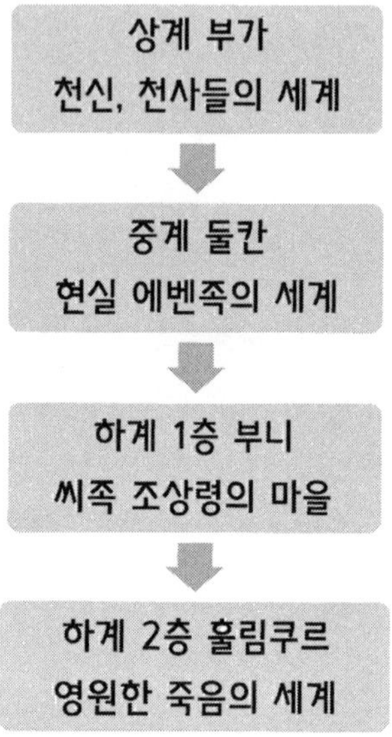

상계 부가
천신, 천사들의 세계

↓

중계 둘칸
현실 에벤족의 세계

↓

하계 1층 부니
씨족 조상령의 마을

↓

하계 2층 훌림쿠르
영원한 죽음의 세계

〈그림 39〉 에벤족의 우주의 구조

기독교 수용 이후 이들의 우주관에 기독교의 이원대립적 사고가 습합되면서 상계는 선, 천사의 세계, 천국, 하계는 악마, 악의 세계, 지옥의 등가개념으로 간주되었다. 이로 인해 상계와 하계는 천국/ 지옥, 천사/ 악마, 생/ 사, 선/ 악의 이원대립 속에 존재하면서 서로 갈등, 반목, 충돌하는 관계가 되었다. 이들의 우주관에서는 극동의 다른 토착종족

---

101 А. А. Алексеев, Эвены Верхоянья: История и культура (кон. XIX-80-е гг. XX в.), СПб.: ВВМ, 2006, p.139.

보다 러시아의 영향이 더 많이 발견되는데 이는 이들에 대한 연구가 극히 부족하여 이들의 전통신앙에 대한 유의미한 기록이 남아있지 않기 때문이다.

(1) 상계의 특징

에벤족에게 상계는 부가로 buga(~boga~bua~boa~bo~ba, 우주, 하늘, 지역, 나라, 땅, 세계, 날씨, 자연, 자연현상/ 퉁구스 제어)에서 기원한다. 부가는 우주의 모든 환경을 가리키므로 부가에서 상계는 통합의 단일체인 우주와 동일시되므로 이들의 신화적 관념에서는 우주 삼계 중 상계가 가장 먼저 출현하였다. 이들의 상계에 대한 관념은 불분명하고 희미하지만 매우 풍요로운 세계이다. 상계는 천신들과 천사들의 세계인데 자연환경은 중계와 같지만 강들은 우유로 넘쳐나고, 강기슭에는 금은으로 만든 높은 집들이 솟아있다.[102] 천사, 우유가 흐르는 강은 러시아문화 수용 이후 기독교의 영향으로 추가된 것이며, 금은으로 만든 집은 금은이 물질적, 경제적으로 중요한 가치를 지니게 된 후대에 추가된 관념이지만 다른 한편 이는 상계 지고신이나 천신들의 경제적, 물질적 풍요를 말해준다.

(2) 중계의 기원

중계 둘칸은 현실 에벤족의 세계인데 dulin(중간, 가운데/ 퉁구스 제어)에서 기원하며 '중간 세계'의 의미이므로 이들에게 중계는 우주의 중간에

---

102 Ж. К. Лебедева, Эпические памятники народов Крайнего Севера, Б. Н. Путилов (Ред.), Новосибирск: Наука, 1982, p.22.

있는 우주의 중심이다. 에벤족 사이에는 중계 대지 창조에 관한 다양한
모티프의 신화가 전해지는데, 이들에게 대지의 창조는 우주의 질서와
체계를 완성하기 위한 생산적, 창조적, 필연적인 과정이었다.

> 〈헤브키와 아링카〉 태초에는 바다밖에 없었다. 헤브키와 아링카가 있
> 었다. 어느 날 헤브키가 거위들에게 바닷속에 들어가서 진흙을 구해올
> 수 있냐고 물었다. 거위들은 죽을 수도 있기 때문에 구해올 수 없다고
> 대답했다. 헤브키가 이번에는 물오리들에게 진흙을 가져올 수 있냐고
> 물었다. 물오리는 죽을 수도 있기 때문에 가져올 수 없다고 대답했다.
> 마지막으로 헤브키는 아비새에게 대지를 만들 진흙을 구해올 수 있냐고
> 물었다. 아비새는 아주 조금은 가져올 수 있다고 대답했다. 헤브키는 조
> 금이라도 있으면 대지를 만들 수 있으니 가져오라고 했다. 아비새는 진
> 흙을 가지러 바다 밑으로 갔다. 한참의 시간이 흐른 뒤 아비새가 진흙
> 한 줌을 부리에 물고 와서 헤브키에게 진흙을 둘 장소를 물었다. 헤브키
> 는 부리에 물고 있으라고 했다. 아비새가 헤브키에게 물어볼 때 아링카
> 가 아비새의 부리에서 진흙을 훔쳤다. 헤브키가 아링카에게 호통을 치
> 는 바람에 진흙이 아링카의 입에서 떨어졌다. 떨어진 진흙이 갈라지면
> 서 계곡과 산들이 솟아올랐고 대지가 만들어졌다.[103]

위 신화에서 창조주 헤브키가 바다 밑에서 진흙을 가져오라고 부탁
했을 때 거위와 물오리는 죽을 수도 있다고 거절했으나 아비새는 잠수
하여 대지의 질료를 가지고 왔으므로 이들에게 대지의 출현은 죽음의
위험을 감수한 아비새의 희생에 의한 것이었다. 이는 이들의 종교적 관

---

103 B. A. Роббек, Фольклор эвенов Березовки (образцы шедевров), Якутск:
ИПМНС СО РАН, 2005, pp.205-206.

념에서 숭배 대상이 거위와 물오리에서 아비새로 대체되는 과정을 보여준다. 위 신화에서 헤브키는 선, 아링카는 악을 상징하는데 아링카는 대지 창조를 방해하지 않았으며, 헤브키와 아링카의 공동 작업으로 대지가 만들어졌으므로 이들에게 대지는 선악의 통합체이다. 이는 선악의 대립과 배척이 아니라 선악의 조화와 통합에 의해 지구와 우주의 균형과 질서가 유지된다는 이들의 생태적 세계관에 의한 것이다.

이외 대지의 기원과 관련하여 이들에게는 다리 여덟 개인 순록에서 대지와 대지의 모든 자연물과 자연현상이 만들어졌다는 신체화생(身體化生)[104] 모티프가 전해지는데 이 모티프는 이들 생태적 세계관의 핵심에 자리하고 있다.

> 〈하늘 아가씨와 순록〉 하늘에서 쫓겨난 아가씨가 다리 8개인 순록을 타고 바다 위로 내려왔다. 순록의 조언을 들은 아가씨가 순록의 털을 물에 던지자 털이 통나무로 변하였다. 아가씨는 그것으로 보트를 만들었다. 이후 순록의 유언에 따라 아가씨는 순록을 죽인 뒤 몸을 잘랐다. 순록의 가죽은 대지, 두개골과 뼈는 산, 털은 숲, 이는 순록으로 변하였다. 아가씨가 뼈를 자를 때 났던 소리는 천둥으로 변하였고 순록이 죽기 전에 쉬었던 숨은 바람이 되었으며, 심장은 무사, 폐는 소년과 소녀로 변하였다.[105]

---

104 신체 화생 모티프는 창세신화의 유기체적 세계관이 가장 잘 실현된 신화로 중국의 반고(盤古), 북유럽의 이미르, 이란의 태초의 황소와 가요마르드, 바빌로니아의 티아마트, 인도의 푸루샤 신화 등 전 세계에 분포되어 있다. 이호창, 「신화를 통해 살펴본 신과 인간과 대자연의 신성한 관계: 미르체아 엘리아데의 창조적 신화 해석을 토대로」, 『동유럽발칸학』 26, 2011, pp.92~96.

105 В. А. Роббек, Х. И. Дуткин, "Миф о происхождении Земли и человека в эвенском фольклоре", Эпическое творчество народов Сибири и Дальне

위 신화에서 순록은 우주적 형상이며 순록의 희생적 죽음으로 중계의 대지, 산, 숲, 순록뿐만 아니라 천둥, 바람과 같은 천체 현상, 소년과 소녀까지도 만들어졌다. 따라서 우주의 모든 개체들은 독립적으로 존재하기 이전 유기적으로 연결된 하나의 공동체였다. 여기에서는 우주 만물은 의형이나 속성은 다르지만 모두 지구와 우주의 유의미한 구성원들로서 유기적으로 연결되어 있다는 이들의 생태적 세계관이 엿보인다.

위 신화에서 하늘에서 내려온 아가씨는 상계를 대표하므로 중계가 출현하기 전 상계가 있었고 상계의 힘으로 중계가 출현하였는데 이는 이후 이들 사이에서 상계가 중계보다 우월한 지위를 차지하는 관념적 근거가 되었다. 또 대지가 순록의 가죽이라는 모티프는 대지가 편평하다는 관념에 근거를 제공하였다.

(3) 하계의 구조와 특징

에벤족에게 하계는 제1 하계 부니, 제2 하계 훌림쿠르로 나누어지는데 제1 하계 부니는 bu-(죽다/ 퉁구스 제어)에서 기원하며 '죽음의 세계'를 의미하므로 샤먼에 의해 하계가 개척되어 인간이 죽음을 속성으로 가지게 된 이후의 산물이며 '씨족 조상령의 마을'이 있는 곳이다. 제2 하계 훌림쿠르는 huli-(끝, 가장자리/ 에벤키어) + kur(n)(우주/ 닙흐어)의 구조로[106] '끝에 있는 우주'를 의미하며 에벤키족과 닙흐족의 관념이 혼종

고 Востока, Якутск: Изд-во Якут. филиала СО АН СССР, 1978, p.157.

[106] ССТМЯ 2, p.345; Б. В. Болдырев, Эвенко-русский словарь 2, М.: Филиал СО РАН ГЕО, 2000, p.473.

되어 있다. 홀림쿠르에 대해 알려진 바는 없지만 의미상 우주의 가장 끝에 있는 아주 넓은 풍요의 땅이다.

라소힌 마을의 에벤족에 의하면 생전 죄를 짓지 않은 사람들은 사후 40일이 지나면 제1 하계 부니로 가는데 그곳에서도 에벤족의 전통과 관습을 지켜야 한다.[107] 사후 40일 이후 제1 하계 부니로 간다는 관념은 사후 40일 이후 천국으로 간다는 러시아정교의 영향에 의한 것이다. 이들에 의하면 사후 망자의 영혼은 40일 동안 중계와 하계의 경계를 오가는, 어디에도 속하지 않는 '경계인'의 위치에 놓이게 된다.

에벤족에게 제1 하계 부니의 집들은 철로 만들어졌으며 이곳 사람들은 사냥과 대규모 순록 사육에 종사하는데 모두 뛰어난 사냥꾼들일 뿐만 아니라 가난한 사람이 없기 때문에 어로에는 종사하지 않는다.[108] 이는 철기시대 이후의 관념을 반영하고 있는데, 이에 의하면 이들의 전통 생업은 사냥과 순록 사육이었으며 어로는 순록사육과 사냥이 불가능한 극한의 가난에 내몰린 사람들의 생업이었다. 이는 17세기 러시아인들의 시베리아 진출 이후 주객관적 원인으로 순록 사육이 불가능해지면서 많은 사람들이 어로에 종사하게 되었지만 여전히 어로를 선호하지 않았던 사실로도 알 수 있다.

에벤족에 의하면 하계 사람들은 사후 제1 하계 부니에서 일정기간

---

107 М. И. Мицкий, "Некоторые известиея об Охотском порте и уезде оног о доставленные капитаном-лейтенантом Минишким в 1809 году", Запис ки, издаваемые государственным адмиралтейским департаментом, отн осящимся к мореплаванию, наукам и словесности 3, СПб.: Гос. пуб. ист ор. библиотека России, 1815, p.92.

108 А. Э. Кибер, "Краткие замечания о Ламутах, Тунгусах и Юкагирах", СВ 3, СПб,, 1823, p.14.

기거한 뒤 상계 씨족의 기원지로 갔다가 중계에 환생할 수도 있고, 제2 하계 훌림쿠르에 가서 영생을 누릴 수도 있다.[109] 그런데 에벤족의 영혼 관에 의하면 사후 인간의 영혼 중 새 형상의 영혼 오미[110]는 바로 상계 로 갔다가 중계에 환생하고, 육신의 영혼 베옌은 제1 하계 부니로 갔다 가 다시 죽음을 맞이하여 제2 하계 훌림쿠르로 가서 영생을 누린다. 즉 이들에게는 윤회를 통해 씨족의 영속성을 이어가는 영혼과 하계에서 영생하는 영혼이 별개로 존재한다. 따라서 사후 제1 하계에 기거하다 상계로 갔다가 다시 중계로 환생한다는 주장은 영혼관 초기의 관념이 다. 당시 이들에게 인간의 영혼은 새 형상의 오미 1개였기 때문에 오미 가 상계, 중계, 하계를 오가면서 씨족의 영속성을 이어갔다.

3) 에벤키족의 우주관

(1) 우주의 구조

① 우주의 수직 모델

에벤키족은 거주 지역이 넓고 씨족 계통이 복잡하기 때문에 우주관 도 씨족, 지역에 따라 많은 차이가 나지만 초기 신화적 관념에서 우주 는 통합의 단일체였다.

〈망기 신화〉 하늘 궁전에 간 망기는 대지를 다스리는 여신과 그녀의 딸을 만났고 여신의 딸과 혼인을 하였다. 몇 년의 시간이 흘렀다. 망기

---

109 История и культура эвенов: историко-этнографические очерки (ИиК Эв енов), В. А. Тураев (Ред.), СПб.: Наука, 1997, p.112.

110 새 형상의 영혼 오미는 퉁구스족 공통의 관념이며 오미~오메~오미야~온(~ome~ omia~omija~on) 등의 어형으로 전파되어 있다.

는 땅에 대한 그리움, 부모님에 대한 걱정이 커져갔다. … 여신의 배려로 집으로 간 망기는 자신을 죽이려고 기다리던 누나를 만났다. … 망기는 누나를 피해 하늘로 도망을 갔다. … 하늘 궁전 입구에 간 망기는 말에서 내려 여신에게 자신이 얼마나 위험천만의 상황에 처해 있는지 들려주었다. 여신은 금, 은, 쇠, 연(鉛), 주석, 철, 구리를 넣은 솥을 길 한가운데 놓아두고 망기의 누나와 싸우러 갔다. 여신은 누나의 발뒤꿈치를 쳐서 솥에 거꾸로 처박았고 누나는 고통으로 심하게 비명을 질렀다. 그 순간 여신이 누나를 풀어주자 서둘러 땅으로 내려오던 누나는 숲으로 떨어지면서 크게 다쳤다. 그때 누나와 함께 금, 은, 보석, 금속들이 땅 위로 떨어졌다.[111]

위 신화에서 하늘 여신에게서 풀려난 망기의 누나가 땅으로 내려올 때 금, 은, 보석들이 함께 떨어져 내렸으므로 상계는 중계의 위쪽에 있고, 우주는 수직 배열되어 있지만 경계가 불분명한 통합의 단일체이다. 누나가 땅으로 떨어질 때 금, 은, 보석, 금속들이 함께 떨어졌으므로 중계의 귀금속과 광물들은 상계에서 기원한다. 이는 상계의 경제력이 중계보다 훨씬 풍부함을 상징할 뿐만 아니라 이후 상계가 중계보다 우월한 지위를 차지하는 관념의 근거가 되었다.

〈그림 40 (1)〉 에벤키족의 전통적 관념에서 상계는 우구 부가(우구 둔네), 중계는 둘린 부가, 하계는 부니(헤르구 부가, 헤르구 둔네)이며, 우주는 수직 배열되어 있고, 상계 아래쪽에는 중계 하늘, 중계 아래쪽에는 하계 하늘이 있으며, 각 세계 아래쪽에는 다른 세계로 가는 입구가 있다.

상계 우구 부가는 ugu(위) + buga(boga~bua~boa~bo~ba, 우주, 하늘, 지역,

---

111 시베리아 설화집: 예벤키인 이야기』, 앞의 책, pp.289-298.

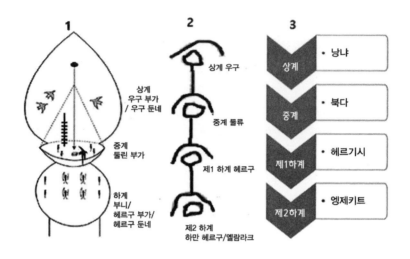

<그림 40> 에벤키족의 우주 구조
1. 전통적인 관념 2. 예니세이강과 알단강 동쪽 에벤키족
3. 일부 예니세이강 에벤키족 Т. Ю. Сем, 2012, pp.73, 87.

나라, 땅, 세계, 날씨, 자연, 자연현상/ 퉁구스 제어), 우구 둔네는 ugu + dunne (땅, 나라, 지역/ 퉁구스 제어)의 구조로 각각 '위쪽에 있는 모든 환경', '위쪽 나라, 위쪽 땅'의 의미이다. 우구 부가에서 삼단세계관의 요소는 매우 희미하고 흐릿하기 때문에 우구 부가가 우구 둔네보다 이른 시기의 관념이다. <그림 40 (1)>에는 보이지 않지만 상계 최상층에는 우주 최고의 신인 지고신이 기거하고, 가장 위쪽의 구멍은 우주의 입구인 북극성인데 우주는 북극성을 중심축으로 하나의 네트워크를 이루고 있다. 또 북극성을 향해 날아가는 새는 상계에서 환생을 기다리는 인간의 영혼을 상징한다.

중계 둘린 부가는 dulin(중간/ 퉁구스 제어) + buga의 구조로 '중간 세계를 둘러싼 모든 환경'을 의미하므로 이들에게 중계는 우주의 중간에 있는 우주의 중심이다. 〈그림 40 (1)〉에서 중계는 편평한 모양이고, 그 아래에는 누구도 살지 않는 중계와 하계의 점이지대가 있으며, 새는 지고신 혹은 천신을 도와 대지를 창조한 물새 특히 아비새를 상징한다.

　하계는 부니인데 bu(죽다/ 퉁구스 제어)에서 기원하므로 '죽음의 세계'를 의미하고 샤먼에 의해 인간이 죽음을 속성으로 가지게 된 이후 출현한 용어이며 삼단세계관의 요소는 보이지 않는다. 헤르구 부가는 hɛ(r)gu(아래/ 퉁구스 제어) + buga의 구조로 '아래쪽 세계에 있는 모든 환경'을 의미하며 우주는 수직배열되고 삼단세계관의 요소가 발견되지만 뚜렷하지 않다. 헤르구 둔데는 hɛrgu + dunne의 구조로 '아래쪽 나라, 아래쪽 땅'을 의미하며 우주는 수직배열되고 삼단세계관의 요소가 비교적 뚜렷하게 발견된다. 따라서 이들에게 하계를 가리키는 용어의 출현 순서는 부니 → 헤르구 부가 → 헤르구 둔네이다.

　〈그림 40 (2)〉는 예니세이강과 알단강 동쪽 지역 에벤키족의 우주관으로 우주는 상계 우구, 중계 둘류, 제1 하계 헤르구, 제2 하계 하만 헤르구 혹은 옐람라크 사단세계이다. 각 세계는 반원형의 둥근 광장 모양이고, 그 위에는 각 세계의 하늘이 공 모양으로 떠 있는데 각 세계의 거리는 1,000 다릭이다.[112] 상계 우구는 ugu(위)에서 기원하고, 중계 둘류는 dulin(중간/ 퉁구스 제어)의 음성변형이며, 제1 하계 헤르구는 hɛ(r)gi (아래/ 퉁구스 제어)에서 기원하는데 '아래쪽 세계'를 의미하므로 우주는 수직 배열되어 있으며 삼단세계관의 요소가 발견된다. 제2 하

---

112 다릭은 에벤키족의 거리 측정 단위로 1다릭은 양팔을 벌린 거리이다. И. М. Суслов, "Материалы по шаманству у эвенков бассейна реки Енисей", Архив МАЭ РАН, Ф.1, Оп.1, №58, 1935 г., Л.3; Г. М. Василевич, Материалы по религиозным представлениям эвенков, Архив МАЭ РАН, Ф.22, №1(37), 1943, pp.34-35.

계 하만 헤르구에서 하만은 샤먼의 음성변형인데 '아래쪽 샤먼의 세계'
를 의미하므로, 샤먼의 권위가 강화되면서 독자적인 샤먼의 하계로 특
화된 세계이다.

옐람라크는 ellara-(석탄/ 퉁구스 제어)에서 기원하며[113] 철기시대 이후
극동 지역의 생산력의 발전, 이에 따른 사회구조의 변화, 토착종족들의
우주관과 세계관의 변화로 샤머니즘이 더욱 발전, 강화되는 과정에서
출현하였으므로 제2 하계 하만 헤르구보다 늦은 시기의 산물이다. 옐
람라크는 엥제키트강 하구 아래쪽에 있는 지하바다의 심연으로 제1 하
계 헤르구에서 죽은 악한 영혼이 가는 곳, 영원한 어둠의 세계이다.[114]
따라서 이곳에 가면 죽을 수도 없는 운명 속에서 고통을 받으면서 살아
가야 한다. 샤먼의식 때 엑스터시에 이르는 순간 예기치 않게 옐람라크
에 간 샤먼도 죽음을 면할 수 없다. 제2 하계 하만 헤르구와 옐람라크는
제1 하계보다 보다 더 추상적인 사고를 필요로 하는 세계이므로 제1
하계보다 늦은 시기의 관념이며, 이들에게 하계의 출현 순서는 헤르구
→ 하만 헤르구 → 옐람라크이다.

〈그림 40 (3)〉처럼 일부 예니세이강 에벤키족에게 우주는 상계 냐냐,
중계 북다, 제1 하계 헤르기시키, 제2 하계 엥제키트의 사단세계이다.[115]
상계 냐냐는 njaŋnja(하늘/ 퉁구스 제어)에서 기원하며 하늘에 대한 관찰
에 근거하므로 우주관 초기의 관념이다. 중계 북다는 buga(boga~bua~

---

113 ССТМЯ 1, p.290.

114 Г. М. Василевич, Эвенки. Историко-этнографические очерки (XVIII-нача
     ло XX в.), Л.: Нука, 1969, p.213.

115 К. М. Рычков, "Енисейские тунгусы", Землеведение 3-4, М.-Л.: ТТКК°,
     1922, p.7

boa~bo~ba, 우주, 하늘, 지역, 나라, 땅, 세계, 날씨, 자연, 자연현상/ 퉁구스 제어)의 음성변형으로 우주의 모든 세계와 환경을 의미하므로 중계는 통합의 단일체로 우주와 동일시된다. 이에 의하면 이들에게는 우주 삼계 중 중계에 대한 관념이 가장 먼저 출현하였다. 제1 하계 헤르기시키는 hərgu (아래/ 퉁구스 제어)에서 기원하며 희미하지만 삼단세계관의 요소가 발견되므로 상계 냥냐, 중계 북다보다 이후에, 샤머니즘 수용 초기에 출현한 용어이다.

제2 하계 엥제키트는 'ənʒe(사라지다, 보이지 않다/ 에벤키어) + kit(장소 접미사)'의 구조로[116] '보이지 않는 곳'을 의미하며, 제1 하계에서 죽은 영혼이 가는 곳인데 그곳에 갔다가 돌아온 사람이 없기 때문에 실체는 알 수 없지만 불멸의 세계이다. 이들에게 우주의 출현 순서는 중계 북다 → 상계 냥냐 → 제1 하계 헤르기시키 → 제2 하계 엥제키트이다.

그런데 대다수 에벤키족에게 엥제키트는 베일에 둘러싸인 미지의 세계, 제2 하계가 아니라 상계, 중계, 하계를 하나로 연결하는 우주강이자 신화적 씨족 샤먼의 강이다. 따라서 예니세이강 에벤키족의 엥제키트강은 이들이 바이칼 호수 지역에 거주하던 시기의 관념이다. 이들은 예니세이강으로 이주한 이후에도 엥제키트강에 대한 관념을 계속 보존해왔지만 인접한 우랄계 종족의 영향으로 일정정도 변형을 겪게 되었다.

〈그림 41〉은 우주의 구조에 관한 사하공화국 야나강 에벤키족의 관념인데 우주는 상계, 중계, 하계의 삼단세계이고, 상계는 약간 둥근 모양이지만 중계와 하계는 편평한 모양이다. 이는 상계는 하늘, 중계는 땅에 대한 관찰에서 비롯되었고, 하계는 중계에 근거하여 구축된 세계

---

116 ССТМЯ 2, p.457.

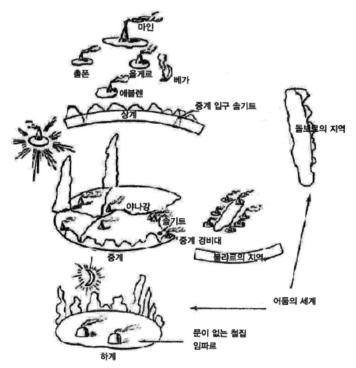

〈그림 41〉 우주의 구조에 관한 사하공화국 야나강 에벤키족의 관념
T. Ю. Сем, 2012, p.87.

이기 때문이다. 상계 가장 위쪽에는 천신 마인이 있고, 그 아래에는 금
성 출본을 비롯하여 천체와 천체 현상을 다스리는 천신들의 집이 있다.
그런데 집에서 연기가 피어나므로 집 안에는 가족과 씨족의 보호신인
불신이 깃들인 화덕이 있고, 상계 사람들도 불을 사용하고 숭배한다.
상계 우측의 아래쪽에는 중계 입구 솔기트가 있는데 산과 산 사이의
계곡으로 보이지만 이는 씨족 거주지의 지형조건에 따라 다양하게 변
주될 수 있다.

〈그림 41〉에서 중계의 중심은 야나강인데 이는 자신들의 세계가 우주의 중심, 소우주라는 관념에 근거한다. 〈그림 41〉에서 야나강은 서남쪽에서 동북쪽으로 흐르며 하구에는 하계 입구 솔기트가 있는데 이곳을 중계 경비대가 지키면서 중계와 하계, 볼랴르, 어둠의 세계, 돌보르의 경계를 차단하고 있다. 가장 하단에 있는 하계의 집들은 철로 만들어졌으므로 〈그림 41〉은 철기시대 이후의 산물이며, 하계에도 태양이 있고, 집에서 연기가 피어나므로 집 안에는 가족과 씨족의 보호신인 불신이 깃들인 화덕이 있고, 하계 사람들도 불을 사용하고 숭배한다.

② 우주의 수평 모델: 엥제키트강을 중심으로

에벤키족의 전통적인 관념에서 엥제키트강은 신화적 씨족 샤먼의 강으로 상계, 중계, 하계를 연결하는 우주적 형상이며 하구에는 씨족 조상령의 마을이 있다. 심강 에벤키족의 〈멘샤야의 엥제키트강 여행〉 신화에는 엥제키트강을 중심으로 발생하는 생사의 복잡한 교차 과정이 잘 드러나고 있다.

〈멘샤야의 엥제키트강 여행〉 아버지와 다섯 딸이 살고 있었다. 어느 겨울날 딸들이 물을 길어오지 않겠다고 하여 아버지가 물을 길러 갔다가 얼음에 갇혔다. 아버지는 얼음에게 딸 중 한 명을 주겠다고 한 뒤 얼음을 빠져나왔다. 집에 온 아버지는 막내딸 멘샤야에게 장난감을 가지고 얼음에게 가라고 하였다. 멘샤야가 얼음 위에 앉자 얼음이 물을 헤치면서 멘샤야를 데리고 떠났다. … 얼음을 타고 아래로 오랫동안 내려가다 보니 강기슭에 불이 켜진 집이 보였다. 멘샤야는 얼음에게 멈추어달라고 하여 그 집으로 갔다. 안에는 노파가 살고 있었다. 멘샤야는 노파에게 얼음이 자신을 어디로 데려가는 거냐고 물었다. 노파는 강 아래쪽 샤먼

의 세계로 데려가는 거라면서 얼음이 유혹에 절대 넘어가면 안 된다고
하였다. 노파는 멘샤야에게 큰 바늘 두 개를 주면서 바늘을 땅에 꽂으면
서 강기슭의 산으로 올라가라고 하였다. 멘샤야는 노파가 준 바늘을 꽂
으면서 얼음이 덮인 강기슭의 산으로 올라가기 시작했다.[117]

위 신화에서 얼음에 갇힌 아버지는 딸을 주겠다고 약속한 뒤 얼음에
서 빠져나왔다. 이는 아버지가 딸의 목숨을 담보로 자신의 목숨을 건진
것을 의미하므로 과거 이들의 가족 관계에 이런 요소가 있었음을 알
수 있다. 신화에서 얼음이 타고 가는 강은 우주의 중심축으로서 상계,
중계, 하계를 연결하는 우주강 혹은 씨족 샤먼의 강인 엥제키트강이므
로 위 신화는 샤머니즘 수용 이후의 관념을 반영하고 있다. 시베리아의
지형적 특성상 강은 남(남서쪽)에서 북(북동쪽)으로 흐르므로 남(남서)쪽
은 상계, 북(북동)쪽은 하계를 상징한다. 위 신화에서 불이 켜진 강기슭
의 집에 사는 노파는 에벤키족의 첫 선조인데 멘샤야에게 얼음이 멘샤
야를 강 아래쪽 샤먼의 세계로 데려간다고 하였다. 따라서 얼음은 강의
북동쪽에 있는 죽음의 세계로 멘샤야를 데려 가고 있다.

위 신화에서 노파의 도움으로 멘샤야는 목숨을 구하였으므로 노파는
인간의 하계 수용 여부 즉 생사 결정권을 가지고 있는 하계신이다. 노
파의 집은 생과 사, 생자와 망자의 세계를 나누는 경계이며, 불은 악령
과 불길한 기운을 퇴치하고 이들로부터 생자의 세계를 보호하는 역할
을 한다. 노파가 멘샤야에게 준 두 개의 바늘은 기술적 인지활동의 코
드로 삶과 가족의 상징이고, 멘샤야가 바늘을 꽂으면서 올라간 강기슭

---

117 Г. М. Василевич, Сборник материалов по эвенкийскому (тунгусскому)
фольклору, Л.: Учпедгиз, 1936.

은 생자의 세계이다.

엥제키트강에 대한 에벤키족의 관념은 지역, 씨족에 따라 다소 달라진다. 예니세이강 에벤키족에 의하면 엥제키트강은 수원이 있는 동쪽 하늘 높은 곳에서 서쪽으로 흘러가다가 다시 방향을 바꾸어 하계 부니를 향해 북쪽으로 흘러간다. 엥제키트강은 하계 부니를 지난 뒤 지하 아주 먼 곳의 광활한 대지에서 끝이 나는데 이곳은 영원한 어둠과 밤의 세계, 죽음의 세계이다.[118] 이에 의하면 엥제키트강은 동쪽 → 서쪽 → 북쪽 → 지하로 흐르는데 강의 수원은 씨족의 기원지가 있는 상계를 상징하므로 예니세이강 에벤키족은 동쪽 즉 바이칼 호수 지역에서 기원하였다.

엥제키트강의 지류들은 개별 씨족 샤먼들의 강이며 지류 하구의 절벽 위쪽에는 샤먼의 마을이 있고, 절벽에는 씨족 조상령의 마을이 있다. 이에 의하면 사후에도 샤먼과 일반인은 경계가 있는 생활을 하며 샤먼은 일반인보다 우월한 지위에 놓이게 되는데 이는 하계에서도 샤먼이 사회적, 종교적, 문화적으로 중요한 역할을 하기 때문이다.

바실례비치에 의하면 사후 선한 사람의 영혼은 씨족 조상령의 마을에서 일정기간 기거하다가 상계로 가서 환생을 기다리는데[119] 이는 다음의 이유로 에벤키족의 전통적인 영혼관에는 배치된다. 첫 번째, 에벤키족에 의하면 사후 인간의 영혼 중 새 형상의 영혼 오미는 바로 상계로 가서 환생을 하여 씨족의 대를 이어가고, 육신의 영혼 베옌은 하계

---

118 А. Ф. Анисимов, Родовое обшество эвенков (тунгусов), Л.: ИНС, 1936. p.105.

119 Г. М. Василевич, Эвенки. Историко-этнографические очерки (XVIII-начало XX в.), Л.: Наука, 1969, p.213.

씨족 조상령의 마을로 가서 영생하므로 하계로 간 조상령은 상계로 갈 수 없다. 하지만 영혼관 초기 이들에게 인간의 영혼은 세 형상의 오미 1개였고 오미가 상계, 중계, 하계를 윤회하면서 씨족의 영속성을 이어 갔으므로 바실례비치의 주장은 영혼관 초기의 관념이다. 두 번째, 죽음을 선악의 이원론적 대립과 연결시키는 것은 에벤키족 고유의 관념이 아니라 러시아문화 수용 이후 기독교의 영향에 의한 것이므로 여기에는 기독교의 관념이 혼종, 융합되어 있다.

씨족 샤먼의 강 하구 조금 밑에는 상계와 하계 샤먼의 세계를 연결하는 곳이 있는데 예니세이강 에벤키족에 의하면 샤먼의 보조령 다리살이 이곳을 지키고 있다.[120] 다리살은 하계에 온 망자의 영혼이 중계로 돌아가는 것을 막는 역할, 의식 때 샤먼이 자신의 집 근처에 보조령의 목상(木像)을 만들어 설치하거나, 엥제키트강에 상상의 그물이나 어망을 설치하는 것을 돕는 역할을 한다.[121] 다리살로 인해 샤먼은 엥제키트강에서 독점적 지위를 누리게 되었으며, 보조령의 목상은 하계 악령이나 조상령의 중계 침입을 막는 호부 역할을 하고, 그물이나 어망은 샤먼이 악령과 전투할 때 사용하게 될 도구이다.

③ 인간, 순록, 샤먼의 세계의 분화

샤머니즘의 발전으로 샤먼의 권위와 위상이 강화되면서 샤먼의 상계는 엥제키트강 위에 있는 아홉 층 구름 위로 올라가는데[122] 이는 샤먼이

---

120 Г. М. Василевич, там же, p.213.
121 Г. М. Василевич, там же, p.213.
122 Г. М. Василевич, там же, p.213.

<그림 42> 에벤키족 하계 샤먼의 마을
А. Ф. Анисимов, 1958, p.141.

천신과 동등한 위치에 놓이게 되었음을 의미하며, 아홉 층의 구름은 성수 3의 배수로서 성수 9 숭배에 근거한다. 의식 때 샤먼은 처음에는 씨족의 강을 지난 뒤 엥제키트강 상류로 올라와서 샤먼목 투루를 타고 상계로 올라가는데[123] 이는 천신이 샤먼의 중개로 에벤키족을 만나러 올 때의 경로와 일치한다. 여기에는 우주강, 씨족 샤먼의 강, 우주목, 샤먼목의 관념이 혼종, 융합되어 복잡한 중층구조를 이루고 있다.

〈그림 42〉를 통해 샤먼의 하계에 대해 보다 구체적으로 파악할 수 있는데 1번 무고를 가지고 있는 샤먼, 2번 샤먼의 보조령, 3번 샤먼의 춤, 4번 샤먼의 씨족원들, 5번 씨족 조상령의 마을로 가는 길, 6번 씨족 조상령의 마을, 7번 샤먼 조상령들의 마을, 8번 악령 하르기의 마을,

---

123 Г. М. Василевич, там же, p.213.

9~12번 샤먼 보조령들의 마을이다. 〈그림 42〉는 신화적 씨족의 강인 엥제키트강이며 이 강을 중심으로 씨족의 조상령, 샤먼의 조상령, 샤먼 보조령의 마을이 위치한다. 따라서 이 강은 코스모스/ 카오스, 성/ 속, 생/ 사, 선조/ 후손, 아/ 타, 자연/ 문화, 중심/ 주변, 선/ 악, 샤먼/ 비(非) 샤먼의 이원대립 속에 통합되어 있다.

에벤키족에 의하면 충우제크(Chuŋuӡek 중앙), 돌보니트키(Dorbonitki, 밤의 세계) 등 특화된 샤먼의 하계도 있는데 모두 엥제키트강 하구 아래쪽에 있으며 이곳에 가면 다시는 돌아올 수 없다. 돌보니트키에 대해 자세히 알 수는 없지만 돌보니트키는 〈그림 41〉 돌보르의 음성변형으로 '밤의 세계'를 의미하므로 인간의 하계와는 전혀 관계가 없는 악령의 세계이다. 특화된 샤먼의 하계에는 〈그림 40 (2)〉 예니세이강과 알단강 동쪽 에벤키족의 제2 하계 하만 헤르구, 옐람라크, 〈그림 40 (3)〉 일부 예니세이강 에벤키족의 제2 하계 엥제키트도 포함된다.

(2) 우주 삼계의 특징

① 상계의 구조와 특징

에벤키족의 전통적 관념에서 상계는 3층 구조이지만 일부 예니세이 강과 아얀강 에벤키족에게는 9층 혹은 13층인데[124] 이는 이들 고유의 관념이 아니라 인접한 우랄계 종족의 영향에 의한 것이다. 상계는 대체로 반원형이지만 구체적인 모양은 지역, 씨족에 따라 다소 차이가 있어

---

[124] К. М. Рычков, "Енисейские тунгусы," Землеведение 1-2, М.-Л.: ТТКК°, 1917, pp.82-83; А. А. Алексеев, Забытый мир предков. Очерки традиции, мировоззрения эвенов Сев.-Запад. Верхоянья, Якутск: Ситим, 1993, p.17.

서 아무르강 하류 에벤키족은 모피 양
탄자, 포드카멘나야 퉁구스카강 에벤
키족은 뒤집어진 큰 냄비, 알단강 에
벤키족은 99개의 개울이 흐르는 자작
나무 광주리, 우르미강 에벤키족은 여
섯 색깔 무지개, 암군강 에벤키족은
굴뚝이 있는 춤으로 형상화한다.[125]
〈그림 43〉을 통해 상계에 대한 에벤키
족의 관념을 보다 구체적으로 파악할
수 있는데 상계에도 태양, 달이 있으
며 자연환경은 중계와 비슷하다. 〈그
림 43〉에서 긴 웃옷을 입고 있는 등이
굽은 아주 늙은 노파는 지고신 부가이

〈그림 43〉 상계에 대한
에벤키족의 관념
А. И. Мазин, 1984, p.8.

며, 노파가 들고 있는 광주리에는 동물의 영혼을 상징하는 동물의 털이
있고, 노파를 중심으로 오른쪽은 인간의 세계, 왼쪽은 동물의 세계이다.
노파 위쪽 마른 낙엽송 위의 새들은 환생을 기다리는 인간의 영혼이므
로 낙엽송은 씨족의 기원지이며, 노파는 상계/ 중계, 인간/ 동물, 생/
사, 자연/ 문화, 아/ 타의 경계를 통합하고 나누는 역할을 한다. 〈그림
43〉에서 지고신은 여성이므로 과거 이들 사회에서 여성은 사회적, 경
제적, 종교적으로 남성보다 우월한 지위에 있었다.

---

125 Г. М. Василевич, Исторический фольклор эвенков. Сказания и предания,
    М.-Л.: Наука, 1966, pp.178, 197; А. Н. Мыреева, там же, pp.127, 239; В. А. Тугол
    уков, Следопыты верхом на оленях, М.: Наука, 1969, pp.179-183.

가. 상계 1층 : 씨족의 기원지, 천신들의 세계

가-1. 씨족 기원지

에벤키족에게 상계 1층은 중계 바로 위층으로 일상생활과 밀접하게 관련이 있을 뿐만 아니라 씨족의 기원지, 신화적 상상력의 원천인 태양, 달, 별, 별자리 등의 천체, 천둥, 번개와 같은 천체현상을 다스리는 천신들, 문화영웅, 신이 된 조상령들의 세계이다. 에벤키족은 태양이 뜨고 지는 방향과 달의 모양에 따라 시간을 계산하는데 겨울의 달무리는 추위, 여름의 달무리는 비가 내릴 징조라고 믿는다. 이들의 태양과 달에 대한 관념은 지역에 따라 다소 차이가 나는데 이는 지역의 자연생태환경 및 인접 종족의 영향에 의한 것이다. 예니세이강 에벤키족은 태양과 달을 여성, 포드카멘나야 퉁구스카강 에벤키족은 남성으로 형상화하고, 일림페야강과 비이칼 호수 동쪽 지역 에벤키족에게 태양은 하늘의 주인, 달은 태양의 남동생이므로[126] 태양과 달 모두 남성이다.

에벤키족에게 태양과 별자리는 문화영웅이자 신화적 선조인 망기와 관련이 있다. 망기는 태양을 훔쳐 간 우주사슴 사냥에 성공한 뒤 태양을 사람들에게 돌려줌으로써 밤낮의 질서를 확립하였고, 그가 지나간 자리에는 별자리가 생겨났으며, 하계를 개척하기 위해 스스로 죽음을 택한 에벤키족의 첫 선조이다(62~63쪽 참고).

또한 이들의 종교적 관념에서 가장 중요한 별은 씨족의 기원지인 금성인데 금성에서 자라는, 윗부분이 잘린 마른 낙엽송 꼭대기의 둥지에는 새 형상의 인간의 영혼이 환생을 기다리고 있다(〈그림 43〉 참고). 인간

---

126 Г. М. Василевич, Эвенки. Историко-этнографические очерки (XVIII-начало XX в.), Л.: Наука, 1969, p.210.

의 영혼은 이곳에서 지고신 부가가 보내주는 동물이나 새의 영혼을 먹으며 사는데[127] 중계 사람들은 이들을 볼 수 없지만 이들은 영혼의 속성상 중계 사람들을 볼 수 있다.

〈금성에 갔다 온 샤먼 드미트리예프〉 캅투카르 씨족의 그리고리예프는 젊은 날 무병(巫病)에 걸렸다. 에벤키족은 샤먼은 조상령의 계통을 따라 이어지기 때문에 거부할 수 없다고 믿는다. 하지만 그리고리예프는 샤먼이 되지 않으려고 돈말 씨족의 샤먼 드미트리예프를 찾아가서 무병을 고쳐 달라고 부탁했다. 그들은 타이가에 춤을 설치한 뒤 출구 반대쪽에 금성을 바라보는 새 형상을 설치했다. 저녁에 샤먼 의식이 시작되었다. 샤먼 드리트리예프는 첫째 날은 캅투카르 씨족 조상령의 마을이 있는 곳을 알아내기 위해, 둘째 날은 그리고리예프의 영혼을 가져와서 샤먼이 되는 것을 막기 위해 금성에 갔다 왔다.[128]

위 설화에서 에벤키족 돈말 씨족의 샤먼 드미트리예프가 의식을 수행한 이유는 캅투카르 씨족 그리고리예프의 영혼을 찾아와 무병(巫病)을 고쳐 샤먼이 되는 것을 막기 위해서이므로 샤먼은 상계와 중계를 오가면서 인간의 운명을 좌우하는 존재이다. 의식 때 춤 출구 반대쪽에 설치한 금성을 바라보는 새 형상은 그리고리예프의 영혼을 상징한다. 의식 첫째 날 드리트리예프가 금성에 간 것은 캅투카르 씨족 조상령의 마을이 있는 곳을 알아내기 위해서이므로 금성은 씨족별로 구획화되어 있다. 이처럼 금성에서도 에벤키족은 씨족 단위로 거주하므로 씨족은

---

127 А. И. Мазин, там же, p.10.
128 А. И. Мазин, там же, p.10.

생전에도, 사후에도 이들 삶의 근간이다.

둘째 날 드리트리예프가 금성에 간 것은 그리고리예프의 영혼을 가져오기 위해서이므로 금성은 인간의 영혼이 있는 씨족의 기원지이다. 에벤키족을 비롯한 대다수의 극동 토착종족들이 금성을 씨족의 기원지, 샤먼의식의 중심지로 형상화하는 것은 금성의 '밝음'[129]이 주는 신비함이 '신성성'으로 연결되었기 때문이다.

가-2. 천둥과 번개의 신 악디의 세계

에벤키족에게 태양, 달, 별, 별자리 등의 천신들도 중요하지만 천둥과 번개의 신 악디도 매우 중요하다. 이들은 천둥, 번개, 우레, 폭풍을 명확하게 구분 짓지 않으며 모두 악디라고 하는데 외형은 지역, 씨족에 따라 다소 차이가 난다.

> 〈악디에 대한 에벤키족의 관념〉 일림페야강 에벤키족에게 악디는 불타는 눈을 가진 강철 독수리인데 악디가 하늘을 날 때 천둥이 울리고, 눈이 빛날 때 번개가 친다. 투루칸스크 에벤키족에게 악디는 큰 새인데 이 새가 날개 짓을 할 때 번개가 친다. 늇자강과 아무르강 에벤키족에게 악디는 머리는 곰, 몸은 사람, 날개는 독수리인 반인반수 형상인데 얼굴은 다면형이며, 손가락 발가락은 셋이고 오른손에는 불타는 공 모양의 번개를 들고 있고, 날개에는 돌로 만든 검이, 머리에는 불타는 검이 달려있다. 제야강 상류 에벤키족에게 악디는 사람의 형상인데 손가락 발가락은 세 개이며 하늘을 날아다닌다.[130]

---

[129] 금성은 달을 제외하고는 밤하늘에서 가장 밝은 태양계 천체이다.
[130] А. И. Мазин, там же, p.15.

위 텍스트에 의하면 에벤키족의 악디는 하늘을 날아다니는 우주적 형상이며 새(독수리) → 반인반수 → 인간으로 변형되었는데 이는 이들의 토템신이 샤머니즘 수용 이후 반인반수를 거쳐 인간신으로 변형되는 과정을 보여준다. 늅자강과 아무르강 에벤키족과 제야강 상류 에벤키족 악디의 3개의 손가락과 3개의 발가락은 상계, 중계, 하계를 상징하므로 악디는 우주적 형상이다. 이는 악디가 지고신의 보조령으로서 상계, 중계, 하계를 오가면서 악령을 퇴치하고 인간을 보호하는 우주적 임무를 가지고 있다는 관념에 근거한다.

악디의 불타는 눈, 악디가 오른손에 들고 있는 불타는 공 모양의 번개, 악디 머리의 불타는 검에 의하면 악디는 상계 불을 대표한다. 또 악디가 강철 독수리라는 일림페야강 에벤키족의 관념은 철기시대 이후의 산물이며 독수리 토템에 근거한다. 투루칸스크 에벤키족은 샤먼의식 때 악디를 상징하는 나무 조상(鳥像)을 만들어 춤 바깥의 기둥 위에 올려놓는데 제물은 바치지 않기 때문에 이들에게 악디는 종교적 숭배 대상은 아니다. 이처럼 악디는 시대의 변화에 맞추어 새 토템, 독수리 토템, 곰 토템, 불 숭배, 샤머니즘 등 기원이 다른 여러 시기의 관념을 흡수하면서 꾸준히 변형, 발전되어 왔지만 숭배 대상은 아니었다.

에벤키족의 전통적인 관념에서 악디는 샤먼의 보조령으로 샤먼이 우주여행을 할 때 여러 위험으로부터 샤먼의 영혼을 지켜주는 역할을 하며, 샤먼은 적대적 씨족과 전투를 할 때 악디의 외형을 바꾸어 적에게 보낼 수도 있다.[131] 1908년 샤나기르 씨족이 사는 포드카멘나야 퉁구스카강 상류에 운석이 떨어졌는데 이들은 이를 적대적 씨족의 샤먼이 보

---

131 우노 하르바, 앞의 책, 213쪽.

낸 악디의 소행이라고 생각하였다.[132] 이처럼 천신인 악디가 샤먼의 보
조령이 된 것은 이들 사이에서 샤먼의 위계가 천신보다 우위에 있었음
을 말해주는데 이들에게 중요한 것은 비가시적, 관념적 천신이 아니라
자신들의 삶의 중심에서 길흉화복, 생사를 주관하는 샤먼이었다.

나. 상계 2층 : 씨족 조상령 북디의 마을이 있는 곳

에벤키족에게 상계 2층의 자연환경은 중계와 같아서 강, 계곡, 호수,
늪, 타이가가 있고 동식물이 자라는데 중계와 달리 현실적인 것은 아니
다. 이곳에는 씨족 조상령 북디의 정주마을, 계절별 유목을 위한 임시
마을, 사냥움집도 있다.[133] 북디는 에벤키어 bukӡi(용감하다)에서 기원하
며, bukӡihi(훌륭한 인성을 가진 사람)와 동일 어간이다.[134] 따라서 북디는
생전 용감하게 살면서 뛰어난 인품으로 타인의 존경을 받은 사람들로
사후 바로 상계로 가서 신적 반열로 승격된 조상령들이다. 따라서 북디
는 상계 1층 금성 씨족의 기원지에서 환생을 기다리는 조상령들보다
높은 위계에 있다.

다. 상계 3층 : 지고신의 세계

상계 3층은 상계 가장 위층으로 지고신 부가의 세계인데 지고신은
이곳의 절벽 부가디에 기거한다. 지고신 부가는 초기에는 큰사슴(혹은
순록) 형상이었으나 점차 반인반수, 인간의 형상으로 변형되어 갔는

---

132 Г. М. Василевич, там же, p.211.
133 А. Е. Мазин, там же, p.12.
134 ССТМЯ 1, p.101.

데[135] 이는 샤머니즘 수용 이후 토테미즘이 샤머니즘에 융합되면서 동물 토템이 반인반수를 거쳐 인간신으로 변형되었기 때문이다.

에벤키족에게 지고신의 명칭은 아마카, 엑세리, 엔두리, 마인 등으로 다양한데 이 용어들은 때로는 지고신, 때로는 천신을 가리키므로 이들의 용어 사용은 매우 유동적이다. 아마카는 모피 옷을 입고 있는 반인반수 백발노인인데 여진어 ami(n)(아버지)에서 기원하며 '아버지, 조상, 곰, 하늘, 신/ 퉁구스 제어'를 의미하므로[136] 초기에는 '선조로서 곰'을 의미했다. 아마카는 에벤키족의 물질 및 정신문화의 중심에 있는 순록 사육법을 비롯하여 문화와 노동 도구를 전해주었고, 중계의 모든 것을 창조하였으며, 그의 목초지에는 셀 수 없이 많은 순록이 있고, 그의 타이가 가운데 창고에는 금, 은, 구리 등의 보물이 보관되어 있다.[137] 이에 근거하면 아마카는 창조주일 뿐만 아니라 엄청난 부(富)를 가진 존재인데 이는 이들 사이에 물질적 가치가 중요해진 늦은 시기에 덧붙여진 관념이다.

엑세리는 반인반수 노인의 형상으로 ɛksheri(신, 천신/ 에벤키어)의 의미이며, ɛkshe(잡고 있다, 보관하다/ 에벤키어)에서 기원한다.[138] 따라서 '무언가를 잡고 있는 신'인데 엑세리가 잡고 있는 것은 인간, 동물, 새, 물고기의 운명의 영혼을 상징하는 끈이다. 엑세리가 첫 번째 끈을 끊으면 돌무더기가 절벽으로 쏟아지고, 두 번째 끈을 끊으면 나무뿌리로 쏟아

---

135 А. Ф. Анисимов, Космологические представления народов Севера, М.-Л.: АН СССР, 1959, p.10.

136 ССТМЯ 1, p.34.

137 А. Ф. Анисимов, там же, p.10.

138 ССТМЯ 1, p.444.

지고, 세 번째 끈을 끊으면 인간, 동물, 새, 물고기들이 죽는다.[139] 운명의 영혼을 들고 있는 신의 명칭은 지역, 씨족에 따라 아마카, 세베키, 마인, 엔두리 등으로 달라지지만 역할은 동일하다.

엔두리는 튀르크족의 천둥과 번개의 신 야두리, 야다치, 울룬, 우쟈카, 윈쟈, 고대 인도신화의 천둥과 번개의 신 인두리와의 음성적 유사성에 근거할 때 인도이란 기원이다.[140] 엔두리는 수용 초기에는 천둥과 번개의 신을 의미했으나 퉁구스족 고유의 세계관에 근거한 천둥과 번개의 신 악디가 등장하면서 천신, 지고신으로 변형되었다.

마인은 maijc(샤먼의 보조령/ 에벤 고어(古語))에서 기원하며 유사한 단어로 main(사냥의 성공; 영혼; 인간과 동물 영혼의 보호신, 천신; 샤먼의 보조령; 성인, 신, 예수 그리스도/ 에벤키어), maijn(천신/ 네기달 고어와 나나이어)이 있고 퉁구스족 북부그룹과 남부그룹 나나이족 공통의 관념이다.[141] 마인은 이들 사회의 역사적 변화에 맞추어 의미 변형을 겪었는데 고대 수렵사회에서는 사냥의 성공, 신의 관념이 수용된 뒤에는 사냥의 보호신, 부계사회로 진입하고 신들 간에 위계질서가 확립된 이후에는 천신, 샤머니즘 수용 이후에는 샤먼의 보조령, 기독교 도입 이후에는 성인, 신, 예수 그리스도를 의미하게 되었다.

② 중계의 기원과 특징

지역에 따라 차이가 있지만 대다수 에벤키족은 중계를 모피 양탄자,

---

139 А. Ф. Анисимов, там же, p.10.
140 S. M. Shirokogoroff, Psychomental Complex of the Tungus, Pekin: Catholic University Press,1935, p.123.
141 ССТМЯ 1, p.521.

우르미강 에벤키족은 펼쳐진 순록 머리 가죽으로 형상화하므로[142] 중
계는 편평한 모양인데 이는 이들에게 중계가 대지의 등가물이기 때문
이다. 에벤키족 사이에 중계를 가리키는 단어로 드물게 시비르(sivir, 대
지, 부족/ 퉁구스 제어)가 발견되는데,[143] 선(先)몽골족 실위(室韋)와의 음성
적 유사성에 근거할 때 6~10세기 극동에서 선(先)퉁구스족과 선몽골족
의 교류가 있었다.

중계 대지의 기원과 관련하여 이들에게는 태초에 물이나 바다 등 수
중세계가 존재했으며 아비새, 물오리 등 물새들이 잠수하여 대지의 질
료인 진흙을 가지고 와서 물 위에 던지자 진흙이 점점 커지면서 지금과
같은 대지가 만들어졌다는 신화가 전해진다.

〈두 형제 신화〉 태초에 두 형제가 살고 있었는데 이 세상에는 물만
있었다. 사악한 형은 위에서 살았고 착한 동생은 밑에 살았는데 그들
사이에는 물이 있었다. 동생에게는 조력자 까마귀가 있었다. 어느 날 까
마귀가 잠수를 한 뒤 부리에 흙을 가지고 와서 물 위에 던지자 땅이 생기
더니 점점 커졌다. 이후 형제들은 땅 위에서 함께 일을 하게 되었다.[144]

〈세베키 신화〉 태초에 하늘은 있었지만 대지는 없었다. 하늘은 매우
넓었고 여러 층으로 나누어져 있었으며 땅, 타이가, 강, 호수, 바다가 있

---

142 А. Н. Мыреева, там же, pp.127, 239; Г. М. Василевич, Исторический фолькл
ор эвенков. Сказания и предания, М.-Л.: Наука, 1966, pp.178, 197.

143 Г. М. Василевич, Эвенки. Историко-этнографические очерки (XVIII-нача
ло XX в.), Л.: Наука, 1969, p.210.

144 Г. М. Василевич, "Ранние представления о мире у эвенков (материалы)",
Исследования и материалы по вопросам первобытных религиозных ве
рований, ТИЭ 51, М., 1959, pp.157-192.

있고 하늘 사람, 새, 동물들이 살고 있었다. 하늘 아래에는 아주 광활한
바다가 펼쳐져 있었다. 천신의 아들인 해신 세베키는 대지를 만들기로
마음먹었다. 세베키는 하늘 새인 물오리와 아비새를 불러 바다 밑에 잠
수하여 진흙을 가져오라고 했다. 먼저 물오리가 세 번이나 잠수를 해서
진흙을 가져오려 했으나 모두 실패했다. 이번에는 아비새가 잠수를 했
는데 처음에는 가져오지 못했고 두 번째는 아주 조금만 가져왔으며 세
번째는 부리에 진흙을 한가득 가지고 와서 물 위에 던졌다. 그러자 진흙
이 점점 커지면서 대지가 생겼고 이후 점점 넓어지면서 지금과 같은 모
습이 되었다.[145]

〈두 형제 신화〉에서 태초 우주는 물만 있는 혼돈의 단일체였고, 대지
의 질료는 물속의 진흙이며, 창조의 집행자는 까마귀인데 이는 까마귀
숭배가 발달한 고아시아계 축치족의 영향이다. 위 신화에서 선(동생)/
악(형)의 대립은 보이지만 악의 본성은 대지 창조에 방해가 되지 않으
며 대지 창조 이후에는 땅에서 선적 본성과 공존한다. 따라서 위 신화
는 기독교의 영향으로 선은 창조, 좋은 것, 악은 파괴, 나쁜 것이라는
적대적 대립 관계로 변형되기 이전 선악에 대한 에벤키족의 원형적 관
념을 반영하고 있다.

〈세베키 신화〉에서 태초 우주에 대지는 없었지만 하늘과 바다는 있
었는데 하늘은 다층구조이고, 자연환경은 중계와 비슷하며, 하늘에는
사람, 동물들이 살고 있다. 〈세베키 신화〉에서 대지의 창조주는 대지의
필요성을 자각한 천신의 아들인 해신(海神) 세베키, 창조의 집행자는 해

---

145 Г. И. Варламова, Двуногий да поперечноглазый, Черноголовый человек
    -эвенк и его земля дулин буга, Якутск: Розовная чайка, 1991, p.9.

신의 보조령인 아비새, 물오리, 대지의 질료는 바닷속 진흙이다. 따라서 중계는 상계의 힘에 의해 만들어졌는데 이는 이들의 신화적 관념에서 상계가 중계보다 우월한 지위를 차지하는 근거가 되었다. 또 〈세베키 신화〉에서는 지고신 → 천신 → 해신 → 해신의 보조령의 계층 구조가 만들어지며, 〈세베키 신화〉는 물 이외에 아무것도 없었던 〈두 형제 신화〉보다 늦은 시기에 출현하였다.

③ 하계의 구조와 특징

에벤키족 사이에 하계를 가리키는 용어는 지역, 씨족에 따라 다양하지만 전통적으로 하계는 3층 구조인데 하계 1층은 씨족 조상령의 마을인 부니, 2층은 신화적 투네토강, 3층은 하르기와 같은 악령들과 신화적 생물체들의 세계이다. 하계 입구는 절벽의 틈, 동굴, 폭포, 연못, 숲의 호수, 강의 소용돌이 등이며 하계에서 보낸 공기가 이곳을 감싸고돌면서 기온을 조절해주기 때문에 따뜻한 계절에는 차가운 기운이, 추운 계절에는 따뜻한 기운이 돌아서 급격한 자연재해가 발생하지 않는데[146] 이는 극동 토착종족 공통의 관념이다. 따라서 하계는 중계와 적대적, 대립적 관계가 아니라 상호보완하면서 우주의 조화와 질서를 만들어가는 관계이다. 여기에서는 시공간의 차원이 다른 중계와 하계뿐만 아니라 생과 사, 생자와 망자조차도 분리되어 고립적으로 존재하는 것이 아니라 하나로 연결된 네트워크 속에 존재한다는 이들의 생태적 세계관이 엿보인다. 드물게 집의 화덕을 통해서도 하계에 갈 수 있으므로[147]

---

146 А. Н. Мыреева, там же, p.26.
147 А. Н. Мыреева, там же, p.26.

집은 우주의 중심이 되기도 하는데 이는 우주의 중심에 위치하고자 하
는 이들의 원초적 염원에 의한 것이다.

에벤키족은 노령사한 영혼들, 악한 사람들, 불구자들, 해로운 동물들,
영혼이 없는 무생물체들이 가는 특별한 하계도 상정하는데 이곳은 인
간의 하계와 연결된 것이 아니라 중계 북쪽에 있다.[148] 이곳으로 간 영
혼들은 환생도, 죽음도 불가능한 고통스러운 삶을 살아야 하는데 이 범
주에 노령사 한 사람들이 포함된 것은 노령이 되면 영혼이 육신을 떠나
하계 씨족 조상령의 마을에 통합될 수도, 환생할 수도 없기 때문이다.

가. 하계 1층 부니 : 씨족 조상령의 마을 메네옌이 있는 곳

하계 1층 부니는 중계 바로 아래에 있으며 씨족 조상령의 마을 메네
옌이 있는 곳이다. 메네옌은 'mɛnɛ(어간) + -n(명사 파생 접미사)'의 구조이
며 mɛn- 어간의 에벤키어 단어에는 멘(mɛn, 스스로), 메네켄(mɛnɛken, 자립
적, 독립적), 메네(mɛnɛ, 정착 생활을 하다, 집), 메네젝(mɛnɛʒek, 정주 가옥) 등이
있다.[149] 이 단어들에 근거할 때 메네옌 사람들은 중계에서처럼 자급자
족하지만 중계에서와 달리 정착 생활을 한다. 이들에게 하계는 중계의
복사본이므로 하계 사람들은 순록사육에 종사하는데 유목생활이 아닌
정착 생활을 하는 것은 순록의 생태적 특성에는 부합하지 않지만 '영혼
들의 세계, 망자의 세계'라는 특성이 이러한 모순을 희석시켜 준다.

에벤키족의 지계인 오로촌족에 의하면 메네옌 사람들은 중계 사람들

---

148 Н. В. Ермолова, там же, p.151.
149 Б. В. Болдырев, Эвенко-русский словарь 1, М.: Филиал СО РАН ГЕО, 2000,
   p.371.

과 달리 귀뚜라미만 먹고 몸은 차갑고, 심장은 뛰지 않고, 피도 흐르지 않고, 숨은 쉬지 않기 때문에 썩고 마른 나무토막 같으며 항상 손을 반쯤 들어 양쪽으로 벌린 채 춤을 추고 있는데 중계 사람들에게 불행, 질병, 죽음을 가져다준다.[150] 에벤키족은 하계 사람들은 중계에서와 같은 모습으로 살아가며 중계 가족과 씨족을 도와준다고 믿기 때문에 오로촌족의 이러한 관념은 에벤키족 고유의 관념이 아니라 인접한 다른 계통 종족의 영향에 의한 것이다.

　나. 하계 2층 : 투네토강이 있는 곳

　하계 2층에는 투네토강이 있는데 tunep(호수, 여울/ 에벤키어)에서 기원하며, 흙더미, 연못, 여울로 이루어져 있고, 대샤먼만이 지나갈 수 있으며, 약한 샤먼들은 의식 때 이 강에서 목숨을 잃을 수도 있고, 하계 1층과 3층 사람들은 이 강을 지나갈 수 없다.[151] 그렇다면 투네토강은 누구도 오갈 수 없는 폐허의 강으로 인간의 영혼과 악령, 신화적 생물체들의 세계를 나누는 경계의 역할을 하는데 샤먼은 예외적으로 그곳을 지나갈 수 있다. 그런데 하계에 이런 지형물을 설정한 것은 조상령과 악령의 상호침투를 차단하여 각 세계의 질서를 확립함으로써 우주와 지구의 조화와 균형을 유지하고 샤먼의 권위를 강화하기 위한 것이다.

---

150 А. И. Мазин, там же, p.17.

151 Г. М. Василевич, Эвенки. Историко-этнографические очерки (XVIII-начало XX в.), Л.: Наука, 1969, p.213; Б. В. Болдырев, Эвенко-русский словарь 2, М.: Филиал СО РАН ГЕО, 2000, p.125.

다. 하계 3층 : 악령들과 신화적 생물체들의 세계

하계 3층은 중계에서 가장 먼 곳으로 하르기와 같은 악령과 신화적 생물체들의 세계인데 중계 사람들이 천신을 숭배하듯 하계 사람들은 이들을 숭배한다.

다 - 1. 하계의 악령들 : 하르기와 그의 보조령들

하르기는 사후 하계 씨족 조상령의 마을로 가지 못하고 악령으로 변한 영혼들로 반인반수 형상이며 사람과 동물들에게 피해를 주고 심한 경우 죽음에 이르게 하는데 지고신 부가만이 이들을 막을 수 있다.[152] 하르기는 hargyc(방해, 선한 일을 방해하는 악령/ 사하어)에서 기원하므로[153] 사하어에서는 '사람의 일을 방해하는 존재'를 의미했으나 에벤키어에 수용된 이후 악령으로 의미 확장을 하였다. 에벤키족에게 하르기의 형상은 일률적이지 않지만 보편적으로 얼굴은 평범한 에벤키족과 비슷한데 체격은 몇 배 더 크고, 힘도 훨씬 세며 오른손 끝에는 날카로운 이빨을 가진 무시무시한 사람 얼굴의 보조령 발부카가, 왼손 끝에는 거대한 손톱이 달려 있다.[154] 일부 에벤키족에 의하면 하르기는 대머리이며 오른쪽 다리는 무릎 조금 아래, 왼쪽 다리는 무릎까지만 있고 동물처럼 온몸이 털로 덮여있다. 또 다른 일부 에벤키족에 의하면 하르기는 외발이며 이 발은 몸통 가운데 막대기처럼 뻗어있는데 에벤키족 여인들을 납치한 뒤 이 발을 이용하여 강제로 추행하여 불구의 아이가 태어

---

152 И. М. Суслов, "Шаманство и борьба с ним", Советский Север 3-4, 1931, pp.103-104.

153 ССТМЯ 2, p.317.

154 И. М. Суслов, там же, p.104.

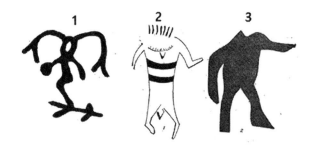

〈그림 44〉 1. 하르기 형상, 오논강 암벽화
2, 3. 칸디카흐 형상, 시킨강 암벽화와 에벤키인 안토노프의 그림
А. И. Мазин, 1984, pp.18, 19.

나기도 하지만 이내 죽는다.[155] 하르기의 형상은 다양하지만 공통점은
기형이며 인간에게 피해를 준다는 것인데, 이는 이들이 씨족원의 범주
에서 제외되어 악령이 된 이후 가족과 씨족에게 원한을 가지게 되었기
때문이다.

하르기의 보조령에는 오른손 끝에 달린 발부카와 칸디카흐가 있는데
발부카는 하르기의 의지에 따라 언제 어디서나 사용할 수 있다. 하르기
는 몸이 기형이어서 정상적인 방법으로는 사람을 잡을 수 없기 때문에
발부카를 적극적으로 이용한다. 하르기는 발부카를 뻗어 사람을 놀라
게 한 뒤 왼손에 달린 거대한 손톱으로 사람을 잡아 피를 빨아 먹는데
이 일을 겪는 사람은 오래 동안 병을 앓게 되며 샤먼의 도움이 없으면
결국 죽음에 이른다.[156]

---

155 А. И. Мазин, там же, p.19.
156 А. И. Мазин, там же, p.17.

〈사냥꾼 그리고리예프와 발부카〉 그리고리예프는 어느 날 사냥을 하던 중 모닥불 옆에서 잠이 들었다. 그런데 자신을 쳐다보는 섬뜩한 시선이 느껴져 잠에서 깨어나 보니 앞에 거대한 순록이 서있었다. 총을 들어 쏘았지만 순록은 꼼짝도 하지 않았다. 다시 총을 쏜 뒤 주위를 둘러보았지만 아무도 없었다. 그리고리예프는 이것을 하르기가 자신을 놀래려고 보낸 발부카라고 생각했다.[157]

위 설화에서 사냥꾼 그리고리예프는 자신의 앞에 갑자기 나타났다 없어진 거대한 순록을 발부카라고 생각하였으므로 발부카는 비정상적인 크기의 순록과 같은 동물로 변신할 수 있다. 하지만 이는 발부카 자신의 능력이나 의지가 아닌 발부카의 상위 신인 하르기의 능력과 의지에 의한 것이다. 또 그리고리예프가 총을 쏘았지만 순록은 꼼짝도 하지 않았으므로 발부카는 인간의 힘으로는 퇴치가 불가능한데 이는 악령은 비록 선신(善神), 선령(善靈)에는 대립되지만 초월적이고 신성한 힘을 가지고 있는 신적 존재이기 때문이다.

하르기의 또 다른 보조령인 칸디카흐는 인간의 형상이지만 머리와 발이 없고, 왼손은 짧고 오른손은 길며, 몸통에는 큰 입이 달려있고, 사냥꾼들의 사냥을 방해한다.[158] 몸통에 달린 큰 입은 칸디카흐가 늘 허기에 시달리는 대식가임을 상징하므로 칸디카흐는 사람들이 잡은 사냥동물들을 눈에 띄는 대로 먹어치운다. 따라서 칸디카흐가 활개를 치면 사람들은 극심한 배고픔에 시달리게 되는데 칸디카흐를 다스릴 수 있는 존재는 지고신 부가가 유일하다. 칸디카흐가 중계에 나타나면 지

---

157 А. И. Мазин, там же, p.17.
158 А. И. Мазин, там же, p.17.

고신은 천둥과 번개의 신 악디를 불
러 불에 달구어진 칼을 칸디카흐의
입에 던지게 한다. 악디가 부가의 명
령을 이행하면 칸디카흐의 위장은 화
상을 입게 되고 결국 치료를 위해 오
랫동안 하계에 누워있어야 한다.[159]
이에 의하면 지고신 부가는 칸디카흐
의 악행을 저지시키거나 늦출 수는
있지만 칸디카흐를 죽일 수는 없다.
이는 선이 악보다 우월한 가치를 가
진 것이 아니며 선과 악의 대립과 조

〈그림 45〉 사하공화국 에벤키족의
관념 속 하르기의 형상
Г. И. Варламова, 1991, p.11.

화 속에 우주와 지구의 균형과 질서가 유지된다는 이들의 생태적 세계
관에 의한 것이다.

그런데 언제부터 에벤키족에게 하르기, 그의 보조령인 발부카와 칸
디카흐가 하계를 대표하는 존재로 자리 잡게 되었을까? 마진은 레나강,
알단강, 아무르강 상류의 청동기 시대와 철기시대의 암벽화를 근거로
이들의 출현 시기를 기원전 2천 년기 이전 즉 샤머니즘 수용 이전으로
추정한다.[160] 지고신만이 칸디카흐의 악행을 저지할 수 있는 점, 칸디카
흐에서는 샤먼의 요소가 발견되지 않지만 하르기에서는 샤먼의 요소가
발견되는 점에 근거할 때 칸디카흐는 하르기보다 먼저 출현하였으며
독자적인 능력을 가진 악령이었다. 하지만 샤머니즘 수용 이후 하르기

---

159 А. И. Мазин, там же, p.17.
160 А. И. Мазин, там же, p.19.

가 출현하여 하계의 대표적인 악령으로 자리잡으면서 칸디카흐는 하르
기의 보조령으로 강등되었다. 따라서 이들은 서로 다른 시기의 관념으
로 칸디카흐는 샤머니즘 수용 이전, 하르기는 샤머니즘 수용 이후인 기
원전 2천 년기 즈음 즉 신석기시대 후기의 산물이다.

다-2. 하계의 신화적 생물체

하계 3층에는 악령들, 샤먼의 보조령, 에벤키족 신화에서 창세의 주
체인 개구리 바하, 매머드 셀리(~헬리), 뱀 댜브다르, 야생순록 수컷 칼
리르, 두 마리의 슈카[161]와 두 마리 농어 등 신화적 생물체들이 기거한
다. 뱀 댜브다르는 지구와 비슷한 길이이며 순록의 뿔과 다리를, 매머
드 셀리는 순록의 뿔과 물고기 꼬리를, 야생순록 칼리르는 큰사슴 뿔과
물고기 꼬리를 가지고 있으므로 이들은 물과 대지의 속성을 모두 지닌
복합적, 우주적 형상이다. 이들은 우주관 초기에는 상계를 대표하였으
나 신적 존재에 의해 중계가 만들어진 뒤에는 중계로 내려와서 중계를
대표하였고, 샤머니즘 수용 이후에는 하계로 내려가서 하계의 수호신,
샤먼의 보조령이 되었다.

〈그림 46〉 매머드 셀리의 형상. 아르비강 암벽화
А. И. Мазин, 1984, p.20.

---

161 꼬치고기를 닮은 담수어.

다 - 3. 에벤키족 하계관의 독특성

〈그림 47〉은 에벤키족 판카기르 씨족의 샤먼 바실리 샤레믹탈이 코르두얄 씨족의 샤먼 인틸리군이 주도하는 송혼식을 그린 것으로 신화적 씨족의 강 엥제키트에서 의식이 수행되고 있는데 에벤키족의 하계관을 보다 분명하게 보여주고 있다. 〈그림 47 (1)〉 송혼식용 샤먼의 춤은 중계와 하계의 경계지대이고, 〈그림 47 (16)〉까지는 하계로 가는 길이다. 또 〈그림 47 (18, 19)〉 엥제키트강 하구에 있는 씨족 조상령의 마을 메네옌에 들어가야 비로소 완전히 하계에 통합된 것이다. 〈그림 47

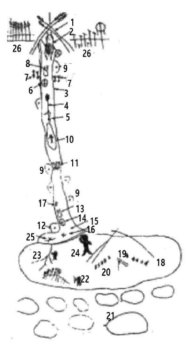

1. 송혼식용 샤먼의 춤
2. 송혼식을 거행하는 샤먼
3. 엥제키트강
4. 샤먼을 위해 강을 청소하는 샤먼의 보조령인 낙엽송
5. 15. 샤먼을 인도하는 샤먼의 보조령 아비새
6. 13. 샤먼의 북 - 보트
7. 샤먼의 보조령들
8. 보트를 타고 샤먼의 뒤를 따르는 망자의 영혼
9. 신화적 씨족 조상령 마을의 노파들
10. 하계로 가는 길 중간에 있는 샤먼의 섬
11. 하계 입구
12. 신화적 씨족 노파들의 마지막 마을
14. 망자의 영혼
16. 씨족 조상령 마을 입구의 만(灣)
17. 제물로 바쳐진 순록
18. 19. 씨족 조상령 마을 메네옌
20. 모닥불 근처에서 가사 노동을 하고 있는 씨족의 여인들
21. 아홉 샤먼의 땅
22. 사냥을 하고 있는 씨족의 남성들
23. 강에 어망을 설치하고 있는 씨족의 남성들
24. 절벽에 올라가서 망자의 영혼을 마을로 데려오라는 신호를 보내고 있는 노파 부닌
25. 망자의 영혼을 데려가기 위해 보트를 타고 오는 조상령
26. 하계 입구를 지키는 샤먼의 보조령들

〈그림 47〉 송혼식을 통해서 본 하계의 구조
А. Ф. Анисимов, 1958, p.61.

(9)〉 신화적 씨족 조상령의 마을은 하계로 가는 길을 지키는 하계신의 보조신들인 노파들이 기거하는 마을로 〈그림 47 (18, 19)〉 씨족 조상령의 마을 메네옌과는 다른 세계이다. 〈그림 47 (9)〉에서 하계로 가는 길을 지키고 있는 노파들, 〈그림 47 (24)〉에서 그들의 수장인 하계신 부닌이 노파인 점에 근거할 때 이들에게 하계신과 보조신들은 여신들이었다. 이는 극동의 다른 토착종족들에게서도 발견되는데 나나이족의 하계신 부니는 노파인데 송혼식 때 샤먼이 망자의 영혼을 하계로 인도하는 것을 도와주고, 닙흐족의 하계신도 노파인데 하계로 가는 길 중간에서 망자의 영혼을 맞이한다.[162] 극동 토착종족 사이에 전파된 하계신 부닌 혹은 하계로 가는 길을 지키는 여신(노파)은 고대 이들의 사회와 종교 의식에서 여성이 중요한 지위에 있었음을 말해준다.

〈그림 47 (21)〉에 의하면 샤먼 조상령의 마을은 씨족 조상령의 마을보다 하계 더 먼 곳에 독립적으로 존재하는데 이는 사후에도 샤먼과 일반인의 경계가 나누어짐을 의미하며, 아홉 명의 샤먼은 성수 3의 배수로서 성수 9 숭배에 근거한다. 〈그림 47 (20, 22, 23)〉에 의하면 씨족 조상령의 마을에서 여성은 가사노동, 남성은 사냥과 어로에 종사하므로 하계에서도 남녀의 역할이 뚜렷하게 나누어진다. 〈그림 47 (24)〉에서 절벽은 생사의 경계를 나누는 역할을 하는데 이곳에서 하계신 부닌은 망자의 영혼을 씨족 조상령의 마을에 받아들일지 여부를 결정한다. 하계신이 받아들이기로 결정하면 〈그림 47 (25)〉처럼 조상령 중 한 명이 자작나무껍질로 만든 보트를 타고 샤먼에게 가서 망자의 영혼을 인도받는다. 이제부터 망자의 영혼은 하계에 통합되어 중계와는 다른 차

---

[162] Л. Я. Штернберг, там же, p.330, 519.

원의 시공간에서 새로운 삶을 살아가게 된다.

2. 극동 퉁구스 남부 종족의 우주관

1) 나나이족의 우주관

나나이족에게 우주는 상계, 중계, 하계의 구조로 이루어진 삼단세계이고, 신화적 문화영웅들은 상계, 중계, 하계를 오가면서 나나이족의 기원과 물질 및 정신문화의 토대를 만들었다.

(1) 상계의 구조와 특징

나나이족에게 상계는 보아로 buga(boga~boa~bua~bo~ ba, 우주, 하늘, 지역, 나라, 땅, 세계, 날씨, 자연, 자연현상/ 퉁구스 제어)에서 기원하며 인간 주변의 모든 환경을 가리키므로 보아에서 상계는 통합의 단일체인 우주와 동일시된다. 이에 근거할 때 이들의 신화적 관념에서 우주 삼계 중 상계가 가장 먼저 출현하였다. 상

상계의 구조와 천신들

- 9층. 번개 신 호시아 엔두리의 세계
- 8층. 여신 냥냐 엔두리의 세계
- 7층. 여신 룽게 엔두리의 세계
- 6층. 용신 후윤 무두르 에젠의 세계
- 5층. 모계 조상령의 세계
- 4층. 샤먼의 세계
- 3층. 산신 산시니 엔두리의 세계
- 2층. 강신 요르하 엔두리의 세계
- 1층. 타이가의 신 후투 엔두리의 세계

〈그림 48〉 나나이족 관념 속 상계의 구조

계 사람은 보아 나니인데 boa + nani(그 지역 사람들/ 퉁구스 제어)의 구조

로 '우주사람, 하늘 사람'을 의미하며 지고신, 천신을 비롯하여 상계에 기거하는 모든 존재들이 포함된다. 나나이족에게 상계는 9층 구조이고 각 층마다 독자적인 신과 고유한 특징이 있는데 층이 높아질수록 신격이 높아지며, 9층은 성수 3의 배수로서 성수 9 숭배에 근거한다. 다층구조로서 상계는 신들의 위계질서를 전제로 하므로 이는 이들 사회에 계층 분화가 자리 잡은 이후에 출현한 관념이다.

① 상계 1~4층 : 인간의 접근이 허용된 세계

나나이족의 관념에서 상계는 인간과 신의 교류 가능성에 따라서 1~4층, 5~9층으로 뚜렷하게 나누어진다. 중계 사람들의 기도는 상계 4층의 신에게까지만 전해지고, 샤먼도 4층까지만 갈 수 있기 때문에 상계 4층은 인간이 접근할 수 있는 한계이다. 상계의 이런 이원적 구조는 1~4층의 신은 이들의 생존과 직접적인 관련이 있지만 5~9층의 신은 그렇지 않기 때문이다. 상계 1~4층의 신들은 나나이족의 생존과 직결된 사냥과 어로, 생사에 영향을 미치는데 특히 3층의 조상령들은 윤회를 통해 씨족의 영속성을 이어간다. 반면 5~9층의 신들은 1~4층의 신보다 신격은 높지만 나나이족의 생존과 직접적인 관련이 없는 관념적인 신들이며 어느 순간 인간과의 교류가 불가능한 먼 곳으로 떠났다.

가. 상계 1, 2층 : 타이가의 신과 강신의 세계

상계 1층은 중계 바로 위층으로 상계 3층 씨족 조상령 마을의 하늘 언덕에 사는 후투 엔두리가 다스리는데 후투는 hur-(타이가, 산/ 퉁구스제어)에서 기원하므로[163] '타이가의 신'으로 타이가동물 사냥의 성공을 도와주는 사냥의 보호신이다. 사냥은 이들의 가장 초기의 생업이고, 사냥의식은 샤먼이 참여하지 않는 이들의 원초적 신앙의 하나이므로 상계 1층은 상계 9층 중 가장 먼저 출현한 세계이다.

상계 2층의 신은 요르하 엔두리인데 jorc(큰 강/ 사하어) + ɛnduri(신, 정령, 천신/ 퉁구스 제어)의 구조로[164] '강신(江神)'을 의미하므로 나나이족의 주요 생업의 하나인 어로를 주관하는 신이다. 요르하 엔두리에는 퉁구스족과 사하족의 관념이 혼종되어 있는데 사하족의 관념은 표층요소일 뿐 기층에는 강 숭배, 물 숭배와 같은 이들 고유의 관념이 자리하고 있다. 나나이족은 병에 걸리면 샤먼의 기둥 토로안 3개를 설치하고 요르하 엔두리 의식을 거행하므로[165] 이들에게 요르하 엔두리는 강신이자 치병의 신이며 상계 2층은 물 숭배, 강 숭배, 성수 3 숭배, 샤머니즘이 혼종, 융합된 세계이다.

나. 상계 3층 : 산신의 세계

상계 3층은 씨족 조상령의 마을 사니코이 혹토가 있는 곳인데 상계 9층 중 자연환경이 중계와 가장 비슷하며 이곳의 조상령들은 일정 시간이 흐른 뒤 중계 씨족에게로 환생하므로 이곳은 씨족의 영속성 유지를 위해 반드시 필요한 세계이다. 사니코이는 극동 토착종족의 언어에서는 발견되지 않지만 혹토(hokto)는 퉁구스 제어에서 '길, 오솔길'을 의미하므로[166] 사니코이 혹토는 '오솔길이 있는 마을, 오솔길로 연결된

163　ССТМЯ 2, p.352.
164　ССТМЯ 2, p.25.
165　А. В. Смоляк, там же, p.13.
166　ССТМЯ 2, p.331.

마을'을 의미한다. 이에 의하면 씨족 조상령의 마을은 오솔길을 지난 맨 끝자리에 있고, 사니코이는 퉁구스 고어(古語)에서는 '마을'을 의미 했으나 일정 시점에 이르러 사어(死語)가 되었다.

상계 3층의 신은 산시니 엔두리인데 우수리강 중류 비킨강 우데게족 의 산시예, 우수리강 나나이족의 산신요, 아무르강 하류 나나이족의 산 시니,[167] 타즈족의 산신예, 한국과 중국의 산신과 동일한 신이다. 그런 데 하바롭스크주 우데게족과 비킨강 위쪽의 퉁구스족은 산신을 온쿠, 비킨강 유역과 그 아래쪽 우데게족과 퉁구스족은 산신이라고 하므로 비킨강은 우데게족 지역 그룹의 경계일 뿐만 아니라 극동 퉁구스족의 문화적 경계이다. 이 신들은 중국어 산신(山神)의 음성변형이므로 중국 어 차용어지만 나나이족, 우데게족, 타즈족, 한국인에게는 고대부터 뿌 리 깊은 산악숭배, 산신숭배가 있었기 때문에 관념적 내용은 자신들 고 유의 요소에 근거한다.

산신에 근거할 때 과거 연해주를 비롯한 극동 남부 지역의 비킨강 아래쪽에는 나나이족, 우데게족, 한국인, 타즈족, 더 넓게는 오로치족, 울치족까지 포함된, '산신'을 공유하는 문화공동체가 있었다.

1층의 후투 엔두리, 3층의 산시니 엔두리는 타이가의 신과 산신으로 그 성격이 유사하지만 1층의 후투 엔두리는 사냥 보호신인 반면 3층에 는 씨족 조상령의 마을이 있으므로 산시니 엔두리는 마을수호신의 성 격이 강하다. 전반적으로 상계 3층은 조상숭배, 산악숭배, 산신숭배, 마 을숭배 등 시대가 다른 다양한 층위의 관념이 혼종, 융합된 세계이다.

---

167 Шаманизм народов Сибири. Этнографические материалы XVIII–XX вв.: хрестоматия 2, Т. Ю. Сем (Сост.), СПб.: Фил-фак. СПбГУ, 2011, p.395.

나. 상계 4층 : 목신(木神)의 세계

상계 4층에는 버드나무와 유사한 아홉 그루의 하늘 나무 포도하가 자라는데 포도하는 bodo(삶, 생명/ 퉁구스 제어)에서 기원하므로 우주적 형상의 생명수(生命樹), 우주목이며 아홉 그루는 성수 9 숭배에 근거한다. 나나이족은 이와 유사한 나무를 중계 타이가에서 찾아 샤먼 보조령 아야미의 신상(神像)을 만들기 때문에[168] 포도하는 씨족나무, 샤먼목도 동시에 상징한다. 포도하 뿌리에는 야생 멧돼지가, 가지에는 하늘토끼가 살고 있으며 그 옆에는 작은 북이 매달려있는데[169] 멧돼지와 토끼는 상계 4층의 신이자 샤먼의 보조령들이고, 북은 샤먼의 무고를 상징한다. 따라서 상계 4층은 샤먼의 세계이며, 하늘 나무 포도하가 자라므로 부분적으로 샤먼의 산과 등가치한 세계이다.

노인들은 중병에 걸리면 밤마다 샤먼의 기둥 토로안 3개를 설치한 뒤 무릎을 꿇고 앉아 상계 4층의 신들에게 제물을 바치면서 기도하므로[170] 이들은 치병의 신이다. 이 신들과 상계 2층의 신 요르하 엔두리는 같은 치병의 신이지만 요르하 엔두리가 강신으로 샤먼의 강과 연결된다면, 4층의 신들은 목신으로 샤먼목과 연결된다.

② 상계 5층~9층 : 인간의 접근이 불가능한 세계

가. 상계 5층 : 모계 조상령의 세계

상계 5층부터는 중국의 영향이 많이 엿보이는데 상계 5층의 신은 랴

---

168 ССТМЯ 1, p.88; А. В. Смоляк, там же, p.13.
169 А. В. Смоляк, там же, p.13.
170 А. В. Смоляк, там же, p.14.

오야이며 울치족과 타즈족의 라오예와 같은 신으로 중국어 라오예(老爺)의 차용어이다. 타즈족에게 라오예는 천신으로서 그 지위가 뚜렷한 반면 나나이족의 랴오야, 울치족의 라오예는 신격이 뚜렷하지 않다. 그런데 랴오야는 老(늙다, 노인) + 爺(부친, 조부, 아저씨, 외조부/ 중국어)의 구조이고 중국 동북방언에서 爺는 외조부의 높임말이다.[171] 따라서 랴오야는 천신의 위계에 있는 모계 조상령들인데 이는 과거 이들에게 모계 씨족사회, 모계 조상령 숭배가 존재했었음을 말해준다. 하지만 부계 씨족사회로 진입한 이후 모계 조상령 숭배는 점차 퇴색되어 갔고, 의례 의식에서도 사라지면서 관념적으로만 남겨졌다. 이로 인해 부계 씨족 조상령들은 인간과 가까운 상계 3층에 자리 잡으면서 인간과 더욱 활발하게 교류하였고 숭배 대상이 되었지만 모계 조상령들은 인간이 접근할 수 없는 상계 5층으로 올라가면서 인간들과는 더욱 멀어졌다. 상계 5층은 나나이족 고유 요소에 중국의 요소가 융합된 혼종적 세계이지만 중국의 요소는 표층 구조에, 나나이족 고유의 요소는 기층 구조에 자리하고 있다.

나. 상계 6층 : 용신의 세계

상계 6층의 지배권은 아홉 마리의 용 후윤 무두르 에제니에게 있는데 hunɲi(신, 주인/ 퉁구스 제어) + mudur(용/ 오로치어, 울치어, 나나이어, 만주어) + εʒeni(신, 정령/ 퉁구스 제어)의 구조이므로[172] 퉁구스족 기원의 관념

---

171 https://dic.daum.net/word/view.do?wordid=ckw000069846&supid=cku000070865 검색일: 2021.12.10.

172 ССТМЯ 1, p.348; ССТМЯ 2, p.348.

이다. 후윤 무두르 에제니는 용신, 용의 정령들을 다스리는 신들인데 아홉 마리는 성수 9 숭배에서 기원한다. 무두르는 mu(물/ 퉁구스 제어)에서 기원하므로 이들의 용 숭배는 퉁구스족 기원이지만 중국의 영향으로 그 이미지는 거대한 뱀, 도마뱀, 악어, 중국의 전통적인 용 등 매우 다양하다. 나나이족은 천신은 엔두리, 물신(水神)은 에제나라고 하는데 용신을 에제나라고 부르는 것은 용신이 물신의 속성을 가지고 있기 때문이다.

천신들의 세계에 물신인 용신이 자리하게 된 이유는 불분명하지만 중국에서 용은 천공(天空)과 물의 상징이며, 우주의 규칙적인 순환을 구현하고 지상에 풍요를 분배하는 황제와 관련이 있다.[173] 따라서 중국인의 영향으로 보이지만 부분적으로 한국인의 영향도 발견된다. 중국인과 한국인에게 용은 천변만화(千變萬化)하면서 하늘과 땅을 자유롭게 오가며 비를 만드는 능력을 가지고 있다. 중국의 『여씨춘추(呂氏春秋)』(기원전 3세기 경)에서 용은 비를 부르는 존재이며, 『삼국사기·신라본기』(1145년)에 의하면 두 마리 용이 경주 우물 가운데 보인 뒤 폭풍, 천둥, 비, 번개가 남문에 들이쳤다.[174] 이처럼 중국과 한국 신라사회에서 용은 물에 기거하기도 하지만 하늘에서 물을 만들어 지상으로 내려 보내는 창조적, 생산적 존재이므로 천신의 위상을 가지기에 충분한 자격이 있다. 따라서 상계 6층은 퉁구스족, 나나이족 고유의 요소에 중국의 요소, 부분적으로 한국의 요소가 융합된 혼종적 세계이며 시대가 다른 물 숭

---

173 미르치아 엘리아데, 『종교형태론』, 이은봉 옮김, 1996, 한길사, p.290.

174 『三國史記·新羅本紀』一. 赫居世. 六十年 秋九月. 二龍見於金城井中, 暴雷雨 震城南門. 조법종, 「한국 고대사회의 용 관련 문화」, 『사학연구』 65, 2002, p.6.

배, 용 숭배, 성수 9 숭배 등 다양한 관념이 중층구조를 이루고 있다.

상계 3층, 5층, 6층에 근거할 때 극동 남부지역에 나나이족, 오로치족, 울치족, 타즈족, 한국인을 아우르는 문화네트워크가 있었고 이들은 부분적으로 중국 한족의 영향을 받았지만 기층구조에는 이들 고유의 관념이 자리하고 있다. 이로 인해 극동 남부지역에는 시베리아의 다른 지역뿐만 아니라 극동 북부지역과도 차이가 나는 독창적인 혼종문화, 경계문화가 만들어졌다.

다. 상계 7, 8층 : 여신들의 세계

상계 7층의 신은 50명의 자식을 둔 여신 룽예 엔두리인데[175] 룽예는 爺에 근거할 때 모계 조상령들, 여성의 생산성과 관련이 있는 천신이며 룽예에는 나나이족과 중국인의 관념이 혼종되어 있다. 중국인과 나나이족의 혼인으로 출현한 비킨강 나나이족은 의례 의식 때 투지, 산신요, 룽예, 냥냐의 신상을 봉안한다.[176] 투지는 중국의 대지와 농경의 신 토제(土帝), 산신요는 산신 등 자연신에서 기원하므로 이들이 함께 봉안하는 룽예도 자연신으로서 중계신의 위상을 가진다. 쿠르미강 나나이족에게 룽예는 늪, 호수, 웅덩이에 사는 정수리가 8개인 인간 형상의 물의 악령이다.[177] 이렇듯 나나이족에게 룽예의 위상이 천신, 중계신, 악령으로 차이가 나는 것은 룽예가 나나이족과 중국인의 혼종적 관념인데 수용 과정에서 중국인의 관념은 지역 그룹의 세계관에 따라 상당

---

175 А. В. Смоляк, там же, p.14.

176 Т. Ю. Сем, там же, p.516.

177 Д. А. Нагишкин, Храбрый Азмун. Амурские сказки, М.: Детгиз, 1960; Архив ПФРГО, Ф.1, Оп.1, Д.27, Л.1035.

부분 수정, 변형되었기 때문이다.

상계 8층의 신은 여신 냥냐 엔두리인데 njaŋnja(하늘/ 퉁구스 제어) + ɛnduri의 구조로 '천신'을 의미하고, 퉁구스족 고유의 관념이며, 100명의 자식과 30개의 마을을 다스리므로[178] 상계 7층의 룽예 엔두리보다 훨씬 강력한 힘과 경제력을 가지고 있다. 콘돈 지역 나나이족에 의하면 냥냐 엔두리는 상기야 마마를 보좌하면서 여인들을 보살펴주므로[179] 여성의 생산성과 관련이 있다. 냥냐 엔두리가 이들 신전의 상층에 위치한 것은 당시 이들에게는 여성의 생산성이 중요하였을 뿐만 아니라 여성이 사회적, 종교적으로 중요한 위치에 있었기 때문이다.

라. 상계 9층 : 번개신의 세계

상계 9층의 신은 호시아 엔두리인데 hocin(불꽃, 번개/ 퉁구스 제어)[180] + ɛnduri의 구조이므로 번개신이다. 호시아 엔두리는 상계 최상층에 기거하면서 상계의 동서남북에 배치된 33명의 엔두리를 비롯한 모든 천신들을 다스리는 지고신의 최측근 보조신인데[181] 번개신의 이러한 위상은 극동 토착종족 공통이다.

상계 9층에는 수많은 마을이 있는데[182] 이 마을들의 주민은 천신들이

---

178 А. В. Смоляк, там же, p.14.

179 Ю. А. Сем, "Мифологические представления нанайцев о природе и чело веке", Генезис и эволюция этнических культур Сибири (Сборникнаучны х трудов), Новосибирск: Наука, 1986, p.34.

180 ССТМЯ 1, p.334.

181 А. В. Смоляк, там же, p.15.

182 А. В. Смоляк, там же, p.15.

므로 상계 3층 씨족 조상령 마을의 주민들과는 격이 다르다. 나나이족 상계 구조의 특이점은 지고신 보아(혹은 엔두리)의 거처가 어디에도 존 재하지 않는다는 점인데 이는 지고신이 이들의 직접적인 숭배 대상에 서 멀어진 이후 상계에 대한 관념이 구체화되었기 때문이다.

상계의 구조와 특징은 지역 그룹 내에서도 차이가 나는데 이는 거주 지의 자연생태환경의 차이와 인접종족의 영향에 의한 것이다. 일부 상 류 나나이족에게 상계는 7층 구조인데 가장 아래층은 돌이며 2층부터 7층까지 흰색, 붉은색, 검은색, 밝은 색 구름이 순서대로 층을 이루고 있고, 7층 구름 위에서는 북극성을 중심축으로 태양, 달, 별, 별자리가 움직인다.[183] 구름의 색은 각 층의 특성을 알려주는 상징이며 층이 높아 질수록 신격이 높아지므로 구름의 색은 이들의 색채 인지에서 색의 중 요도와 관련이 있다.

콘돈 지역 나나이족에게 상계는 금속으로 만들어진 3층 구조이며 위 층으로 갈수록 신격이 높아지면서 금속의 질이 달라지는데 이는 각 층 을 다스리는 신들의 경제력을 말해준다. 1층은 철로 만들어졌으며 씨 족의 보호신이자 성주신인 줄린의 세계이고, 2층은 은으로 만들어졌으 며 자연신 눙누가, 샤먼령 마이쟈 마마의 세계인데 눙누가는 nuŋ-(지시 하다, 다스리다/ 퉁구스 제어)에서 기원한다.[184] 3층은 황금으로 만들어졌으

183 Ю. А. Сем, "Космогонические представления нанайцев: верхний мир", *Религиоведческие исследования в этнографических музеях*, Л.: ГМЭ, 1990, pp.114, 116.

184 Ю. А. Сем, там же, p.34; Н. Каргер, И. Козьминский, "Отчет об исследован иях материальной культуры гарииских гольдов", Гарипо-амгуньская эк спедиция 1926 г., Л.: АН СССР, 1929; А. В. Смоляк, там же, p.17.

며 천신 상기야 마마, 랴오야, 냥냐의 세계인데[185] 3층의 황금은 이들이 1, 2층의 천신들보다 훨씬 더 풍부한 경제력을 가지고 있음을 말해준다. 이들에게 신의 위계는 씨족의 보호신, 성주신 → 자연신, 샤먼령 → 천신의 구조인데 이들에게서도 지고신은 보이지 않으므로 이들의 상계에 대한 관념도 지고신이 이들의 직접적인 숭배 대상에서 멀어진 이후 구체화되었다.

상기야 마마는 caŋgi(신/ 네기달어, 나나이어)[186] + mama(노파, 아내/ 퉁구스 제어)의 구조이므로 여신인데 상기야는 다른 언어에서는 발견되지 않으므로 나나이족 고유의 관념이다. 상기야 마마는 사냥의 성공, 평안, 건강 등 인간의 운명을 주관하는 사냥의 보호신 후렌 에제니를 나나이족에게 보내준다.[187] 후렌 에제니는 나나이족 상계 신전에서는 보이지 않지만 1층의 후투 엔두리와 유사한 역할을 하는 신이며 성은 불분명하지만 '사냥의 보호신'이므로 남성이다. 그런데 여신 상기야 마마의 지배를 받으므로 고대 나나이족 사회에서 여성은 종교적, 경제적으로 남성보다 중요한 위치에 있었다.

상술했듯이 랴오야는 그 역할이 불분명하지만 천신의 위계에 있는 모계 조상령이며, 냥냐는 상기야 마마 옆에서 여인들을 보살펴주는 상기야 마마의 보조신으로 여성의 생산성과 관련이 있다. 하지만 나나이족은 실질적으로 이 신들을 구별하지 않으며 상기야 마마와 냥냐, 후렌 에제니는 수직 위계 구조임에도 이들의 천신제는 상기야 마마나 냥냐

---

185 Ю. А. Сем, там же, р.34; А. В. Смоляк, там же, р.17.
186 ССТМЯ 1, р.612, 334; ССТМЯ 2, р.61.
187 Ю. А. Сем, там же, р.34

가 아니라 사냥의 보호신 후렌 에제니를 위한 것이다. 이에 근거할 때 이들에게 중요한 것은 보이지 않는 관념적인 신, 역할이 불분명한 신, 신격 등이 아니라 자신들의 생존과 직결된 사냥을 도와주는 신이었다.

(2) 중계의 창세와 단계별 특징

나나이족에게 중계는 나(na, 땅, 대지/ 네기달어, 퉁구스 남부 언어)인데 여진어 nah(땅, 육지)에서 기원하며 만주어 na와 의미적, 음성적으로 동일하다.[188] Na는 에벤어와 에벤키어에서는 발견되지 않기 때문에 퉁구스족이 북부그룹과 남부그룹으로 분화된 뒤에 출현한 단어이며 의미상 이들에게 중계는 대지의 등가물이다. 나나이족에게 중계 사람은 일레나이인데 ilɛ(현실/ 퉁구스 제어) + naj(그 지역 사람/ 퉁구스 제어)의 구조로 '현실세계의 사람'을 의미한다. 이들에게 중계의 출현과 완성은 대지의 창조 → 3개의 태양 출현 → 문화영웅에 의한 2개의 태양 살해의 3단계 과정을 거치는데 이는 지구와 우주의 질서와 체계를 확립하기 위한 생산적, 창조적, 필연적인 과정이었다.

① 중계 창세 1단계 : 대지의 창조

중계 창세 1단계는 대지 창조의 단계로 창조에는 3가지 방법이 발견된다. 첫 번째 방법은 아래의 〈대지 기원신화〉처럼 태초에 우주는 물만 있는 혼돈의 단일체였는데 신적 존재와 유사한 힘을 지닌 바람이 나타

---

188 E. B. Шаньшина, Мифология первотворения у тунгусоязычных народов юга Дальнего Востока России: Опыт мифологической реконструкции и обшего анализа, Владивосток: Дальнаука, 2001, p.26.

나서 물보라를 일으킨 뒤 대지를 만들고 대지가 점점 커지는 것이다.

〈대지 기원신화〉 아주 오래전 주위는 물뿐이었다. 그런 시간이 아주 많이 흘렀다. 바람이 물거품을 이리저리 끌고 다니자 강한 소용돌이가 만들어졌다. 소용돌이는 거품이 땅으로 변할 때까지 아주 강하게 휘돌았다. 땅은 점점 커지더니 지금처럼 거대해졌다.[189]

두 번째 방법은 물새가 바다 밑에 잠수하여 진흙을 가져와서 대지를 만든 뒤 용이나 뱀이 대지를 내리치면서 지금처럼 거대해지는 것인데 이 과정에서 산, 강 등의 자연지형물이 같이 만들어진다. 이때 창조주 혹은 창조의 집행자는 물새인데 초기에는 물오리, 거위 등이었고 부분적으로 백조, 까마귀, 까치도 참가했지만 이후 몸집도 크지 않고 힘도 강하지 않지만 신비한 능력을 가진 아비새로 변형되었다. 이는 아비새가 물새 중 물, 땅, 하늘을 오가는 능력이 가장 탁월하기 때문이다. 나나이족에게는 기본적인 생명 유지를 위해 대지의 생산성이 절실하게 필요했으며 이를 위해서는 생명을 의미하는 물, 모태를 의미하는 땅, 번식자를 의미하는 하늘이 있어야 했는데 아비새는 이 세 요소를 모두 가지고 있었다. 종교적 층위에서 물은 죽음과 하계, 하늘은 환생과 상계, 땅은 탄생과 중계를 의미하므로 아비새는 삼단세계관이 전파된 이후 상계, 중계, 하계를 상징하면서 동시에 상계 ↔ 중계 ↔ 하계 순환고리의 매개자로 자리매김하게 되었다.[190]

---

189 Ю. А. Сем, там же, p.31.

190 엄순천, 「퉁구스족의 대지기원신화 분석: 에벤키족의 세베키신화와 에벤족의 헤브키신화를 중심으로」, 『유럽사회문화』, 2020, p.129.

·

세 번째 방법은 〈독수리 캬찬의 창세 신화〉처럼 태초 우주는 진흙과 진창만 있는 혼돈의 단일체였는데 물새가 아니라 독수리, 종류가 불분명한 하돈과 먀멜리지 등의 새가 나타나서 진흙 가운데 있는 섬의 흙으로 대지를 만드는 것이다.

〈독수리 캬찬의 창세 신화〉 태초에 대지도 물도 나무도 없었다. 주위는 온통 진흙투성이였다. 천신인 거대한 독수리 캬찬은 이미 수 천 년 동안 하늘을 날고 있었다. 독수리는 쉴 곳을 찾았지만 사방이 진흙과 진창이어서 쉴 곳이 없었다. 그때 멀리서 큰사슴 머리만한 크기의 작은 섬이 보여 가까이 다가갔다. 노파가 화로 옆에 앉아 몸을 녹이고 있었다. 독수리가 노파에게 말했다. "수 천 년 동안 단 한 번도 쉬지 못하고 날고만 있소. 당신의 섬에 앉아서 힘을 좀 모으려 하는 데 허락하겠소?" 노파가 대답했다. "절대 안 되오. 하늘과 진창을 섞이게 할 수는 없소. 당신은 천신이오. 당신은 날아다녀야 하오." 독수리가 애원했다. "너무 힘들어서 지금 당장 떨어질 것 같소." 노파가 말했다. "그렇다면 좋소. 내 섬에서 가지고 갈 수 있는 만큼 흙을 가지고 가시오. 쉬고 싶을 때 흙덩어리를 던지면 무엇인가 생길 것이오." 독수리 캬찬은 섬으로 내려가서 발톱에 최대한 많은 흙을 움켜쥐고 멀리 날아가서 진창에 던졌다. 대지와 산이 생겼다. 앉아서 쉬던 독수리는 다시 하늘을 날다가 아래로 내려와 흙을 가지고 올라가서 던졌다. 이번에는 언덕, 구릉, 강이 생겼다. 이제 독수리 캬찬은 원할 때는 언제나 쉴 수 있게 되었다.[191]

위 신화에서 태초의 우주는 물과 흙이 섞인 진흙만 있는 혼돈의 단일

---

191 А. Я. Чадаева, Древний свет. Сказки, легенды, предания народов Хабаровского края, Хабаровск: ХКИ, 1990, p.150; _____, К югу от северного сияния, Хабаровск: ХКИ, 1982, p.81.

체였으며, 창조주는 물새가 아니라 보다 이후의 산물인 독수리이고, 창조의 질료는 섬의 흙인데 나나이족에게 진흙 가운데 섬은 대지가 아니라 진흙에 속하므로 창조의 근원이자 원천은 진흙이다. 위 신화에서 대지와 자연지형물 창조는 이에 대한 필요성을 자각한 천신 독수리 캬찬에 의한 것이었다. 초기 이들의 신화에서 창조주 혹은 창조의 집행자였던 물새는 샤머니즘 수용 이후 이들이 숭배하는 성조(聖鳥), 맹조(猛鳥)로 대체되었고 이 새들은 샤먼의 보조령들이 되었다. 위 신화처럼 독수리가 창조주로 변형되면서 '창세를 위한 물새의 잠수' 모티프는 그 의미를 상실하였고 신화소의 일부 변형이 불가피해지면서 태초에는 무(無) 상태였던 우주가 진흙투성이였고 작은 섬이 있었다는 내용으로 바뀌었다.

② 중계 창세 2, 3단계 : 문화영웅의 등장

1단계에서 진흙으로 만들어진 대지는 습하고 말랑말랑하였는데 2단계에서 태양이 나타나 대지를 단단하게 굳히면서 비로소 인간이 살 수 있게 되었다. 그런데 3단계에서 무슨 이유에서인지 태양이 3개가 되면서 인간의 삶과 자연생태계의 질서가 파괴되자 문화영웅이 나타나 인간에게 필요한 1개의 태양만 남기고 2개의 태양은 살해하였다.

〈하다우 신화〉 오래전 이 땅에는 많은 사람들이 살았으나 오랫동안 계속된 비로 모두 죽고 남성 하시야 마시야와 여성 첼케 지울리만 살아남았다. 이들 사이에 세 아들 쥴추, 고란투, 하다우와 딸 먀멜리지가 태어났는데 낮에는 3개의 태양이, 밤에는 3개의 달이 뜨는 바람에 살 수가 없었다. 하다우는 금과 은 화살로 불필요한 2개의 태양과 2개의 달을

차례대로 죽였다. 이후 그는 여동생 먀멜리지와 결혼하여 아들 후올둑 다 쟈포그다를 낳았다.[192]

위 신화에서 이유는 알 수 없지만 낮에는 3개의 태양이, 밤에는 3개의 달이 뜨면서 인간 세계와 자연생태계의 조화와 균형이 파괴되었다. 이때 하다우가 금과 은 화살로 불필요한 2개의 태양과 2개의 달을 죽임으로써 인간 세계와 자연생태계의 조화와 균형을 회복하였는데 하다우는 나나이족의 문화영웅이다.

〈3개의 태양신화〉 옛날 3개의 태양이 있었는데 검은색 태양은 곰 마파, 오렌지 빛 검은색 태양은 호랑이 마리, 초록빛 검은색 태양은 뱀 고로도이다. 이때 무사가 나타나 곰과 뱀 형상의 태양은 죽이고 호랑이 형상의 태양만 남겨두었다.[193]

위 신화에서 태양을 의미하는 각 동물은 태양의 음영(陰影)의 변화와 동물의 털색에 근거한 신화적 상상력에 의한 것이므로 나나이족의 3개의 태양 신화는 토템신앙과 밀접하게 결합되었다. 위 신화에서 이들의 문화영웅인 무사가 곰과 뱀 형상의 태양은 죽이고 호랑이 형상의 태양만 남겨두면서 호랑이 형상의 태양이 단독으로 우주의 빛과 온기를 다

----

192 М. М. Хасанова, "Путь души в мир мертвых по представлениям народов Амура", Структура, функция и семантика погребального обряда народов Сибири: Этнографические очерки, Л. Р. Павлинская (Ред.), СПб.: Наука, 2007, pp.139-140.

193 Ю. А. Сем, "Пэрхи", Северные просторы 1-2, Владивосток: б.и., 1992, pp.35-36; Д. Трусов, "Отчет о состоянии Камчатской миссии за 1883 год", Иркутские епархиальные ведомости 40, 1884, pp.438-468.

스리게 되었다. 이는 지상권을 둘러싼 동물들의 패권 다툼, 즉 토템 집단 사이의 패권 다툼에서 호랑이 토템 집단이 곰과 뱀 토템 집단을 밀어내면서 우위를 차지하는 과정을 보여준다. 그런데 무사의 곰과 뱀 형상의 태양의 살해는 중계 더 나아가 우주의 균형과 질서 유지를 위한 생산적, 창조적, 필연적 과정이었다.

(3) 하계의 기원과 구조적 특징 및 용어

① 하계의 기원

나나이족 신화에서 하계의 개척자는 초기에는 까마귀였는데 이는 까마귀 숭배가 발달한 인접한 고아시아계 축치족의 영향이다.

> 〈하계를 개척한 까마귀〉 태초에 물과 하늘 이외에는 아무것도 없었다. 까마귀가 살았다. 까마귀에게는 앉아서 쉴 곳이 필요했다. 까마귀는 태양을 찾아가서 대지를 만들어달라고 했다. 태양은 까마귀에게 흙 조각을 주었다. 까마귀는 흙 조각을 물고 되돌아와서 뱉어냈다. 태양이 준 흙 조각이 아주 깊게 박히면서 하계로 가는 길까지 열렸다.[194]

위 신화에서 태초의 우주는 대지는 없고 물과 하늘만 있는 혼돈의 단일체였는데 대지의 필요성을 자각한 까마귀가 대지를 만들어달라고 태양을 찾아갔다. 이때 태양이 준 흙 조각을 까마귀가 물에 뱉어낼 때 중계가 만들어졌으므로 중계와 하계의 출현은 상계의 힘에 의한 것이었다. 이로 인해 중계는 신에 의해 만들어진 세계, 신성한 세계, 질서

---

194 Е. В. Шаньшина, там же, p.28.

잡힌 조직화 된 세계라는 이미지를 가지게 되었지만 동시에 상계가 중계보다 우월한 지위를 차지하는 관념적 근거가 되었다. 위 신화에서 창조주는 태양, 창조의 집행자는 까마귀인데 까마귀에 의한 하계 개척은 중계를 만드는 과정에서 발생한 우연한 사건이었다. 그런데 이는 상계의 힘에 의한 것이었기 때문에 이후 이들의 신화적 관념에서 상계가 하계보다 우월한 지위를 차지하게 되었다. 하지만 샤머니즘 수용으로 하계 개척이 샤먼의 역할이 된 이후 하계 개척은 우연이 아닌 필연에 의한 것으로 변형되었다.

〈하계를 개척한 부부와 아들〉 태초에 부부와 아들이 있었는데 불멸의 삶을 살았다. 그의 후손들은 빠르게 번창하였고 늙음과 죽음을 속성으로 가지고 있었지만 다시 환생하였다. 이로 인해 땅에 사람이 너무 많아져서 살 수가 없을 정도였다. 이런 상황은 사람들에게 공포를 불러왔다. 아들은 부모에게 인간의 환생을 멈추고 불멸의 삶을 중지시켜야 한다고 말했다. 아들은 동굴로 들어갔고 아버지는 거대한 바위로 입구를 막았다. 많은 세월이 흘렀지만 인간의 환생은 여전히 계속되었다. 그러자 아버지는 동굴로 가서 바위를 열었고 어머니는 모피 한 아름을 동굴에 집어넣으면서 아들에게 말했다. "앞으로도 여러 해가 지나야 할 것이다. 마지막 모피가 썩어 없어질 때쯤 인간은 환생을 멈출 것이다." 바로 그 날이 다가왔다. 어머니는 내일이면 마지막 모피가 썩어 없어질 것이고 아들과 함께 아직 환생하지 않은 많은 사람들이 죽게 될 것이라고 했다. 아침에 하늘에는 3개의 태양이 떠올랐다. 엄청난 열기로 사람들이 죽기 시작했고 강렬한 빛으로 눈이 멀었으며 강물이 끓어올랐다. 드디어 사람들은 죽음을 속성으로 가지게 되었다. 이 상황이 계속되자 아버지는 "이러다간 인류가 멸망하고 말거야"라고 말한 뒤, 활을 들어 새로 생긴 2개의 태양을 쏘아 없앴다. 이후 모든 것이 예전대로 돌아갔으며 인간은 환생을 멈추었고 죽음이 일상이 되었다.[195]

위 신화에서 아들의 하계 개척은 인간에게 죽음을 속성으로 부여하여 불멸의 삶을 멈추게 하고 생사의 균형 잡힌 삶을 살게 하기 위한 것이있는데 이는 궁극적으로 중계의 조화와 질서를 바로잡아 지구와 우주의 균형과 체계를 완성하기 위한 것이었다. 아들은 하계 개척이라는 우주적 임무를 완수하기 위해 스스로 동굴로 들어갔는데 동굴은 하계 입구이므로 이는 아들의 죽음을 의미한다. 그럼에도 인간의 환생이 계속된 것은 아들의 하계 개척이 아직 미완의 상태임을 말해준다.

그러자 엄마는 동굴의 아들에게 모피 한 아름을 넣어주면서 이 모피가 다 썩는 날 인간의 환생이 멈출 것이라고 하였는데 바로 그날 3개의 태양이 떠올랐고 엄청난 열기로 사람들이 죽기 시작했다. 위 신화에서 모피, 3개의 태양, 인간의 죽음의 상관관계는 불분명하지만 분명한 것은 3개 태양이 뜨면서 인간이 죽을 수 있었던 것은 아들이 하계를 개척했기 때문이므로 하계 개척이 죽음에 선행하며 아들은 나나이족의 첫 샤먼이다. 이때 3개의 태양의 우주적 임무는 인간에게 죽음을 속성으로 부여하여 지구와 우주의 질서와 조화를 바로 잡는 것이었다. 이에 의하면 태양을 비롯한 천체도 우주에서 고유한 임무를 가지고 있는데 이는 인간만이 지구와 우주에서 유일한 주체적 존재가 아니며 우주만물의 역할 분담과 통합 속에서 지구와 우주의 조화와 균형이 유지된다는 이들의 생태적 세계관에 의한 것이다.

3개의 태양은 자신의 강렬한 열기와 빛을 이용하여 주어진 임무를 완수하였지만 이후 이로 인해 인간 세계와 자연생태계가 파괴되었다.

---

195 П. П. Шимкевич, Материалы для изучения шаманства у гольдов, Хабаров ск: ТКПГГ, 1896, pp.8-10.

이때 인류의 멸망을 염려한 아버지가 2개의 태양을 살해하였는데 이는
우주의 조화와 균형을 위한 생산적, 창조적, 필연적인 과정이었다. 위
신화에서는 불멸 → 인간 세계의 조화와 균형 파괴 → 샤먼의 하계 개
척 → 3개의 태양 출현 → 인간에게 죽음을 속성으로 부여 → 인간 세
계와 자연생태계의 조화와 균형 회복 → 인간 세계와 자연생태계의 조
화와 균형 파괴 → 2개의 태양 살해의 과정을 거치면서 우주의 질서와
체계가 완성되었다.

〈하계를 개척한 남매〉 남매가 살았는데 누이가 손가락을 다쳐 그 피
가 땅에 흘렀다. 이 피로부터 1명의 남자와 2명의 여자가 태어났다. 이
땅의 사람들은 모두 그들의 후손들이다. 하늘에 3개의 태양이 있어 너
무 뜨거웠다. 어느 날 누이가 오빠에게 활로 2개의 태양을 쏘아 죽여
달라고 했고 오빠는 그렇게 했다. 그 이후 사람들의 삶은 한결 편해졌지
만 사람들이 너무 많아져서 땅이 모자랐다. 그러자 누이가 오빠에게 하
계를 찾아달라고 부탁했다. 오빠는 오랫동안 여행을 한 뒤 하계 입구를
발견하였다. 드디어 사람들은 죽기 시작했고 장례식을 치른 뒤 송혼식
을 통해 망자의 영혼을 하계로 보냈다.[196]

위 신화는 3개의 태양 → 인간 세계와 자연생태계의 질서와 균형 파
괴 → 2개의 태양 살해 → 인간 세계와 생태계의 조화와 균형 회복 →
인간의 기하급수적 증가 → 인간 세계의 질서와 균형 파괴 → 샤먼의
하계 개척 → 송혼식 출현의 과정을 거친다. 위 신화에서 3개의 태양은

---

196 I. Lopatin, The cult of the dead among the natives of the Amur Basin, S-Gravenhage:
Mouton & co, 1960, p.134.

인간 세계의 질서와 균형을 파괴하는 부정적인 가치를 지니고 있었는데 오빠가 불필요한 2개의 태양을 살해함으로써 인간 세계의 조화와 질서가 회복되었다. 이후 사람들이 너무 많아져서 살기가 힘들어지자 오빠는 하계를 개척하여 인간에게 죽음을 속성으로 부여하였고 송혼식을 통해 망자의 영혼을 하계로 보냈으므로 나나이족의 첫 샤먼이자 문화영웅이다. 위 두 신화에 의하면 인간 세계의 조화와 균형은 불멸 → 하계 개척 → 죽음의 과정을 거치면서 완성되었고, 태양의 역할과 가치 변화, 송혼식의 유무 등에 근거할 때 〈하계를 개척한 부부와 아들〉이 〈하계를 개척한 남매〉보다 이른 시기의 관념을 반영하고 있다.

② 하계의 구조와 용어들

나나이족의 하계는 제1 하계 부니와 제2 하계 홀리오초아 혹은 상쿠로 층위화 되어 있는데 부니는 bu-(죽다/ 퉁구스 제어), 홀리오초아는 holiochoa(옆으로 피해가다, 죽다/ 나나이어), 상쿠는 sanok(한숨을 쉬다, 그리워하다/ 나나이어)에서 기원한다.[197] 제1 하계 부니는 퉁구스족 공통, 제2 하계 홀리오초아와 상쿠는 나나이족 고유의 관념인데 상쿠는 그 용어만 전해질뿐 구체적인 내용은 알려지지 않고 있다. 제1 하계 부니에는 씨족 조상령의 마을이 있는데 사후 인간의 영혼 중 새 형상의 영혼 오미아는 바로 상계 씨족 조상령의 마을로 가서 중계에 환생하고, 육신의

---

197 А. В. Смоляк, "Представления нанайцев о мире", Природа и человек в религиозных представлениях народов Сибири и Севера (вторая половина XIX- начало XXв.), Л.: Наука, 1976, p.131; ССТМЯ 1, pp.144, 178, 389; ССТМЯ 2, p.63; Т. И. Петрова, Нанайско-русский словарь (около 8000 слов), Л.: Госучпедгиз Минпроса РСФСР, 1960, p.44.

영혼 욱수키는 제1 하계 부니에서 일정기간 거주하다가 죽음을 맞이한 뒤 제2 하계 홀리초아로 가서 영생한다.

나나이족의 제2 하계 홀리오초아는 암흑과 연기가 가득한 석탄의 세계인데 이는 전근대 극동 토착종족 사이에 전파되어 있던 철기문화의 영향에 의한 것이다. 1~3세기 연해주와 만주의 토착민이었던 읍루는 철기문화를 수용하였고 철제품을 사용하였으며[198] 극동의 철기문화는 발해(698~926년)에서, 특히 여진족이 세운 금나라에서 큰 발전을 하였다. 12세기 말~13세기 초 고고학 자료에 의하면 여진족의 철제품과 대장 기술은 아주 전문화된 단계에 접어들었는데[199] 이에 근거하여 전근대 극동 토착종족인 숙신~읍루~물길~말갈~여진족을 나나이족을 비롯한 현대 극동 퉁구스족과 연결시킬 수 있다.

제2 하계 홀리오초아의 북쪽 늪에는 노파 아타카 마마가 기거하는데 ataka(나누다/ 퉁구스제어) + mama(노파, 아내/ 퉁구스 제어)의 구조이므로[200] 망자의 영혼의 운명을 결정하는 여신이다. 아타카 마마는 호랑이로 변신하기도 하는데 이는 호랑이 숭배에 의한 것이므로 나나이족에게는 오래전부터 호랑이 숭배가 있었다. 아타카 마마는 선한 사람은 동쪽, 악한 사람은 서쪽으로 보내므로 이들에게 동쪽은 긍정적인 가치, 서쪽은 부정적인 가치를 지니고 있으며 죽음을 선악과 연결시키는 것은 이

---

198 Э. В. Шавкунов, Культура чжурчжэней-удигэ XII-XIII вв. и проблема про исхождения тунгусских народов Дальнего Востока, М.: Наука, 1990, p.19.

199 В. Д. Леньков, Металлургия и металлообработка у чжурчжэней в XII веке (По материалам исследований шайгинского городища), Новосибирск: АН СССР, 1974, pp.2-15.

200 В. К. Арсеньев, Фольклорные материалы, Фольклор удэгейцев ниманку, тэлунгу, ехэ, Новосибирск: Наука, 1998, pp.448-487.

들 고유의 관념이 아니라 러시아문화 수용 이후 기독교의 영향에 의한 것이다. 이에 근거할 때 제2 하계 홀리오초아는 동서로 수평 분할되어 있으므로 나나이족의 하계는 전체적으로 수직과 수평 구조가 결합된 모델이다.

나나이어에서 하계를 의미하는 단어에는 도르킨(dorkin), 게켄(gɛkɛn)이 더 있는데 도르킨은 dol(아주 깊다/ 퉁구스 제어) + kin(장소표지 접미사)의 구조로 '아주 깊은 곳'을 의미하며 바다 아래에 있고, 샤먼이 바다 여행 뒤 가끔 휴식을 취하는 곳, 영원한 어둠의 세계, 물의 세계, 괴물들의 세계이므로[201] 특화된 샤먼의 세계이다. 시테른베르크와 가예르에 의하면 도르킨은 하계, 부니는 하계의 일부인 씨족 조상령의 마을이 있는 곳인데[202] 아래 예문들에 근거할 때 초기 도르킨과 부니는 하계를 의미하는 유의어였으나 이후 서로 다른 발전의 길을 걸어갔다.

- Тотара Гурэнтэ энэйни-гуэ <u>бунилэ</u>, сиун агбиндивани э тундэми, сиумбэ гарпандами. Энэмиэ, энэмиэ, <u>буни</u> исихан и/ 그 이후 구란타는 태양이 **하계(부니)**에서 나타나는 모습을 지켜보다가 태양에게 활을 쏘기 위해 걸어갔다. 한참을 걸어서 **하계(부니)**에 이르렀다.

- Эй мапачан эргэмбэни-тэни хони-хони гэлэгуми чила хамби. Надиа, боадиа, <u>доркимба</u> хэм гэлэгукэи, аба/ 이 노인의

---

201 А. В. Смоляк, там же, p.132.
202 Е. А. Гаер, Традиционная бытовая обрядность нанайцев в конце XIX–начале XX в.(к проблеме устойчивости развития традиций), Диссерт. ...Канд. Исторических Наук, ИЭ АН СССР АН СССР, 1984, p.148.

영혼을 도저히 찾을 수가 없었다. 상계, 중계, **하계(도르킨)**을 돌아다니면서 찾았지만 어디에도 없었다.[203]

첫 번째 예문에서 구란타는 사람들에게 피해를 주는 불필요한 태양을 죽이기 위해 하계 입구를 찾아갔고, 두 번째 예문에서 주인공은 노인의 영혼을 찾아 하계를 비롯한 전 우주를 돌아다닌다. 위 두 예문에서 부니와 도르킨은 의미상 큰 차이가 없기 때문에 나나이족의 우주관 초기 부니와 도르킨은 유의어였다.

게켄은 ge(다르다, 두 번째/ 퉁구스 제어) + kεn(장소표지 접미사)의 구조로 '다른 곳, 두 번째 세계'를 의미하므로 도르킨과는 다른 속성을 지닌 하계로 불에 타 죽은 사람들의 영혼이 가는 곳, 샤먼이 자신이 죽인 악령을 던지는 곳이며 항상 물이 끓고 있기 때문에 이곳에 가면 모든 것이 녹아 없어진다.[204] 게켄에 대한 문헌 기록도, 나나이족의 기억에 남아 있는 흔적도 거의 없기 때문에 더 이상 자세한 내용은 알 수 없다. 그런데 '끓는 물'에 근거할 때 물과 불의 속성이 융합된 곳이지만 불에 타죽은 영혼이 가는 곳, 항상 물이 끓고 있는 곳이므로 '불'의 속성이 우세한 악령의 세계이다. 도르킨, 게켄은 퉁구스 제어에 두루 전파되어 있기 때문에 퉁구스어가 분화되기 전에 출현한 단어이다. 하지만 다른 퉁구스어에서는 하계를 의미하지 않기 때문에 나나이어에 전파된 이후 하계의 의미를 획득하였으며 샤머니즘 수용 이후 샤먼의 위상과 권위를 강화시키기 위해 특화된 샤먼의 하계이다.

---

203 Р. А. Бельды, Т. Д. Булгакова, Нанайские сказки, Norderstedt: Verlag der Kulturstiftung Sibirien, SEC Publications, 2012, pp.16, 54.

204 А. В. Смоляк, там же, p.132.

③ 하계의 위치

나나이족에 의하면 씨족 거주지의 지형 조건에 따라 하계의 위치가 달라지는데 아무르강을 비롯한 강 인근에 거주하는 그룹에 의하면 하계는 강 하구에 있으며 이 강의 하구는 동서 2개의 지류로 나누어진다. 동쪽 지류는 태양의 세계로 인간의 탄생, 식물, 빛, 온기(열)와 관련이 있으며 언덕과 호수에는 반인반조개 형상의 선조 – 모가 살고 있다.[205] 서쪽 지류는 달의 세계로 죽음, 어둠, 바람, 추위와 관련이 있고 붉은 물이 흐르는데 붉은 석양에 감싸인 산과 얼음으로 뒤덮인 언덕에는 달의 신이 살고 있다.[206] 이때의 강은 우주의 중심축으로서 우주강, 씨족 샤먼의 강이며 우주는 강을 따라 수평 배열되어 있다. 이에 의하면 이들의 하계관에는 동/ 서, 태양/ 달, 생/ 사, 식물/ 동물, 문화/ 자연, 온(溫)/ 냉(冷), 빛/ 어둠의 이원대립이 내포되어 있다.

타이가 삼림지대에 거주하는 그룹에 의하면 숲의 오솔길 끝에 위치한 산의 구멍 베 아래쪽의 폭포나 작은 굴을 지나면 하계의 강가나 땅의 가장자리가 나온다.[207] 이때 산은 우주의 중심축으로서 우주산, 씨족 샤먼의 산이며, 하계는 산 아래쪽에 있으므로 중계와 하계는 수직 배열되어 있다. 하지만 우주산으로 인해 다시 동과 서로 분할되므로 이들에게 우주는 수직과 수평 구조가 혼종, 융합된 모델이다. 이상의 내용에 근거할 때 우주의 구조에서 전자는 수평, 후자는 수직과 수평 배열의 혼합, 우주의 중심축에서 전자는 우주강, 후자는 우주산에 근거하므로

---

205 В. К. Арсеньев, там же, pp.448-487.
206 В. К. Арсеньев, там же, pp.448-487.
207 В. К. Арсеньев, там же, pp.448-487.

전자가 후자보다 이른 시기의 관념이다.

④ 하계의 특징

나나이족의 종교적 관념에서 하
계는 서쪽에 있고, 하계신은 하다우
이며, 하계 사람들은 중계에서처럼
씨족 단위로 생활한다. 이들은 씨족
마을에서 움집 세로마, 반움집 후르
부, 판잣집을 짓고 살면서 사냥, 어
로 등에 종사하고, 중계의 아내를
다시 만나 가정을 꾸리고 아이를 낳
으며[208] 중계 가족과 씨족을 보호해
주는데 이는 조상숭배에 근거한다.
〈그림 49〉에서 가운데 흐름은 우주
강이고 그 지류들은 개별 씨족 샤먼
의 강인데 강 사이의 경계가 명확하
므로 하계는 중계처럼 씨족별로 명
확하게 구획화되어 있다.

이러한 공통된 관념 이외에 지역,
씨족들 사이에 대립되는 몇 가지 관념이 있는데 이는 우주관, 영혼관의

〈그림 49〉 나나이족 하계 씨족 조상령의
마을 А. П. Самар, 2010, p.236.

---

208 Л. Я. Штернберг, Первобытная религия в свете этнографии, Л.: ИНС,
1936, pp.122~123; А. В. Смоляк, Шаман: личность, функции, мировоззрени
е: Народы Нижнего Амура, М.: Наука, 1991, p.23.

차이에 의한 것이다.

첫 번째, 하계에는 태양이 흐리거나 아예 없다는 관념과 하계에도 태양이 있다는 관념의 대립이다.[209] 전자는 하계가 지하에 있다는 관념에 근거하므로 우주는 수직 배열되어 있으며 샤머니즘이 전파되기 이전의 신화적 관념에 근거한다. 후자의 관념에서 우주는 수평 배열되므로 전자보다 늦은 시기의 산물이다.

두 번째, 하계 사람들은 중계 사람들과 같은 음식을 먹는다는 관념과 음식이 아닌 인간의 영혼을 먹는다는 관념의 대립이다.[210] 하계 사람들은 조상령들로 이들이 하계에서 사냥과 어로에 종사하는 것은 생계를 위한 것이므로 인간의 영혼을 먹는다는 후자의 관념은 나나이족의 전통적인 관념에는 배치된다.

세 번째, 하계 사람들은 불멸한다는 관념과 그들도 죽음의 과정을 거쳐 환생하는데 선한 사람은 인간으로, 악한 사람은 개로 태어난다는 관념의 대립이다.[211] 나나이족에 의하면 사후 인간의 영혼 중 새 형상의 영혼 오미아는 환생을 위해 바로 상계로 이동하고, 육신의 영혼 욱수키는 하계 씨족 조상령의 마을에서 영생하므로 전자는 나나이족의 영혼관과 일치한다. 하지만 후자는 사후 운명을 선악과 연결시키므로 기독교의 영향으로 늦은 시기에 출현한 관념이다.

---

209 Л. Я. Штернберг, Гиляки, орочи, гольды, негидальцы, айны. Классифика ция, коренного населения Приамурского края, Хабаровск: Дальгиз, 1933, p.491.

210 Л. Я. Штернберг, там же, p.491.

211 Л. Я. Штернберг, там же, p.491.

<표 5> 나나이족 그룹별 하계에 대한 관념의 공통점과 차이점

나나이족의 하계에 대한 관념의 공통점과 차이점			
공통점	위치	서쪽	
	자연환경	타이가, 산, 강, 호수, 숲, 들판	
	주거	움집 세로마, 반움집 후르부, 판자집	
	생업	사냥, 어로	
	가정생활	중계의 아내를 만나 결혼, 아이를 낳음	
	기타	중계와 하계는 밤낮, 계절, 사물의 속성 등이 반대	
차이점	태양	있음	흐리거나 없음
	식생활	중계와 동일	인간의 영혼을 먹음
	죽음	불멸	죽음을 거쳐 환생

2) 오로치족의 우주관

오로치족의 우주관에서 우주는 상계 부아, 중계 나, 하계 부니의 삼단세계이며 하계는 다시 1층 씨족 조상령의 마을이 있는 곳, 2층 어둠, 물, 악령의 세계로 나누어진다. 이들은 상계는 용, 중계와 하계 1층 씨족 조상령의 마을은 큰사슴(혹은 순록), 하계 2층은 물고기로 형상화하므로[212] 이들의 우주관은 토템신앙과 밀접하게 결합되어 있다. 이들이 상계를 용으로 형상화하는 것은 용 숭배에 의한 것이고, 현실 자신들의 세계와 하계 조상령의 세계를 고대부터 자신들 물질 및 정신문화의 중심에 있었던 큰사슴으로 형상화하면서 동일 범주의 세계로 묶는 것은

---

212 Т. Ю. Сем, Картина мира тунгусов: пантеон (семантика образов и этнокультурные связи): историко-этнографические очерки, СПб.: Фил-факультет СПбГУ, 2012, p.118.

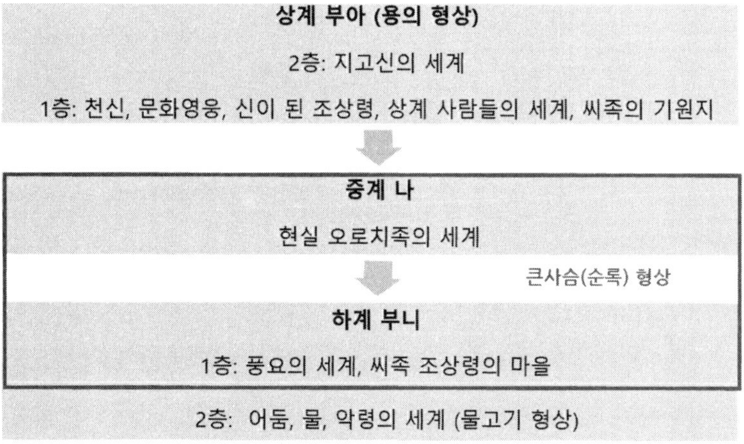

상계 부아 (용의 형상)
2층: 지고신의 세계
1층: 천신, 문화영웅, 신이 된 조상령, 상계 사람들의 세계, 씨족의 기원지

⬇

중계 나
현실 오로치족의 세계

⬇ 큰사슴(순록) 형상

하계 부니
1층: 풍요의 세계, 씨족 조상령의 마을
2층: 어둠, 물, 악령의 세계 (물고기 형상)

〈그림 50〉 오로치족의 관념 속 우주의 구조

두 세계의 연결망에 의해 자신들 삶의 가장 중요한 가치인 '윤회, 환생, 씨족의 영속성'이 보장되기 때문이다. 하계 2층이 물고기 형상인 것은 물고기 숭배에 의한 것인데 이는 고대부터 이들의 생업에서 어로가 중요한 자리를 차지했음을 말해준다. 하계 2층은 어둠, 물, 악령의 세계인데 이는 밑도 끝도 알 수 없는 어둡고 차가운 물속, 한 치 앞도 보이지 않는 어둠에 대한 두려움과 공포 등 물과 어둠에 대한 관찰에 근거하므로 이들의 우주관에서는 자연에 대한 관찰자적 특징이 발견된다.

(1) 상계의 구조 및 특징

오로치족에게 상계는 부아(buga~boga~bua~boa~bo~ba, 우주, 하늘, 지역, 나라, 땅, 세계, 날씨, 자연, 자연현상/ 퉁구스 제어)인데 부가의 음성변형이다. 부아는 우주의 모든 환경을 지시하므로 부아에서 상계는 통합의 단일

<표 6> 오로치족 관념 속 상계의 구조

달의 세계		오로치족의 세계	태양의 세계
달 사람 기거		신이 된 조상령 기거	태양 사람 기거
여성적 본성		-	여성적 본성
호랑이 세계	곰의 세계 씨족의 기원지	현실 오로치족의 세계와 같은 환경	현실 오로치족의 세계와 같은 환경

체인 우주와 동일시되며 이들의 신화적 관념에서는 우주 삼계 중 상계
가 가장 먼저 출현하였다. 이들의 상계에 대한 관념은 매우 불분명하고
희미하지만 자연환경은 중계와 비슷하여 타이가, 산, 강, 호수, 바다가
있다. 이들에게 상계, 하계는 대칭구조인데 하계가 2층이므로 상계도
2층이며, 각 층의 내용과 특징에 대해 알려진 바는 없지만 이들의 지고
신, 천신, 천제, 천체현상 등에 대한 관념을 근거로 유추할 수 있다.

중계 바로 위층인 상계 1층은 태양, 달, 별, 별자리, 천둥, 번개 등의
천체와 천체 현상을 다스리는 천신들, 문화영웅들, 신이 된 조상령들,
그 이외에 중계 사람들과 비슷한 외모를 가진 평범한 상계 사람들의
세계이며 씨족의 기원지가 있는 곳이다. 상계 2층에는 키가 보통 사람
의 3배 정도인 지고신 보아(보아 엔두리 혹은 엔두리)가 아내, 딸과 함께
기거하므로[213] 지고신은 다른 천신들과 달리 혼인을 하여 가정을 이루
고 있다.

오로치족은 상계를 2층으로 수직 분할하면서 동시에 태양(sɛun)의 세

---

213 С. В. Березницкий, Этнические компонеты верований и ритуалов корен
ных народов Амуро-Сахалинского региона, Владивосток: Дальнаука,
2003, p.29.

계, 달(bε)의 세계, 오로치족의 세계로 수평 분할하기 때문에 상계는 수
직과 수평구조가 혼합된 모델이다. 이들이 상계를 태양과 달의 세계로
분할하는 것은 천체 중 자신들의 삶과 가장 밀접한 관련이 있고, 별들
보다 시각적으로 두드러져 보이며, 전통적으로 태양과 달 숭배가 발달
했기 때문이다. 이들에게 태양은 동쪽에 있으며 생과 아의 세계, 식물
의 세계이고, 달은 서쪽에 있으며 타자의 세계, 죽음과 동물의 세계이
고, 그 중간에 오로치족의 세계가 위치하므로 상계는 서쪽부터 달의 세
계 → 오로치족의 세계 → 태양의 세계의 순서로 배치되어 있다. 이들
이 오로치족의 세계를 가운데 배치한 것은 우주의 중심, 신들에 의해
둘러싸인 신성한 세계, 신들의 보호를 받을 수 있는 안정적인 세계에
살고자 하는 염원에 의한 것이다.

　태양의 자연환경은 현실 오로치족의 세계와 유사하고, 큰 강이 흐르
며, 얼굴이 눈부시게 밝고 몸은 대지를 닮은 아가씨들이 살고 있으므
로[214] 태양은 여성적 본성을 가지고 있는데, 태양의 큰 강은 이들의 주
요 거주지가 큰 강 인근임을 알려준다. 상계 오로치족의 세계는 달 세
계에 있는 씨족 기원지와는 다른 속성의 세계로 윤회를 끝낸 조상령들
이 신의 반열로 승격되어 영생하는 곳이다.[215] 이들에게 상계 태양, 달,
오로치족의 세계는 현실 오로치족의 세계와 비슷한 환경과 조건인데
이는 이들이 이 세계에 대한 이미지를 자신들 현실 세계의 프리즘을

---

214 В. А. Аврорин, Е. П. Лебедева, Орочские тексты и словарь, Л.: Наука, 1978,
　　p.227; С. В. Березницкий, Мифология и верования орочей, СПб.: ПВ, 1999,
　　p.18.
215 극동 토착종족은 윤회가 무한 반복되는 것이 아니라 대략 3회 정도로 끝나며 이후에는
　　신의 세계로 이동하여 불멸의 삶을 산다고 믿는다.

〈그림 51〉 오로치족의 곰과 호랑이 형상
Куфтин, Архив МАЭ РАН, Ф.12, Оп.1, №48, Л.80-81.

통해 구축해 나갔기 때문이다.

오로치족의 달에 대한 관념은 태양보다 더 구체적이고 분명한데 이는 달은 하계 1층 씨족 조상령의 마을에 거주하던 조상령이 중계 환생을 준비하는 씨족의 기원지이기 때문이다. 달의 세계도 현실 오로치족의 세계와 유사한 환경이며 태양 사람들과 비슷한 달 사람들이 살고 있으므로[216] 달도 여성적 본성을 가지고 있다. 달의 세계는 호랑이 신 두샤 에제니(Dusja ɛʒɛni)가 다스리는 호랑이 세계와 곰 신 마파 에제니(Mapa ɛʒɛni)가 다스리는 곰의 세계로 나누어진다.[217] 이에 근거할 때 이들의 달 숭배는 토템신앙과 밀접하게 결합되어 있으며 이들은 오래전부터 호랑이와 곰을 숭배했다. 하지만 다른 한편 이는 과거 오로치족 사회를 곰 토템 집단과 호랑이 토템 집단이 분할 지배했음을 말해준다. 두샤 에제니는 duse(호랑이/ 오로치어, 오로크어, 울치어)+ɛʒɛni(신, 정령, 주인/

---

216 В. А. Аврорин, Е. П. Лебедева, там же, p.227; С. В. Березницкий, там же, p.19.

217 В. А. Аврорин, Е. П. Лебедева, там же, p.227; С. В. Березницкий, там же, p.18.

통구스 제어)의 구조로 '호랑이 신'을, 마파 에제니는 mapa(곰, 할아버지, 남편/ 통구스 남부 언어)+εʒɛni의 구조로 '곰 신, 곰 선조'를 의미한다.[218] 따라서 이들에게 호랑이는 숭배 대상의 토템이지만 곰은 자신들과 혈연적 계통관계에 있는 최초의 선조이므로 곰의 세계가 씨족의 기원지, 환생의 근원지이다. 이는 이들 신앙에서 곰 숭배가 호랑이 숭배를 밀어내고 우위를 차지하는 과정, 곰 토템 집단과 호랑이 토템 집단의 지상권 쟁탈전에서 전자가 승기를 잡아가는 과정을 보여준다.

선조 토템으로서 곰 숭배는 인간과 곰은 더 나아가 동물은 외형과 거주지는 다르지만 같은 혈연공동체에 속하는 동일한 '사람'이라는 이들의 생태적 세계관에 의한 것이다.

오로치족 사이에서 곰과 호랑이 숭배를 둘러싸고 입장이 나누어지는데 곰 신이 동물의 신이라고 믿는 타타르 해협의 아쿤카, 비샨카, 훈툰카, 코핀카 씨족에게는[219] 곰이 호랑이보다 더 우월한 지위에 있다. 하지만 일부 오로치족에게는 호랑이 신 두샤 에제니가 곰을 제외한 타이가 모든 동물의 신인데 이들도 호랑이가 곰을 다스릴 수는 없다고 믿기 때문에 이들에게도 곰은 특별한 존재이다. 이렇듯 입장이 양분되어 있었지만 과거 언젠가 오로치족 사이에서 호랑이와 곰은 동등한 지위에 있었고, 또 언젠가는 호랑이가, 또 언젠가는 곰이 우위에 있었는데 일정 시점 이후 곰은 선조 토템으로, 호랑이는 숭배대상의 토템으로 자리 잡아 갔다. 이는 이들의 토템 신앙이 이들 사회의 역사, 물질 및 정신문

---

218 С. В. Березнишкий, там же, p.19; ССТМЯ 1, pp.226, 531.

219 О. В. Богдайко, Мифологическая культура орочей начала века: историческая реконструкция, Диссерт. ...Кандид. Культурологии, Хаб. Гос. Институт Искусств и Культуры, 2012, pp.67-69.

화의 변화에 맞추어 지속적으로 변형되어 왔음을 말해준다.

(2) 중계의 기원과 완성 및 형상

〈그림 52〉 지고신 엔두리의 보조신 하다우가 사는 오로치족 우시카 마을의
성소와 닷타 마을이 있는 오호츠크해 타타르해협
О. А. Ильяшевич, 2006, p.149.

　오로치족에게 중계 나(na, 땅, 대지/ 네기달어, 퉁구스 남부 언어)는 우주의
중심이며 수평선을 따라 타이가(산)의 세계, 물(바다)의 세계, 땅의 세계
(현실 오로치족의 세계)로 수평 배열되어 있다. 이들에 의하면 중계의 각
세계에는 그 세계를 다스리는 신, 그 세계의 규율과 관습법, 그 세계의
사람들이 있다. 이는 지구는 인간의 세계와는 독립적인 자연의 세계로
이루어져 있으며 이 세계들의 조화와 통합에 의해 우주와 지구의 균형
과 조화가 유지된다는 이들의 생태적 세계관에 의한 것이다.
　이들에게 중계의 중심은 땅의 세계이며, 물의 세계에서는 바다가 가
장 중요하고, 최고의 물신은 북쪽 먼 바다에 사는 해신 토오무인데 바
다뿐만 아니라 모든 수계 자연물을 다스린다.[220] 이는 이들의 일상 및

---

[220] С. В. Березницкий, там же, p.18.

종교생활에서 바다가 중요한 자리를 차지하고 있으며, 해신이 오로치
족의 생존과 직결된 어로와 바다 동물 사냥을 도와준다는 믿음에 의한
것이다. 타이가(산)의 세계에는 곰, 호랑이 같은 동물들, 각종 식물들과
이들을 다스리는 다양한 자연신과 정령들이 기거하는데 이들에게 중요
한 신은 곰 신과 호랑이 신이지만 선조로 숭배되는 곰 신이 더 우위에
있다.

① 중계 기원과 완성
오로치족 신화에서 초기 중계의 창조는 신적 존재와 유사한 힘을 가
진 자연의 우주적 임무였으나 인간 – 신이 출현한 뒤에는 지고신과 그
보조신의 우주적 임무로 변형되었다.

> 〈중계 기원신화〉 태초에 바다만 있었다. 바다가 요동치자 파도와 같
> 은 모양의 산이 생겼다. 그렇게 파도치는 바다를 닮아 굴곡진 투민산,
> 구쥬무 계곡이, 그 아래에는 두닌카 계곡이 만들어졌으며 이후 지금처
> 럼 대지를 비롯한 모든 것이 생겨났다.[221]

위 신화에서 태초 우주는 바다(물)만 있는 혼돈의 단일체였으나 바다
가 요동치자 산, 계곡이 만들어졌는데 이는 파도와 산, 계곡의 외적 유
사성에 근거한 메타포이다. 위 신화에서 창조주는 신적 존재와 유사한
힘을 가지고 있는 바다이며, 바다(물)에서 산, 계곡이 만들어진 뒤 지금
처럼 대지를 비롯한 모든 것이 생겨났으므로 바다는 창조주이자 중계

---

221 В. А. Аврорин, Е. П. Лебедева, там же, p.227.

자연지형물의 원천이며 근원이다. 위 신화에 의하면 바다의 힘에 의해 대지를 비롯한 중계의 자연지형물이 창조되었는데 이는 이들의 자연 숭배에서 바다가 다른 자연지형물을 압도하면서 우월한 지위를 차지해 가는 과정, 해신이 최고의 물신으로 자리 잡아가는 과정을 보여준다.

〈지고신 보아와 하다우〉 지고신 보아는 하다우를 보내 인간, 대지, 산, 타이가, 동물, 새를 만들게 했다. 하다우의 아내는 대지와 사할린섬을 만들었다. 그런데 무엇 때문인지 알 수 없지만 화가 난 지고신이 이들을 죽였다.[222]

〈하다우와 닷타 마을의 절벽〉 대지는 아직 없었다. 지고신 보아는 하다우를 보내 인간, 대지, 강, 동물, 식물을 만들었다. 하다우는 아내와 함께 절벽으로 변했지만 아무도 이 사실을 몰랐다. 이들은 닷타 마을에 아주 오랫동안 서있었다. 오로치족은 이들의 후손들이다.[223]

위 두 신화에서 창조주는 지고신, 창조의 집행자는 지고신의 보조신인 하다우와 그의 아내이고, 창조의 질료나 방법은 드러나지 않으며, 하다우와 그의 아내는 상계에서 내려왔으므로 상계를 대표한다. 따라서 중계는 상계의 힘으로 만들어졌는데 이는 신에 의해 창조된 질서 잡힌 조직화 된 세계, 신성한 세계에 살고자 하는 이들의 원초적 염원에 의한 것이다. 하지만 이는 이후 상계가 중계보다 우월한 지위를 차

---

222 С. В. Березницкий, Мифология и верования орочей, СПб.: ПбВ, 1999, p.17.
223 С. В. Березницкий, Этнические компонеты верований и ритуалов корен ных народов Амуро-Сахалинского региона, Владивосток: Дальнаука, 2003, p.152.

지하는 관념적 근거가 되었
다. 〈지고신 보아와 하다우〉
에서 하다우는 인간, 대지,
산, 타이가, 동물, 새를, 그의
아내는 대지와 사할린섬을
창조하였는데 이유는 알 수
없지만 창세 이후 화가 난 지
고신이 이들을 죽였고 이들
의 행방은 묘연해졌다. 〈하다

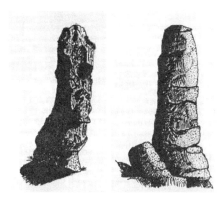

〈그림 53〉 닷타 마을 인근의 마파차와 마마차 절벽
С. В. Березницкий, 1999, pp.70, 71.

우와 닷타 마을의 절벽〉에서 하다우는 인간, 대지, 강, 동식물을 만든
뒤 아내와 함께 절벽으로 변했는데 자의에 의한 것인지 지고신에 의한
것인지는 불분명하지만 지고신의 결정에 의한 것이다.

　위 두 신화에서 지고신이 하다우와 그의 아내를 죽이거나 절벽으로
만든 이유나 동기는 드러나지 않지만 신들에게도 생사의 속성을 부여
하여 우주의 질서와 조화를 확립하기 위한 것이었다. 이는 신은 인간과
달리 초월적이고 신성한 힘을 가지고 있지만 불멸하는 절대적 존재가
아니라 인간처럼 생사의 속성을 가진 '신 – 사람'이라는 이들의 생태적
세계관에 의한 것이다. 위 두 신화의 하다우는 오로치족의 첫 선조, 자
신의 죽음으로 신들에게도 죽음을 속성으로 부여함으로써 우주의 질서
와 조화를 확립한 존재이다.

　중계에 인간과 대지를 비롯한 모든 것이 창조되었지만 중계의 완성
을 위해서는 알 수 없는 이유로 3개가 된 태양을 살해해야 하는 과정이
남아있었다.

〈3개의 태양신화〉 옛날에는 태양이 3개였다. 사람들과 동물들이 죽어 갔다. 운석들이 쇠뇌로 한 개의 태양을 죽였다. 하지만 여전히 뜨거웠다. 그러자 운석들이 태양 한 개를 더 죽였다. 태양이 한 개만 남겨졌다. 태양이 3개일 때는 돌이 달아오를 정도로 뜨거웠고 물이 있었는지 없었는지도 알 수 없었다.[224]

위 신화에서 3개 태양의 강렬한 열기와 빛으로 사람들과 동물들이 죽어갔고 돌이 달아올랐으며 물이 있었는지 없었는지 알 수 없을 정도로 인간의 삶과 자연생태계의 질서와 조화가 파괴되었다. 이때 신적 존재와 유사한 힘을 가진 운석들이 나타나 2개의 태양을 차례차례 죽임으로써 중계의 조화와 균형이 회복되었으므로 운석은 인간 세계와 우주생태계의 질서보존자이다. 위 신화에서 운석의 태양 살해는 중계의 조화와 균형 회복 궁극적으로 우주의 질서와 체계를 완성하기 위한 생산적, 창조적, 필연적인 과정이었다.

〈중계 기원신화〉, 〈지고신 보아와 하다우〉, 〈하다우와 닷타 마을의 절벽〉에서 창조주인 바람과 지고신의 창세의 목적은 대지, 인간, 동식물, 자연지형물을 만들어 중계의 기원과 기반을 마련하는 것이었다. 반면 〈3개의 태양신화〉에서 신적 존재인 운석의 목적은 파괴된 인간의 삶과 자연생태계의 조화와 균형 회복이었으므로 〈3개의 태양신화〉가 위 신화들보다 늦은 시기의 관념을 반영하고 있다. 이상의 내용에 근거할 때 오로치족에게 중계의 기원과 완성은 자연의 힘 혹은 지고신에 의한 대지, 인간, 동식물, 자연지형물 창조 → 3개의 태양 출현 → 인간과 자연

---

224 С. В. Березницкий, Мифология и верования орочей, СПб.: ПбВ, 1999, p.18.

생태계의 질서와 조화 파괴 → 운석에 의한 2개의 태양 살해 → 인간과 자연생태계의 질서와 조화 회복의 과정을 거쳤다.

오로치족의 중계 기원신화에서는 바람, 운석과 같은 자연물이 창조주 혹은 인간 세계와 우주생태계의 질서보존자로 등장한다. 이는 바람, 운석과 같은 무생물체도 우주에서 자신의 고유한 임무를 수행함으로써 우주의 질서와 균형 유지에 이바지한다는 이들의 생태적 세계관에 의한 것이다.

② 대지의 형상

오로치족에게 대지는 다리가 8개인 뿔 없는 거대한 큰사슴 형상인데 큰사슴 척추는 산맥, 가죽은 숲과 풀, 이빨은 동물과 새의 기원이 되었고, 큰사슴이 다리를 바꿀 때 지진이 발생하는데[225] 이는 큰사슴 숭배에 근거한다. 이들에게 큰사슴은 자연물, 자연현상의 모체인데 이는 지구의 모든 개체뿐만 아니라 자연현상까지도 혈연공동체의 구성원으로서 동일한 네트워크 속에 유기적으로 연결되어 있다는 이들의 생태적 세계관에 의한 것이다. 이들에게 지진과 같은 자연재해는 큰사슴 – 모에 의한 것이므로 자연재해가 나쁜 것, 파괴, 고통을 의미하는 것이 아니라 혈연공동체의 구성원에 의해 발생한 자연스러운 현상이다.

오로치족에게 큰사슴 척추는 종족의 경계선으로 동쪽에는 자신들 및 자신들과 계통이 같은 종족들, 서쪽에는 러시아인 및 자신들과 계통이 다른 종족들, 머리에는 중국인이 거주한다.[226] 따라서 이들에게 동쪽은

225 С. В. Березницкий, там же, p.20.
226 С. В. Березницкий, там же, p.20; В. А. Аврорин, И. И. Козьминский, там

아과 생의 세계, 정화된 세계, 우주의 중심, 소우주, 긍정적 가치를 지닌
세계, 서쪽은 타자와 죽음의 세계, 정화되지 않은 세계, 우주의 주변,
부정적 가치를 지닌 세계이다. 이처럼 동쪽과 서쪽의 분리는 성에서
속, 아에서 타, 중심에서 주변, 자연에서 문화가 분리되어 나가는 과정
을 보여준다. 그런데 가장 중요한 부위인 머리가 중국인의 세계인 것은
이들이 오랫동안 중국의 영향권에 있었기 때문일 수 있다. 하지만 이때
의 중국인은 한족이 아니라 중국을 지배했던 자신들의 선조인 여진족,
만주족으로 보인다. 이러한 이들의 관념에서는 성/ 속, 동/ 서, 아/ 타,
긍정/ 부정, 중심/ 주변, 자연/ 문화의 이원대립이 발견되는데 이는 지
구와 우주의 균형과 조화를 위한 필수 불가결한 대립이다.

(3) 하계에 대한 관념

오로치족의 하계 부니는 bu-(죽다/ 퉁구스 제어)에서 기원하며 '죽음의
세계'를 의미하므로 샤먼에 의해 인간이 죽음을 속성으로 가지게 된 이
후 출현한 용어인데 샤머니즘의 산물이지만 삼단세계관의 요소는 보이
지 않는다.

① 하계의 기원

오로치족에 의하면 태초에 오로치족은 그 수는 적었지만 기골이 장
대했고 생로병사의 고통도 겪지 않았는데 아들을 잃은 한 샤먼에 의해
하계로 가는 길이 열리면서 죽음을 속성으로 가지게 되었다.

же, pp.326-327; О. В. Богдайко, там же, p.65.

〈하계를 개척한 샤먼〉 한 샤먼의 아들이 바다오리의 알을 가지러 높고 미끄러운 절벽으로 기어 올라갔다. 그런데 알을 가지고 내려오다 절벽에서 떨어져 죽었다. 샤먼은 너무 슬펐다. 샤먼은 오랫동안 의식을 한 뒤 마을 인근의 산으로 가서 깊은 동굴을 판 뒤 말했다. "이 동굴은 인간의 하계 부니로 가는 길이다. 이제부터 사람들은 죽으면 이곳으로 가게 될 것이다. 하계 부니는 지하에 있으며 태양, 땅, 타이가, 물이 있다. 그곳에 간 사람들은 생전 가지려고 애썼던 것들을 쉽게 가질 수 있다. 하계 부니 사람들은 그곳에서 오랫동안 살다가 다시 죽은 뒤 연기처럼 중계로 올라와서 환생할 것이다. 생전 악했던 사람들은 하계 부니가 아니라 다른 하계인 옥키로 갈 것이다. 그곳은 항상 어둡고 추운 곳이다. 그곳 사람들은 자신에게 필요한 것을 아주 힘들게 구해야 한다. 중계에서 하계로 가는 길은 매우 고통스럽고 힘들지만 부유하고 선한 사람들은 쉽게 갈 수 있다.[227]

위 신화에서 샤먼은 바다오리의 알을 가지러 절벽에 올라갔다가 떨어져 죽은 아들의 영혼을 위해 하계 부니를 개척하였으므로 인간이 죽음을 속성으로 가지게 된 것은 우연이었지만 하계 개척은 샤먼에 의한 필연이었으며 죽음이 하계 개척보다 선행한다. 그런데 이는 샤먼이 하계를 개척한 이후 사람들이 죽음을 속성으로 가지게 된 나나이족을 비롯한 극동 다른 토착종족의 신화적 관념에는 배치된다.

위 신화에서 샤먼은 마을 인근의 산에 깊은 동굴을 판 뒤 이곳이 인간의 하계 부니로 가는 길이라고 하였으므로 하계는 마을 인근의 산 지하에 있고, 중계와 하계는 수직 배열되어 있으며 서로 연결되어 있다. 구체적 방위는 드러나지 않지만 이들의 종교적 관념에서 죽음과 망

---

227 В. П. Маргаритов, там же, p.29.

자의 세계는 서쪽이므로 하계 입구는 산 서쪽의 어디쯤이다. 이에 의하면 하계는 현실 세계와 가까운 곳에 있으며 중계와 하계, 생과 사, 생자와 망자는 서로 다른 차원의 영역이지만 하나의 네트워크 속에 통합되어 있다.

위 신화에서 샤먼은 하계 부니 사람들은 생전 가지려고 애썼던 것들을 쉽게 가질 수 있다고 했으므로 하계 부니는 매우 윤택하고 풍요로운 세계이지만 생전 선하게 살았던 망자의 영혼만이 갈 수 있다. 이처럼 죽음을 선악과 연결시키는 것은 이들 고유의 관념이 아니라 러시아문화 수용 이후 기독교의 영향에 의한 것이다. 기독교 수용 이전 이들의 생사관에서 중요한 가치는 선악이 아니라 근면, 성실, 용맹 등이었는데 이는 자연과 혼연일체 된 삶을 살아가는 이들에게 이것이 가장 중요하고 필요한 가치였기 때문이다. 또 샤먼에 의하면 하계 사람들은 그곳에서 오랫동안 살다가 죽음을 맞이한 뒤 연기처럼 중계로 와서 환생하므로 하계는 중계 환생을 위해 잠시 머무르는 곳이며 죽음은 또 다른 삶을 위한 출발이자 시작이다. 위 신화에는 샤머니즘, 영혼관, 삼단세계관, 기독교 등 시대가 다른 여러 층위의 관념들이 복잡한 중층구조를 이루고 있다.

② 하계의 구조적 특징

위 신화에 의하면 초기 하계는 부니만 있는 단층이었으며 부니에는 모든 망자의 영혼들이 갈 수 있었다. 위 신화에서는 드러나지 않지만 언제부터인가 하계는 2층으로 변형되었고 생전 용감하고 부지런하게 살던 사람은 1층으로, 게으르고 겁쟁이였던 사람은 2층으로 가게 되었다. 오로치족에 의하면 하계 1층은 태양이 비치며 동물이 가득한 타이

가, 물고기가 넘쳐나는 강, 씨족 조상령의 마을이 있는 풍요의 세계이
며, 하계 2층은 해신의 지배를 받는 무시무시한 어둠, 물, 악령의 세계
이다.[228] 중계에서 게으름만 피우고, 잠만 자고, 사람들과 싸움만 하고,
생선도 말리지 않다가 겨울이 되면 일가친척들에게 얹혀살면서 구걸만
하던 사람들은 하계 2층으로 가서 중계에서와 같은 삶을 사는데[229] 환
생은 불가능하다. 이렇듯 하계가 다층구조로 변한 것은 씨족공동체의
규율 강화와 질서 유지, 개인의 삶의 양태 및 도덕적, 윤리적 가치관
형성, 개인과 집단의 관계 정립을 위해 필수 불가결한 장치였다.

　위 신화에서 샤먼은 생전 악했던 사람들은 부니가 아니라 다른 하계
인 옥키로 간다고 하였는데 옥키는 하계 2층과는 다른 세계이다. 옥키
는 ogʒo(악령/ 퉁구스제어)에서 기원하므로 퉁구스족 공통의 관념이며 근
친혼과 족외혼 금지, 살인, 자살 등 씨족의 관습법을 위반하여 씨족에
서 축출되면서 하계 부니로 가지 못하고 악령이 된 망자의 영혼이 가는
곳인데 이곳에 가면 환생은 불가능하다. 옥키의 악령들은 더 이상 가족
과 씨족의 보호를 받을 수 없기 때문에 가족과 씨족에게 원한을 가지고
있는 위협적인 존재들이다. 옥키의 위치는 불분명하지만 아래 텍스트
에 의하면 개와 인간의 하계의 갈림길인 사카 근처에 있으므로 하계에
통합되기 위해서 망자의 영혼은 반드시 옥키를 지나가야 한다. 그런데
인간들 중 이들은 물리칠 수 있는 존재는 샤먼이 유일하기 때문에 옥키
로 인해 샤먼의 위상과 권위는 더욱 강화되었다. 위 신화에 근거할 때
사후 육신은 소멸하지만 평범한 사람의 영혼은 중계, 하계, 상계를 윤

228 С. В. Березнишкий, там же, p.23.
229 Б. А. Васильев, "Орочи", Архив МАЭ РАН, Ф.К-V, Оп.1, №125, Л.13.

회하면서 불멸의 삶을 산다. 반면 악령으로 변한 영혼은 옥키에서 영원히 고통스러운 삶을 살게 되지만 어떠한 경우든 죽음은 소멸, 단절이 아니라 영생을 위한 출발이자 과정이다.

③ 하계 부니로 가는 길

오로치족에 의하면 모든 씨족에게는 하계 부니로 가는 씨족 고유의 길 쥬바이마(ʒjuvajma)가 있는데 ju(나가다, 데리고 떠나다/ 퉁구스 제어)[230]에서 기원하며 '누군가를 데리고 떠나는 길'을 의미한다. 여기에는 '샤먼이 망자의 영혼을 데리고 하계 부니로 떠나는 길'이 함의되어 있는데 이 길은 씨족의 샤먼만이 알고 있으므로 샤머니즘이 발전하면서 샤먼의 권위와 위상 강화를 위해 만들어진 길이다. 여러 기록 자료와 오로치족의 기억에 남아있는 흔적을 통해 이 길을 다음처럼 재구성할 수 있다.

ㄱ. 샤먼과 망자의 영혼은 마을 근처 하계 입구로 들어가서 시내가 보이는 곳까지 걸어간다.

ㄴ. 자작나무 숲 차바이에 도착할 때까지 시내를 따라 걸어간다. 그곳에는 온갖 동물들이 뛰어다니고 나무에서는 새들이 노래하고 중계에 있는 모든 것이 존재한다.

ㄷ. 자작나무 옆에는 자작나무로 만든 물병이 걸려있다.

ㄹ. 제1 계곡에서 샤먼과 망자의 영혼은 음식을 먹고, 계곡의 물을 마시면서 휴식을 취한다. 이때 가족들이 관에 넣어준 어로 도구로 물고기를 잡기도 한다.

ㅁ. 잠시 후 이야기를 나누며 자작나무 숲을 걷다가 제2 계곡에서 다

---

230 ССТМЯ 1, pp.226, 531.

시 잠깐 쉬면서 음식을 먹고 계곡의 물을 마신다.

ㅂ. 제3 계곡에 도착하여 계곡의 물을 마시는 순간 망자의 영혼은 중계의 삶을 잊어버린다.

ㅅ. 제3 계곡을 지나면 악령의 하계인 옥키가 나오는데 하계 부니로 가는 길 중 가장 위험한 곳이다.

ㅇ. 옥키를 지나면 갈림길이 나오는데 오른쪽은 인간의 하계로 가는 길인 니 혹토니(ni hokton), 왼쪽은 개의 하계로 가는 길인 이나키 혹토니(inaki hoktoni)이다.

ㅈ. 샤먼은 이곳까지만 갈 수 있기 때문에 이곳에서 샤먼은 망자의 영혼에게 인간의 하계 부니로 가는 길을 알려준다. 샤먼의 말을 듣지 않고 경솔하게 호기심으로 개 짖는 소리를 내면서 개의 하계로 가는 길로 접어들면 다시는 돌아올 수 없다.

ㅊ. 한참을 걸어가서 임시 움집에서 하룻밤을 보낸다.

ㅋ. 다음 날 아침 근처의 아주 높은 절벽으로 가서 끝에 갈고리가 달린 지팡이를 이용해 정상으로 올라간다. 주위는 어둠에 쌓여 한 치 앞도 보이지 않는다.

ㅌ. 절벽의 틈으로 들어간 망자의 영혼은 정신을 잃고 하계 부니에 도착하기 전까지 계속 위로 올라간다.[231]

위 텍스트에 근거할 때 하계 입구는 망자가 살던 마을 인근에 있고 하계로 갈 때는 샤먼과 함께 가야하는데 이는 샤먼만이 하계로 가는 길을 알고 있고, 하계로 가는 도중 망자의 영혼을 잡아먹는 악령의 세계인 옥키를 지나야 하기 때문이다. 이들에 의하면 대(大)샤먼만이 자신의 주술능력, 방울, 무고, 창, 지팡이 등의 징표를 이용하여 옥키의 악령

231 Н. П. Сидоров, "Материалы об орочах", СФХКМ. Ф.45/1, Л.5; Куфтин, Архи в МАЭ РАН, Ф.12, Оп.1, № 48, Л.49; С. В. Березницкий, там же, pp.21, 22.

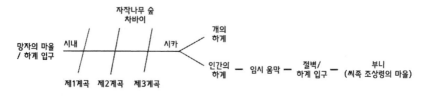

〈그림 54〉 오로치족 관념 속 하계 가는 길

으로부터 망자의 영혼을 지켜줄 수 있다. 이러한 관념은 샤먼의 세계관에서 더욱 강화되었고, 망자의 영혼을 하계로 인도하는 것은 샤먼 중에서도 대샤먼의 영역이 되었다. 하지만 일부 오로치족과 우데게족에 의하면 망자의 영혼은 혼자서 하계에 갈 수도 있고, 뻐꾸기가 데려다주기도 한다.[232] 이는 샤머니즘 수용 이전의 관념인데 후자는 뻐꾸기 숭배에 근거하며 샤머니즘 수용 이후 뻐꾸기는 샤먼의 보조령이 되었다.

제1, 제2 계곡에 도착하면 망자의 영혼은 가족과 친인척들이 관에 넣어준 음식을 먹으면서 휴식을 취하기 때문에 가족과 친인척들은 관에 순록 고기를 비롯한 각가지 음식들을 넣어준다. 장례식이나 송혼식 때 가족과 친인척들이 음식을 넣어주지 않으면 망자의 영혼은 배고픔의 고통 속에서 힘들게 하계에 통합되거나 결국 하계에 가지 못하고 악령으로 변한다.

제3 계곡에 도착하여 계곡의 물을 마신 뒤 망자는 중계의 삶을 잊게 되므로 하계 부니 사람들은 더 이상 중계의 가족과 친인척을 기억하지 못한다. 그런데 이는 하계는 중계의 연속이고 하계 사람들은 조상령들

232 Архив ПЦРГО-ОИАК. Д.11, Л.75-76; Д.27, Л.270-271; Д.28, Л.76-77.

로 중계의 가족과 씨족을 보호해준다는 이들의 생사관과 조상숭배에 배치된다. 이러한 모순은 조상령에 대한 이들의 양가(兩價)감정에 의한 것으로 이들은 조상령이 가족과 씨족의 보호신이라고 믿지만 사령공포 (死靈恐怖)도 상당히 깊다. 이로 인해 오로치족을 비롯한 극동 토착종족 은 장례식 이후 망자의 영혼이 찾아오지 못하게 다른 곳으로 이주하며, 송혼식을 비롯한 상례의 모든 절차가 끝난 뒤에는 무덤에 가는 것을 극히 꺼려한다.

개의 하계와 인간의 하계의 갈림길인 샤카에 이르면 샤먼은 하계 사 람들에게 붙잡혀 가 중계로 돌아오지 못할 수 있기 때문에 더 이상은 갈 수 없다. 이곳에서 샤먼은 망자의 영혼에게 인간의 하계로 가는 길 을 알려주는데 갈림길의 오른쪽이 인간의 하계로 가는 길인 니 혹토 니, 왼쪽이 개의 하계로 가는 길인 이나키 혹토니이므로 이들에게 오 른쪽이 왼쪽보다 더 긍정적인 가치를 지니고 있다. 니 혹토니는 ni(사람 / 퉁구스 제어) + hoktoni(길/ 퉁구스 제어), 이나키 혹토니는 ina(친척, 조카/ 퉁구스 제어) + ki(소유접미사) + hoktoni의 구조로[233] 각각 '인간의 길', '친 인척의 길'을 의미한다. 이에 근거할 때 이들에게 개는 사람의 친인척 인데 이는 이들이 오래전부터 개 사육에 종사했고 개를 숭배했음을 말 해준다.

하계로 가는 도중 망자의 영혼은 임시 움집에서 하룻밤을 보내는데 이는 하계로 가는 길이 그만큼 멀다는 의미이다. 대부분의 극동 토착종 족은 중계에서 하계로 가는데 삼일이 걸린다고 믿는데 이는 성수 3 숭 배에 의한 것이다. 하계로 가기 위해 망자의 영혼은 먼저 움집 근처의

---

[233] ССТМЯ 1, pp.469, 588, 563; ССТМЯ 2, p.100.

절벽으로 가서 가족과 친인척들이 관에 넣어준, 끝에 갈고리가 달린 지팡이와 같은 도구를 이용하여 절벽 꼭대기로 올라간다. 따라서 가족이나 친인척들이 이런 부장품을 넣어주지 않으면 망자의 영혼은 하계에 가지 못하여 악령으로 변하거나 가더라도 모진 역경과 고통을 겪어야 한다.

그곳에서 절벽 틈으로 들어간 망자의 영혼은 정신을 잃은 채 하계에 도착하기 전까지 계속 위로 올라가는데 이제부터 망자의 영혼은 씨족의 강을 따라 하계 부니로 간다. 이들 문화의 중심에 있는 아무르강은 서쪽에서 동쪽으로 흐르다가 극동에 이르면 남(남서)쪽에서 북(북동)쪽으로 흐르는데 하계는 강 하구인 북(북동쪽)에 있기 때문에 망자의 영혼은 위로 올라간다고 느끼게 된다. 이상의 내용에 근거할 때 망자의 영혼이 하계에 통합될 수 있도록 하계 갈림길까지 인도하는 것은 샤먼의 역할이다. 하지만 망자의 영혼의 완전한 하계 통합은 오롯이 가족과 친인척의 상례 규율 준수에 의한 것이므로 이들에게 상례는 물질적, 정신적으로 매우 힘든 의례인데 이는 극동 토착종족 공통이다.

④ 중계 환생

하계 부니에서 일정기간(수백 년 정도) 지낸 망자의 영혼은 환생을 위해 강을 따라 상계 달의 세계로 이동하여 호랑이 세계나 곰 세계에 있는 호수로 가는데 곰이 선조이므로 대개는 곰의 세계로 간다. 이때의 강은 우주의 중심축인 우주강, 씨족 샤먼의 강이며 상계는 강 수원에 있다. 그런데 아무르강이 극동에 와서는 남(남서)쪽에서 북(북동)쪽으로 흐르므로 이들의 망자의 영혼 환생을 위해 북(북동)쪽에서 남(남서)쪽으로 이동하게 된다. 하계를 출발하여 달의 세계에 있는 곰의 세계에 갈 때까지 망자의 영혼은 아무것도 먹지 못하기 때문에 호수에 도착할 때 즈음이면 심하게 말라있고 허기에 시달린다.[234] 따라서 호수에 도착하면 호수를 지키는 노파가 망자의 영혼에게 목탄을 먹인 뒤 반대의 성으로 바꾸어 환생시키는데[235] 노파는 오로치족의 첫 선조이다. 환생할 때 성이 바뀌는 것은 극동 토착종족 공통인데 그 이유는 불분명하지만 우주의 질서와 조화 유지를 위해 남녀, 음양의 조화와 균형이 필요하다는 관념에 근거한다. 노파가 호수에 온 망자의 영혼들에게 목탄을 먹이는 것은 전근대 극동 토착종족 사이에 전파된 철기문화의 영향이다.

오로치족은 환생한 아이는 귀 볼에 구멍이 있다고 믿는데 나나이족과 닙흐족에게서도 동일한 관념이 발견된다. 우즈니른드(uzn"ymd, 환생하다/ 나나이어, 오로치어, 닙흐어), 우즈니르 에흘리(uzn"yr ɛh"ln" 환생한 아이/ 나나이어, 오로치어, 닙흐어)[236]에 근거할 때 이미 오래전부터 나나이족, 오로치족, 닙흐족은 이러한 관념을 공유하고 있었는데 이는 이들의 밀접한 문화 교류와 문화적 유사성에 대해 말해준다.

오로치족의 우주관에서 우주는 상계 – 중계 – 하계의 수직 배열을 기본으로 상계는 다시 1층 천신, 문화영웅, 신이 된 조상령, 상계 사람들의 세계, 씨족의 기원지, 2층 지고신의 세계로 나누어진다. 동시에 상계는 달의 세계, 태양의 세계, 오로치족의 세계로 수평 분할되는데, 달의 세계는 다시 곰의 세계와 호랑이 세계로 나누어진다. 중계는 땅(현실 오로치족의 세계), 물(바다), 타이가(산)의 세계로 수평 배열되며, 하계 부

---

234 Е. А. Крейнович, Нивхгу. Загадочные обитатели Сахалина и Амура, М.: АН СССР, 1973, p.365.

235 Е. А. Крейнович, там же, p.365.

236 Е. А. Крейнович, там же, p.365.

니는 1층 풍요의 세계와 2층 악령의 세계로 수직 배열되므로 이들의 우주는 수직과 수평구조가 복잡하게 혼종, 융합된 모델이다.

3) 오로크족의 우주관

오로크족의 구비전승은 상당부분 실전(失傳)되었고 남아있더라도 그 수가 극히 적을 뿐만 아니라 오랫동안 연구자들의 관심에서도 배제되어 있었기 때문에 이들의 우주관 규명은 쉽지 않고 그 내용도 매우 소략하다.

(1) 상계의 구조와 특징

오로크족에게 상계는 부아(보아) 혹은 우우 나인데 부아는 buga(boga~bua~boa~bo~ba, 우주, 하늘, 지역, 나라, 땅, 세계, 날씨, 자연, 자연현상/ 퉁구스 제어)에서 기원하므로 퉁구스족 공통의 관념이다. 부아는 우주의 모든 환경을 지시하며 부아에서 상계는 통합의 단일체인 우주와 동일시되므로 이들의 신화적 관념에서 우주 삼계 중 상계가 가장 먼저 출현하였다. 우우 나는 ugu(위/ 퉁구스 제어) + na(땅, 대지/ 네기달어, 퉁구스 남부 언어)의 구조로 '위쪽 땅'의 의미이므로 우주는 수직 배열되어 있으며, na는 퉁구스족이 북부 그룹과 남부 그룹으로 분화된 이후에 출현하였으므로 우우 나는 부아보다 늦은 시기의 산물이다.

상계의 구조에 대해 알려진 바는 없지만 이들에게 상계와 하계는 대층구조인데 하계가 2층 구조이므로 상계도 2층 구조이다. 중계 바로 위층인 상계 1층은 태양, 달, 별, 별자리, 천둥, 번개 등의 천체와 천체현상을 다스리는 천신들, 문화영웅들, 신이 된 조상령들, 그 외 상계 사람들의 세계이며 씨족의 기원지가 있는 곳이다. 상계 2층은 인간 형상

상계 부아(보아, 우우 나)

2층: 지고신의 세계

1층: 천신, 문화영웅, 신이 된 조상령, 상계 사람들의 세계, 씨족의 기원지

중계 탈다우 나

현실 오로크족의 세계

하계 부니

1층: 씨족 조상령의 마을

2층: 해저(海低) 정령들이 기거하는 악령의 세계

〈그림 55〉 오로크족의 관념 속 우주의 구조

의 지고신 보(혹은 엔두리)의 세계인데 보는 부가의 음성변형이며 늪에
사는 하계신 카라우 암반에 대립된다.[237] 이들에게 지고신은 우주 최고
의 신이지만 이들의 일상생활에는 관여하지 않는 관념적인 신이다. 이
들에게 의미 있는 천신은 북극성의 신 부안 아린처럼 천체를 다스리는
신들이다. 부안 아린에서 buan은 buga의 음성변형이며, 아린은 에벤족,
에벤키족, 나나이족의 문화영웅인 메르겐, 극동 퉁구스족 남부 그룹의
풍요의 신이자 씨족의 보호신인 이르히, 이지기 에제헤에 상응한다.[238]
따라서 오로크족에게 북극성 부안 아린은 우주적 형상의 종족신, 씨족
신, 문화영웅과 관련이 있는 곳이므로 씨족의 기원지와도 부분적으로

237 В. Д. Леньков, там же, pp.2-15.
238 В. Д. Леньков, там же, pp.2-15.

등가치한 세계이다.

오로크족의 문화영웅 우지그와 상기 마파는 별자리 출현에 결정적인 역할을 하였다. 은하수 오도 혹토니는 문화영웅 우지그가 큰사슴을 쫓던 스키 자국인데 odo(할아버지/ 오로크어) + hoktoni(길/ 퉁구스제어)의 구조로[239] '할아버지의 길'을 의미하므로 우지그는 이들의 생업이 사냥이던 시기에 출현한 이들의 첫 선조이다. 상기 마파는 큰곰자리 다이 페울라, 작은곰자리 니치 페울라를 만들었으므로[240] 신적 속성을 가지고 있는데 우지그와 상기 마파의 속성이 다른 것은 서로 다른 기원과 발전 과정을 거쳤기 때문이다. 다이 페울라는 dai(크다, 대륙/ 퉁구스 제어) + pɛula(큰곰자리/ 오로크어), 누치 페울라는 nuchi(작다/ 오로크어) + pɛula의 구조이다.[241] 음성적 유사성에 근거할 때 다이는 중국어 대(大) 기원이므로 큰곰자리에는 오로크족 고유의 관념과 중국인의 관념이 혼종되어 있다. 반면 은하수와 작은곰자리는 오로크족 고유의 관념이므로 큰곰자리보다 이른 시기의 산물이다. 전반적으로 이들의 별자리에 대한 관념은 '사냥' 모티프와 긴밀하게 연결되어 있으므로 사냥이 주요 생업이던 시기의 산물이며 남성의 이미지가 강하다.

---

239 С. В. Березницкий, Этнические компонеты верований и ритуалов коренных народов Амуро-Сахалинского региона, Владивосток: Дальнаука, 2003, p.150.

240 С. В. Березницкий, там же, p.150.

241 Л. В. Озолиня, И. Я. Федяева, Орокско-русский и русско-ороксо словарь, Южно-сахалинск: СКИ, 2003, pp.135, 108, 213, 277.

(2) 중계의 기원과 구조

중계는 탈다우 나인데 talda(중간/ 오로크어)[242] + na(땅, 대지/ 네기달어,
퉁구스 남부 언어)의 구조로 '중간의 땅'을 의미하므로 중계는 우주의 중
간에 있는 우주의 중심이며 땅 혹은 대지의 등가물이다. 이들은 극동의
다른 토착종족처럼 중계가 수평선을 따라 타이가(산)의 세계, 물(바다)
의 세계, 땅의 세계(현실 오로크족의 세계)로 수평 분할된다고 믿는다.

오로크족에게 사할린섬 북동해안은 talda의 음성 변형인 탈제이므
로[243] 이들에게 사할린섬은 중계의 등가물인데 이는 이들이 사할린섬
으로 이주한 17세기 이후 출현한 관념이다. 또한 이들은 타타르 해협
서쪽 해안을 타타베 나라고 하는데 타타베는 taj(친인척/ 퉁구스 제어)[244]에
서 기원하므로 타타베 나는 '친인척 혹은 선조의 땅'을 의미한다. 이에
근거할 때 오로크족의 첫 선조들은 사할린섬 남쪽에 있는 타타르 해협
서쪽 해안에서 기원했거나 혹은 대륙 남쪽의 어딘가에서 기원한 뒤 북
쪽의 타타르 해협 서쪽 해안을 거쳐 사할린섬으로 이주하였다. 이들의
이러한 이주의 역사는 지형을 바라보는 시각에 영향을 미쳤고, 극동의
다른 토착종족과 달리 이들에게 서쪽과 좌측은 긍정적, 동쪽과 우측은
부정적 가치를 지닌다.

오로크족의 대지 기원신화는 실전되어 찾을 수 없지만 현 중계의 완
성은 우주의 창조자, 혼돈의 우주를 질서 잡힌 우주로 바꾼 존재, 오로
크족의 첫 선조이자 첫 샤먼인 하다우에 의한 것이었다. 하다우가 순

---

242 Л. В. Озолиня, И. Я. Федяева, там же, p.158.
243 ССТМЯ 2, p.151.
244 Т. И. Петрова, Язык ороков (ульта), Л.: Наука, 1967, pp.34~35.

록 썰매를 타고 우주산을 내려가면서 마하레브 벚꽃으로 만든 채찍으로 땅을 내려치자 계곡과 강이 만들어졌다.[245] 이에 의하면 대지에서 계곡과 강 등 수계자연물이 만들어졌는데 이는 대지가 내부에 물을 품고 있기 때문에 가능한 것이므로 과거 이들에게도 모든 극동 토착종족 사이에 전승되는 '물에서 대지 기원신화'가 있었다.(76~79쪽 참고)

하다우가 내려온 우주산의 정상은 상계, 산 중턱은 중계, 산 아래쪽은 하계를 의미하며 이들의 방위관에 근거할 때 우주산에 의해 동쪽은 악령의 세계, 서쪽은 씨족 조상령의 세계로 나누어지므로 이들에게 우주는 수평과 수직 구조가 융합된 모델이다. 또한 하다우가 창세를 위해 이용한 벚꽃 채찍은 우주목 혹은 샤먼목을 상징하며 채찍에 의해 계곡과 강이 출현한 것은 채찍, 강, 계곡의 외적 유사성에 근거한 메타포이다. 하다우가 창세를 위해 타고 다닌 순록은 하다우의 보조령으로 중계의 완성에서 유의미한 역할을 하였는데 이는 이들의 순록 숭배에 근거한다.

(3) 하계에 대한 관념

① 하계의 위치와 하계로 가는 길

오로크족에게 하계는 퉁구스족 공통의 부니이고, 하계 사람은 부네니이며 하계는 수직과 수평 배열이 공존하는 복잡한 구조이다. 하계의 수직 배열은 우주관 초기의 관념이며 1층은 씨족 조상령의 마을이 있

---

245 О. П. Суник, там же, pp.113-117; Б. А. Васильев, "Основные черты этнографии ороков. Предварительный отчёт по материалам экспедиции 1928 г.", Этнография 1, 1929, p.11.

는 곳이고, 2층은 해저(海底) 정령들이 기거하는 악령의 세계인데 바다 밑에 있으며 해신의 지배를 받는다.[246] 악령의 세계가 해신의 지배를 받는 것은 섬이라는 거주지의 특성으로 인해 이들의 사회, 문화, 종교 및 생업에서 바다가 중요한 역할을 하였고, 해신이 중요한 숭배대상이 었기 때문이다.

하계의 수평 배열은 수직 배열보다 이후의 관념인데 이들에 의하면 아무르강에 연접(連接)한 시호테알린산맥의 동쪽은 죽음과 악령의 세계 이고 해신의 지배를 받는다.[247] 씨족 조상령의 세계는 시호테알린산맥 서쪽에 위치하는데 이에 의하면 이들은 하계의 위치를 자신들의 유목 생활권에 포함되면서 종교, 경제, 문화적 삶에서 중요한 역할을 한 시호 테알린산맥을 기준으로 정하고 있다. 이들에게 시호테알린산맥 서쪽은 아(我)와 씨족 조상령의 세계, 동쪽은 타(他)의 세계, 죽음과 악령의 세 계이다. 따라서 이들의 하계관에서는 성/ 속, 동/ 서, 남/ 북, 위/ 아래, 아/ 타, 생/ 사, 선/ 악, 좌/ 우의 이원대립이 발견되는데 이는 인간 세계 의 조화와 균형을 위한 필연적인 대립이다.

하계가 수직 배열된 경우 하계로 가는 길은 그리 어렵지 않지만 수평 배열된 경우 방위에 대한 가치까지 더해지므로 보다 추상적이고 복잡 한 사고를 필요로 한다. 하계가 수평 배열된 경우 하계 입구에는 갈래 길이 있는데 왼쪽 길은 선한 사람이 가는 편안하고 아늑한 길로 씨족 조상령의 마을과 연결되며[248] 이 길로 간 영혼은 일정 기간이 지난 뒤

---

246 В. В. Подмаскин, Т. Ю. Сем, "Пантеон уйльта (ороков) Сахалина в XIX–XX вв. Типология и семантика", Россия и АТР 3, 2018, p.151; ИиК Уйльта, p.261.

247 В. В. Подмаскин, Т. Ю. Сем, там же, p.151; ИиК Уйльта, p.261.

248 ЦГА ДВ. Ф.623, Оп.1, Д.53, Л.44–44a.

중계의 씨족에게 환생한다. 씨족 조상령의 마을에는 중계처럼 태양, 강, 타이가, 순록을 비롯한 동물들이 있고, 이곳 사람들은 대규모 순록사육에 종사하면서 윤택하게 사는데, 늙지도 아프지도 않고 무척 오랫동안 살다가 중계에 환생하지만 일부는 하계에서 영생한다.[249] 즉 하계의 삶은 중계와 동일하지만 대규모 순록사육에 종사하므로 하계는 경제적, 물질적으로 풍요로운 세계이며, 이곳 사람들은 병과 노화로 인한 정신적인 고통도 겪지 않는다. 일부는 하계에서 영생하므로 하계 사람들은 자신의 운명을 스스로 결정할 수도 있는데 이는 이들이 부분적으로 신의 속성을 가지고 있기 때문이다.

오른쪽 길은 악한 사람, 생전 씨족의 규율을 지키지 않은 사람들이 가는 고통의 길로 습한 진창의 툰드라인데 모기, 등에 등 온갖 불결하고 불쾌한 곤충들이 득실거리는 악령의 세계와 연결되며 이 길로 간 영혼들은 환생할 수 없다.[250] 이는 동쪽을 긍정적, 서쪽을 부정적 방위로 간주하는 극동 토착종족의 전통적인 관념에는 배치되지만 시호테알린산맥 서쪽이 아와 씨족 조상령의 세계, 동쪽이 타와 죽음의 세계라는 이들의 관념에는 부합한다.

오로크족에게 우주는 상계 – 중계 – 하계의 수직 구조가 기본이었는데 이후 우주산에 의해 수직과 수평 배열이 혼종, 융합된 모델로 변형되었다. 하계는 초기에는 바다 위 – 아래로 수직 배열되어 있었으나 이후 시호테알린산맥이 기준이 된 동서 수평 배열로 변형되었으므로 이들의 우주는 수직과 수평구조가 복잡하게 혼종, 융합된 모델이다.

---

249 С. В. Березницкий, там же, pp.96~97.
250 ЦГА ДВ. Ф.623, Оп.1, Д.53, Л.44-44a.

② 하계신의 특징

〈카라우 암반을 만난 남자〉하계에 간 남자가 갈래 길을 지키던 카라우 암반을 만났다. 카라우 암반은 뱀의 꼬리에 머리가 3개 달린 엄청나게 사나운 개로 변신했고 남자는 개와 육탄전을 벌인 끝에 조각내어 죽였다. 다시 살아난 카라우 암반은 남자의 치병의식을 거행했던 샤먼을 찾아가 남자의 무례함을 토로하면서 이는 샤먼 때문이라며 샤먼을 질책하였다. 하지만 샤먼이 남자에게 죄가 없다고 항변하면서 남자는 목숨을 구하였다.[251]

위 설화에 의하면 오로크족의 하계신은 카라우 암반인데 퉁구스 제어 karaj(보초를 서다, 지키다) + amban(악령)의 구조로[252] '하계를 지키는 악령' 혹은 퉁구스 제어 kara(검다) + amba(n)(악령)의 구조로[253] '검은 악령'의 의미이므로 이들에게 검은색은 '악'을 상징한다. 위 설화에 의하면 카라우 암반은 하계 갈래 길에 앉아 생전 삶의 양태에 따라 인간의 운명을 결정하는데 일부 오로크족에 의하면 생전 악했던 사람들은 하계로 들여보내지 않고 그 자리에서 물이 끓는 솥에 던져 죽인다.[254] 위 설화에서 하계신은 뱀의 꼬리에 머리가 3개 달린 개로 변신했으므로 뱀과 개는 하계신의 보조령인데 이는 이들의 뱀과 개 숭배에 의한 것이

---

251 Б. О. Пилсудский, Из поездки к орокам о. Сахалина в 1904 г., Южно Сахалинск: ИМГГ ДВО АН СССР, 1989, p.54.

252 ССТМЯ 1, p.380.

253 И. С. Поляков, "Путешествие на остров Сахалин в 1881-1882 гг.: письма к секретарю Общества", Известия РГО 19(1-2), 1883, p.90; П. П. Шимкевич, Материалы для изучения шаманства у гольдов, Хабаровск: ТКПГГ, 1896.p.34; ССТМЯ 1, pp.36, 379.

254 ИиК Уйльта, p.263.

고, 개의 머리가 3개인 것은 성수 3 숭배에 의한 것이다.

위 설화에서 남자가 하계신을 만났다는 것은 남자의 죽음을 의미하는데 남자가 육탄전 끝에 하계신을 죽였지만 곧 부활하였으므로 하계신은 일반인에 의해 죽임을 당할 수 있지만 이것은 일시적인 현상일 뿐 불멸의 존재이다. 남자가 하계신을 죽일 수 있었던 것은 샤먼의 치병의식으로 건강을 회복했기 때문이며 이는 남자의 중계로의 부활, 생명의 부활을 의미한다. 이에 의하면 남자는 샤먼의식이 요구되는 중병을 앓고 있었으며 이들은 치병을 위해 병의 객관적 원인을 찾기보다는 샤먼의 주술적 힘에 의존한다. 또 샤먼을 찾아온 하계신에게 샤먼이 남자에게 죄가 없다고 항변한 것은 자신의 치병의식의 정당함을 주장하는 것이다. 그런데 이런 과정을 거치면서 남자는 목숨을 구하였으므로 하계신으로부터 목숨을 구하기 위해서는 샤먼의 도움이 필요하다. 따라서 이들에게 샤먼은 인간의 생사를 좌우하는 존재이며 이들 사회에서 샤먼은 종교적, 사회적으로 중요한 위치에 있었다.

위 설화에서 하계신의 성은 불분명하지만 남자와 육탄전을 벌인 점으로 미루어 남성 신이다. 에벤키족, 나나이족, 우데게족, 닙흐족 등 극동 토착종족의 하계신은 여신인 반면 위 설화에서 오로크족의 하계신은 남성이다. 이는 위 설화가 토테미즘이 샤머니즘에 흡수되는 과정에서 토템 신 → 반인반수 → 여신 → 남성 신으로 변형된 마지막 단계의 관념을 반영하고 있기 때문이다. 그런데 위 설화에서 하계신은 인간신으로 변형된 뒤에도 토템적 본성을 유지하고 있는데 이는 토템이 이들의 가장 원형적, 원초적 신앙의 하나임을 말해준다.

〈하계에 다녀온 게브헤투〉 게브헤투는 땅의 구멍으로 들어가 칠흑 같

은 어둠 속을 오랫동안 내려갔다. 갑자기 빛이 보이더니 점점 더 밝아졌
다. 게브헤투는 오랫동안 걸어서 하계에 도착하였다. 큰 집이 보였다.
… 게브헤투는 하계로 갈 때 내려갔던 구멍이 있는 곳으로 달려와서 기
어 올라갔다. 처음에는 빛이 사라지고 완전히 어두워지더니 다시 빛이
비치면서 땅이 보였다.[255]

위 설화를 통해 하계에 대한 오로크족의 관념을 유추할 수 있는데
게브헤투가 들어간 땅의 구멍은 하계 입구이다. 또 게브헤투가 칠흑 같
은 어둠 속을 오랫동안 내려가자 빛이 보였으므로 중계와 하계는 수직
배열되어 있다. 또 중계와 하계를 연결하는 통로는 빛이 없는 어두운
동굴과 같은 곳인데 그곳을 지나자 빛이 보였으므로 하계에도 태양과
불이 있다. 게브헤투가 한참을 걸어 하계에 도착하여 발견한 큰 집은
씨족 조상령의 마을이므로 하계 씨족 조상령의 마을은 하계 입구와 먼
거리에 떨어져 있다.

4) 우데게족의 우주관

(1) 우주의 형상

우데게족의 신화적 관념에서 태초에 우주는 바다와 하늘로 이루어진
분리불가능한 통합의 단일체였는데 하늘은 바다의 바닥에 있고, 바다
위에는 인간이 알 수 없는 미지의 세계가 펼쳐져 있었다.[256] 즉 이들의

---

255 В. М. Санги и др., Сказки Сахалина, Л. Б. Гашилова (Ред.), М.: ФАКТОТУМ
   С, 2018, p.61.
256 Духовная культура удэгейцев XIX-XX в. Историко-этнографические оче
   рки (ДКУ ИЭО), В. В. Подмаскин (Ред.), Владивосток: ДВГУ, 1991, p.127.

신화적 관념에서 우주는 실제와는 다른 '뒤집어진 우주'로 바다가 우주
의 중심에 있는데 이는 이들 거주지의 지형적 특성, 바다가 이들 삶에
서 차지하는 중요성에 의한 것이다.

> 〈고대 우데게족의 생활〉 옛날 우데게족은 바닷가에 살았는데 그 수가
> 무척 많았다. 작살로 물고기를 잡았고, 창으로 바다 동물 사냥을 했으며,
> 물고기와 바다 동물 고기만 먹었다. 곡물, 술, 소금이 무엇인지 몰랐다.
> 동물들을 냄새로 구별하였고, 촉각으로 동물의 존재를 느꼈다. 말 대신
> 나무로 만든 스키를 타고 다녔고, 동물 가죽으로 만든 보트를 타고 강과
> 바다를 건너다녔다.[257]

위 설화에 의하면 우데게족은 과거 바닷가에서 어로와 바다 동물 사
냥에 종사했으며, 물고기와 바다 동물은 이들에게 의식주의 모든 것을
제공했고, 사냥 도구는 작살, 창과 같은 원시적인 것이었으며, 사냥감
의 존재는 본능적 감각으로 찾아냈다. 이처럼 우데게족 거주지의 자연
환경은 이들 물질문화의 특징을 규정하면서 우주관과 세계관 형성의
근간이 되었다.

우데게족은 태양과 달이 수평선에서 떠오르고 사라지는 것을 보면서
우주가 수평선에 의해 경계 지워진 편평한 사각형이라고 믿었다. 지금
도 아뉴이강 우데게족은 우주는 사각형이며 가장자리에는 편평한 커튼
모양의 하늘 궁전이 수직으로 내려와 있다고 믿는다.[258] 유사한 관념은

---

257 В. В. Подмаскин, Традиционные народные знания удэгейцев о природе,
человеке и обществе во второй половине XIX-XX в. (опыт историко-этн
ографического исследования), Диссерт. ...Канд. Исторических Наук, ИИ
АЭН ДВО РАН, Владивосток, 1984, p.248.

바이칼 호수 기원의 포드카멘나야 퉁구스카강 에벤키족, 아무르강과 오호츠크해 닙흐족에게서도 발견되는데[259] 이들의 공통점은 바다, 큰 강, 큰 호수 인근에 거주한다는 점이다. 따라서 이들의 우주관은 우주론적, 종교적이라기보다는 지형학적, 자연에 대한 관찰자적 특징이 두드러지므로 거주지의 자연생태환경은 이들 우주관, 세계관의 근간이었다.

(2) 우주의 구조와 특징

우데게족에게 우주는 상계, 중계, 하계의 구조로 이루어진 삼단세계인데 초기 각 세계는 수직 배열되어 있었으나 샤머니즘 수용 이후 우주강을 따른 수평 배열로 변형되었다.

상계 우구 부가(울리예 나, 바 나니)

3층: 지고신 보아의 세계

2층: 천신, 문화영웅, 신이 된 조상령, 상계 사람들의 세계, 씨족의 기원지

1층: 천해(天海)

중계 나

현실 인간, 자연신의 세계

하계 헤게 우헤 바

1층 부니가: 조상령의 씨족마을이 있는 곳

2층 도키니 오요니: 식인, 살인을 한 영혼들의 세계

3층 켕마 오요니: 족외혼, 남매혼 금기를 위반한 영혼들의 세계

〈그림 56〉 우데게족 관념 속 우주의 구조

---

258 ДКУ ИЭО, p.130.
259 ДКУ ИЭО, p.131.

① 상계의 구조와 특징

가. 상계를 가리키는 용어와 상계의 구조적 특징

우데게어에서 상계는 우구 부가(울리예 나, 바 나)인데 우구 부가는 퉁구스 제어 ugu(위쪽) + buga(boga~bua~boa~bo~ba, 우주, 하늘, 지역, 나라, 땅, 세계, 날씨, 자연, 자연현상/ 퉁구스 제어)의 구조로 '위쪽 세계에 존재하는 모든 환경'을 의미하므로 상계는 중계 위쪽에 있고, 우주는 수직 배열되어 있지만, 삼단세계관의 요소는 희미하고 불분명하다.

울리예 나는 uli(강/ 오로치어, 우데게어, 만주어) + na(땅, 대지/ 네기달어, 퉁구스 남부 언어)의 구조로 '강가의 땅'을 의미하므로 우주는 강을 따라 수평 배열되며 우주의 중심축은 우주강이므로 샤머니즘 수용 이후 출현한 용어이다. 바 나는 ba(buga~boga~bua~boa~bo, 우주, 하늘, 지역, 나라, 땅, 세계, 날씨, 자연, 자연현상/ 퉁구스 제어)[260] + na의 구조로 '우주를 둘러싼 모든 환경이 있는 땅'을 의미한다. 울리예 나와 바나는 'na'에 근거할 때 퉁구스족이 북부 그룹과 남부 그룹으로 분화된 이후 출현한 용어이므로 우데게족 사이에서 상계를 가리키는 용어의 출현 순서는 우구 부가 → 바 나 → 울리예 나이다.

상계에 대한 우데게족의 관념은 매우 불분명하고 희미할 뿐만 아니라 그 구조에 대해서도 거의 알려진 바가 없다. 하지만 상계와 하계는 대칭 구조인데 하계가 3층 구조이므로 상계도 3층 구조이다. 이에 근거할 때 상계 1층은 중계 바로 위층인데 이들의 신화적 관념에서 하늘 위는 바다이므로 상계 1층에는 상계와 중계를 경계 짓는 천해(天海)가 있다. 상계 2층에는 태양의 신, 달의 신, 천둥, 번개, 바람의 신 등의 천

---

260 ССТМЯ 2, p.144.

신들을 비롯한 상계 사람들이 기거한다.[261] 가장 높은 상계 3층에는 지고신 보아 엔두리가 있는데 중계에 내려오지도, 중계 사람들과 소통하지도 않기 때문에 우데게족에게는 상계 중 2층이 가장 중요하다.

나. 상계 사람들
나-1. 달의 신 뱌(Bja)와 태양의 신 수(Su)

달과 태양은 세계 여러 민족/ 종족의 신화적 상상력의 원천이지만 모티프와 세부 구조는 민족/ 종족에 따라 차이가 난다.

> 〈태양과 달 신화〉 태양과 달은 부부인데 태양은 아내이고 달은 남편이다. 옛날 태양과 달은 낮에 함께 하늘을 돌아다녔는데 어느 날 달이 태양에게 너는 낮에, 나는 너의 생리 혈을 보지 않기 위해 밤에만 돌아다니겠다고 하였다. 그 이후 달은 밤에, 태양은 낮에 사람들에게 빛을 주었다. 태양과 달은 일식과 월식 때만 만나는데 일식과 월식은 하늘 개가 태양과 달을 물어뜯으면서 일어나는 현상이다.[262]

위 신화에 의하면 태양과 달은 부부인데 태양은 아내이고 달은 남편이므로 태양은 여성적 본성, 달은 남성적 본성을 가진다. 이는 이들이 일출 때는 남성의 주도로 사냥의식을, 일몰 때는 여성의 주도로 가족 의례 의식을 수행하는 관념적 근거가 되었다. 위 신화에서 태양의 생리 혈은 태양의 색을 의미하는데 이는 '색의 유사성'에 근거한 메타포이다. 이들에게 일식과 월식은 하늘 개가 태양과 달을 공격하면서 생기는

---

261 В. В. Подмаскин, там же, p.127.
262 В. В. Подмаскин, там же, p.246.

현상이므로 이들에게 개는 천신의 위계를 가진다. 이들은 과거 일식과 월식이 되면 마을 사람 모두 거리로 나와 개를 향해 요란하게 소리를 지르면서 철제품을 두드리는 오감요법(五感療法)으로 개를 하늘에서 쫓아내는 의식을 행하였다. 이들은 이 의식을 행하면서 죽어가는 태양과 달을 되살려 밤낮, 빛과 어둠의 조화, 시간의 자연적 흐름을 복원할 수 있다고 믿었다.

비킨강과 사마르가강 우데게족은 달의 반점을 여성으로 형상화하는데[263] 달의 반점에 관한 관념은 종족과 지역에 따라 다소 차이가 나지만 공통점은 달이 남성적 본성을 가질 경우 달의 반점은 여성적 본성을 가지며 달이 여성적 본성을 가질 경우 달의 반점은 남성적 본성을 가진다는 것이다. 따라서 이들에게 남녀, 암수 등 음양의 조화는 인간뿐만 아니라 모든 우주만물을 관통하는 우주의 기본 원칙이었는데 이는 극동 토착종족 공통이다.

〈달에게 간 아만다〉 옛날에 쿤티와 아만다 부부가 살았다. 남편 쿤티는 사냥을 다녔는데 사냥을 하면 그 자리에서 먹어 치우고 집으로는 아무것도 가져오지 않았다. 아만다는 늘 굶주렸고 이런 아만다를 불쌍하게 여긴 달이 자신과 같이 살자고 하였다. 보름달이 뜬 어느 날 아만다는 개, 물병, 물통을 들고 달에게 갔다. 사냥에서 돌아온 쿤티는 아만다를 찾아다니다 하늘을 올려다보았다. 아만다는 달에 있었다. 쿤티는 아만다를 부르면서 집으로 돌아오라고 했으나 아만다는 돌아오지 않았다. 쿤티는 새로 변하여 계속 달을 바라보면서 아만다를 불렀다.[264]

---

263 ДКУ ИЭО, p.127.
264 ДКУ ИЭО, p.125.

위 신화의 주요 모티프는 '사냥'이므로 이들의 생업이 사냥이던 시기의 관념을 반영하고 있다. 위 신화에서 남편 쿤티는 아내 아만다가 집에서 굶주리고 있음에도 혼자 사냥터에서 사냥동물을 먹어치운 뒤 빈손으로 집에 돌아왔는데 이는 과거 언젠가 우데게족의 부부관계가 이러했음을 말해준다. 굶주리는 아만다를 불쌍히 여긴 달의 제안으로 아만다는 달에 가서 달의 반점이 되었으므로 달의 반점은 여성적 본성을, 달은 남성적 본성을 가진다. 아만다가 달에 갈 때 개를 데리고 갔으므로 이들은 오래전부터 개 사육에 종사했는데 위 신화에서 개는 상계와 중계를 연결하는 역할을 한다. 아만다는 남편 쿤티가 기다리고 있음에도 결국 집으로 돌아오지 않았고, 아만다를 기다리던 쿤티는 새가 되었는데 새는 죽은 쿤티의 영혼을 상징한다.

나-2. 천둥과 번개의 신 악디

천둥과 번개의 신 악디에 대한 우데게족의 관념은 지역 그룹에 따라 다소 차이가 있지만 전통적인 관념에서 악디는 날개와 다리가 있고 입에서 불을 내뿜는 뱀인데 이는 번개의 모양에 근거한 메타포이다. 하지만 아뉴이강 우데게족에 의하면 천둥은 거대한 동물이며 번개는 여름에 겨울잠에서 깨어난 천둥의 '이갈이'에 의한 것이므로[265] 천둥은 번개의 모체, 번개의 근원이다. 이들이 천둥을 거대한 동물로 형상화하는 것은 소리의 크기에 근거한 메타포이므로 전반적으로 이들의 천둥과 번개에 대한 관념은 자연현상으로서 천둥과 번개에 대한 관찰에 근거한다.

---

[265] ДКУ ИЭО, p.128.

우데계족에 의하면 악디는 가난한 사람들을 도와주는데 밤에 거리에서 구걸하는 사람이 있으면 물고기 지방을 밤새 떨어뜨려 아침 녘이되면 그릇에 가득 차게 하고, 아침부터 지방을 떨어뜨릴 경우 밤이 되면 그릇에 가득 차게 한다.[266] 이에 의하면 악디는 인간의 기본 감정인 희로애락뿐만 아니라 부차적 감정인 측은지심, 동정심도 가지고 있다. 즉 이에 의하면 천둥, 번개와 같은 자연현상도 인간처럼 공감 능력을 가지고 있으며 인간 사회의 조화와 균형을 위해 자신의 에너지를 일정 정도 쏟아붓는데 이는 궁극적으로 우주의 조화와 균형 유지를 위한 것이라는 이들의 생태적 세계관이 엿보인다.

아뉴이강과 볼리세우수리강 우데계족에게 무지개와 번개는 천둥의 딸이므로 천둥, 무지개, 번개는 혈연관계에 있다. 무지개와 번개는 자매이므로 같은 위계에 있지만, 천둥은 무지개와 번개의 아버지이므로 무지개와 번개보다 위계가 높은데 이는 이들이 무지개, 번개보다 천둥을 더 경외시했기 때문이다. 또 번개는 밤낮으로, 무지개는 낮에만 거울을 이용하여 악령 옥조를 추격하는데,[267] 이는 번개는 밤낮, 무지개는 낮에만 나타나는 자연현상에 대한 관찰에 근거한다. 따라서 우데계족의 천둥, 번개, 무지개에 대한 관념에서는 우주론적, 종교적 특성보다는 자연현상에 대한 관찰자적 특성이 더 두드러진다.

나 - 3. 바람의 여신 에지 보고니

우데계족에게 바람의 여신 에지 보고니는 회색 뱀으로 회오리바람이

---

266 B. B. Подмаскин, там же, p.243.
267 ДКУ ИЭО, p.128.

불 때만 그 모습을 드러내는데[268] 이는 바람이 불고 난 뒤 땅에 남는 흔적, 바람의 자유롭고 빠른 속도에 근거한 메타포이다. 사마르가강 우데게족은 바람과 폭풍우를 주술적 방법으로 퇴치할 수 있다고 믿으면서 푸가이(주잘쿠) 의식을 거행하는데 푸가이는 huaŋni(도끼, 창으로 자르다/ 우데게어)[269]에서 기원하므로 우데게족 고유의 관념이다.

푸가이 의식에 대해 알려진 바는 없지만 푸가이의 의미와 이들의 다른 의식들에 근거할 때 바람과 폭풍우가 심하게 치는 날 움집 꼭대기에 창을 꽂아 두거나,[270] 바람과 폭풍우를 도끼로 자르는 의식이다. 의식을 수행하면서 이들은 창으로 인해 바람이 두 조각으로 갈라지고, 도끼에 의해 바람이 쪼개지면서 그 힘이 약해져 결국은 죽음에 이른다고 믿었다. 이때 의식의 대상은 바람 그 자체가 아니라 바람의 여신이고 그 목적은 바람의 여신을 죽임으로써 바람을 멈추게 하는 것이므로 이들은 자연신, 자연의 정령도 죽임을 당할 수 있다고 믿었다. 이는 신도 인간처럼 생사의 속성을 가지고 있고, 인간에게 죽임을 당할 수도 있는 '신-사람'이라는 이들의 생태적 세계관에 의한 것이다.

나-4. 별과 별자리 신

우데게족에게 북극성은 부아 남미니(bua nammini, 우주의 중심축/ 우데게어)이므로[271] 북극성은 우주의 중심축이다. 이들에 의하면 태양, 달, 별,

---

268 ДКУ ИЭО, p.128.

269 А. Х. Грифанова, Словарь удэгейско-русский и русско-удэгейский, СПб.: Дрофа, 2002, p.77.

270 В. В. Подмаскин, там же, p.249.

271 В. В. Подмаскин, "Космография тунгусо-маньчжуров и нивхов, Вестник

별자리들은 북극성을 중심으로 하나의 네트워크를 형성하고 있기 때문에 북극성을 이용하여 우주를 자유롭게 통행할 수 있다. 북극성에 관한 이러한 관념은 북극성이 별들 중 유일하게 육안으로는 일주운동이 관찰되지 않고 제자리에 고정되어 있는 것처럼 보이기 때문이므로 북극성에 대한 이들의 관념은 자연에 대한 관찰에 근거한다.

우데게족에게 별, 별자리의 출현은 이들의 문화영웅과 관련이 있다. 이만강 우데게족은 북두칠성을 엑다 둑테모호니라고 하는데 εgda(우데게족 문화영웅) + duktε(급회전하다/ 나나이어)의 구조로[272] 문화영웅 엑지가와 관련이 있으며 우데게족과 나나이족 혼종의 관념이다.

> 〈별자리를 만든 오빠〉 오누이가 살고 있었는데 오빠는 사냥을 다녔고 여동생은 하루 종일 머리를 빗었다. 점심때까지 머리의 반을 빗고 점심 식사를 마친 뒤 나머지 반을 빗었다. 하늘에는 철새로 변신할 수 있는 하늘 사람 솔론코 친다가 있었는데 여동생을 너무 마음에 들어 했다. 그는 오빠가 사냥을 나간 뒤 오누이의 집으로 가서 여동생을 하늘로 데리고 갔다. 사냥에서 돌아와 동생이 없어진 것을 알게 된 오빠는 그 뒤를 쫓아갔다. 오빠는 눈가루가 회오리바람이 되어 하늘로 올라가서 그대로 남아 별자리가 될 정도로 빨리 달렸다.[273]

위 신화에서 북두칠성은 오빠가 여동생을 납치한 초월적 약탈자를 쫓아 스키를 타고 하늘을 달릴 때 눈가루가 회오리바람이 되어 하늘로

ДВО РАН", Этнография 1, 2004, p.95.

272　ССТМЯ 1, p.221,

273　Архив ИИАЭ ДВО РАН, Д.434, Л.62-63.

올라가면서 만들어졌는데 오빠는 우데게족의 문화영웅 엑지가이다. 위 신화에 의하면 상계 청년과 중계 아가씨 사이에 혼인이 성사되기도 하는데 그 방법은 주로 약탈에 의한 것이므로 과거 이들 사이에는 약탈혼이 존재했다. 그런데 중계 여동생의 상계 이동은 여동생의 죽음을 의미하므로 이러한 모티프는 미혼 아가씨의 죽음을 애통해하는 과정에서 출현하였다.

은하수 바 주니 혹은 바 기디니(Ba Gidini, 하늘 길 모양의 별의 군집/ 우데게어)는 노인 칸다 마파와 젊은 사냥꾼 엑지가가 활쏘기와 스키경주를 할 때 만들어졌다.

> 〈사냥꾼 엑지가와 칸다 마파의 경기〉 젊은 사냥꾼 엑지가와 대지모신의 남편 칸다 마파가 땅의 동물을 향해 활쏘기 내기를 하였다. 멧돼지를 목표물로 정했는데 엑지가가 이겼다. 이번에는 하늘에서 스키 경기를 하였다. 일출에 경기를 시작하여 하늘 중간에 이르렀는데 엑지가가 이겼다. 그때부터 은하수에는 두 개의 스키 자국이 생겼는데 하나는 엑지가의 곧고 긴 스키 자국이고 다른 하나는 휘어진 칸다 마파의 스키 자국이다.[274]

위 신화에서 은하수가 엑지가와 칸다 마파의 스키자국이라는 관념은 '띠 모양'이 두드러지게 나타나는 은하수의 시각적 이미지에 근거한 메타포이다. 위 신화는 퉁구스족 북부 그룹과 오로치족 사이에 전해지는 '우주사냥꾼 망기의 태양을 품은 암사슴 사냥' 모티프와 부분적으로 유

---

274 В. В. Подмаскин, Традиционные народные знания удэгейцев о природе, человеке и обществе во второй половине XIX–XX в. (опыт историко-этнографического исследования), Диссерт. ...Канд. Исторических Наук, ИИАЭН ДВО РАН, Владивосток, 1984, p.246.

사하므로 이들 사이에 '우주사냥' 신화가 전파되던 시기의 관념을 반영
하고 있다. 또한 이들은 은하수가 밤하늘을 균등하게 둘로 나누는 시각
적 이미지에 근거하여 은하수가 동쪽으로 기울면 물고기 풍년이 들고,
서쪽으로 기울면 흉년이 든다고 믿었으므로[275] 이들에게 동쪽은 긍정
적, 서쪽은 부정적 가치를 지니고 있다. 은하수에 대한 이들의 관념은
생활과학, 생활의 지혜와 관련이 있으며 자연에 대한 관찰자적 특성이
두드러진다. 〈별자리를 만든 오빠〉와 〈사냥꾼 엑지가와 칸다 마파의 경
기〉에 근거할 때 우데게족의 별, 별자리 신화에는 이들의 생업이 사냥
이던 시기 흔적이 많이 남아있다.

　우데게족을 비롯한 극동 토착종족에게는 플레이아데스성단에 대한
관념이 전파되어 있는데 우데게족은 나다(nada, 7), 나다 아지가(7명의
자매), 나다 아만다(7명의 매춘부), 나다 비온타(7명의 대머리 청년), 나다 케
켑세(7명의 노예)라고도 하며 7명의 별 아가씨와 결혼한 7명의 쌍둥이
신화와 관련짓기도 한다.[276] 이들은 플레이아데스성단을 어로와도 연결
시키는데 성단이 보흐토(다람쥐 - 날치) 별자리 근처에 있으면 강으로 연
어 떼가 많이 몰려올 징조이다.[277] 유사한 관념은 닙흐족에게서도 발견
되는데 닙흐족은 여름에 플레이아데스성단이 밤하늘에 보이지 않으면
지하로 내려가서 땅을 따뜻하게 해주고 있기 때문이라 믿고, 겨울철 먼

275　В. В. Подмаскин, "Космография тунгусо-маньчжуров и нивхов", Вестник
　　ДВО РАН. Этнография 1, 2004, p.96.
276　В. В. Подмаскин, там же, pp.96, 97; М. Д. Симонов, В. Т. Кялундзюга, М.
　　М. Хасанова, Фольклор удэгейцев: ниманку, тэлунгу, ехэ, Новосибирск:
　　Наука, 1998, pp.227-235.
277　В. В. Подмаскин, там же, p.97.

하늘에서 보이면 추위가 찾아올 징조라고 믿는다.[278]

플레이아데스성단은 7개의 별, 7명의 자매, 7명의 여인의 의미로 게르만족, 핀우구르족, 알타이계 튀르크파의 알타이족과 하카시족, 퉁구스파의 에벤키족, 몽골파의 투바족 사이에도 널리 전파되어 있다.[279] 이처럼 세계 여러 민족/ 종족들이 플레이아데스성단을 숫자 7과 관련짓는 것은 성단 중 육안으로 보이는 별이 7개이기 때문이므로 성단에 대한 세계 여러 민족/ 종족의 관념은 종교적, 우주론적이라기보다는 자연에 대한 관찰자적 특성을 가지고 있다.

이외 많은 별자리들은 이들에게 경제 활동 시즌을 알려주는 역할을 하는데, 11월 한밤중에 남쪽에 나타 탈루니(곰 가죽/ 우데게어)가 나타나면 곰 사냥 시기가, 3월 남동쪽에 송고소(큰사슴 몸통/ 우데게어)가 나타나면 큰사슴 사냥 시기가 된 것이다.[280] 나타 탈루니와 송고소는 우데게족 고유의 관념이며 별들의 시각적 이미지에 근거한 메타포이다. 우데게족은 태양, 달, 천체현상, 다른 별자리들은 인격화 시키지만 북두칠성과 은하수는 인격화 시키지 않는데 그 이유는 불분명하지만 문화영웅의 출현을 위한 것이었다.

위 내용에 근거할 때 별, 별자리에 대한 우데게족의 관념은 사냥 모티프와 밀접하게 관련이 있으며 초기에는 사냥꾼의 개인적 경험에 의

---

278 В. В. Подмаскин, там же, p.97.

279 В. П. Дьяконова, "Религиозные представления альайцев и тувинцев о природе и человеке", Природа и человека в религиозных представлениях народов Сибири и Севера (вторая половина XIX-начало XX в.), Л.: Наука, 1976, p.286.

280 В. В. Подмаскин, там же, p.95.

해 만들어졌지만 시간이 흘러 집단의식 속에 축적되면서 다른 종족과
는 구별되는 독특성을 띠게 되었다.

② 중계의 형상과 기원 및 완성 과정
가. 중계의 형상

우데게족에게 중계 나(na, 땅, 대지/ 네기달어, 퉁구스 남부 언어)는 현실
자신들의 세계로 머리는 북동쪽, 다리는 남서쪽에 두고 물속에 몸을 쭉
뻗은 채 누워있는 용 혹은 머리는 북동쪽, 다리는 남서쪽, 손은 동쪽과
서쪽에 두고 있는 살아있는 사람의 형상인데[281] 전자는 용 숭배에 근거
한다. 여기에서는 중계는 생명을 가진 인격체이므로 이 인격체에서 탄
생한 중계의 모든 자연물 및 자연현상도 서로 유기적으로 연결된 인격

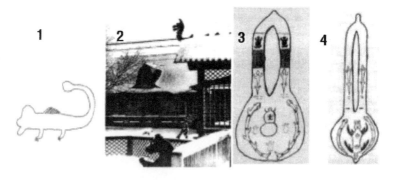

〈그림 57〉 1. 우데게족 관념 속 용 모둘리(무두리) Архив ПЦРГО-ОИАК. Д.6. Л.73.
2. 우데게족 크라스니 야르 마을 집 출입문 위 용의 형상 С. В. Березницкий, 2005, 580.
3, 4. 우데게족 젊은 세대의 축제용 흉복 Архив МАЭ РАН, Д.42, Л.43-44.

---

[281] ДКУ ИЭО, p.232; Архив ПЦРГО-ОИАК, Д.11, Л.21.

체라는 이들의 생태적 세계관이 발견된다. 용과 사람의 몸의 방향에서
북동쪽의 머리는 강 하구로 하계를, 남(남서)쪽의 다리는 강 상류로 상
계를 상징하므로 이들은 남(남서)쪽에서 기원하여 북(북동)쪽으로 이주
하여 현재의 거주지에 정착하였다.

나. 대지의 기원과 중계의 완성

우데게족에게 대지의 기원과 중계의 완성은 대지 창조 → 3개의 태
양 출현 → 문화영웅에 의한 2개의 태양 살해의 3단계 과정을 거쳤는데
이는 혼돈의 우주를 질서 잡힌 우주로 바꾸기 위한 생산적, 창조적, 필
연적인 과정이었다.

나-1. 1단계 대지창조

〈대지 기원 신화〉 태초에 우주에는 바다와 못된 노파가 사는 작은 땅
조각만 있었는데 하늘오리가 이곳에 내려와서 7년을 살았다. 8년째 되
는 해 노파는 하늘오리를 내쫓았다. 그때 하늘오리는 흙을 쥐고 날아오
르면서 바다에 흩뿌렸다. 흙을 조금 뿌린 곳에는 작은 섬이, 많이 뿌린
곳에는 대지가 만들어졌다.[282]

위 신화에서 태초 우주에는 바다와 작은 땅 조각만 있었는데 우데게
족에게 바다의 땅 조각은 대지가 아닌 바다에 속하므로 태초 우주는
바다만 있는 혼돈의 단일체였다. 또 바다의 땅 조각은 대지의 질료가
되었으므로 바다는 대지의 근원, 원천이다. 위 신화에서 하늘에서 내려

---

282 ДКУ ИЭО, p.233.

온 창조주인 하늘오리는 상계와 선의 본성, 바다에 사는 노파는 중계와 악의 본성을 대표한다. 하지만 노파는 하늘오리의 대지 창조에 방해가 되지 않기 때문에 선과 악의 대립은 이들의 대지 창조에서 특별한 의미가 없다. 이처럼 이들은 본디 선악은 서로 배척, 갈등하는 것이 아니라 선악의 대립과 조화 속에서 우주가 존재한다고 믿었다. 위 신화에서는 상계/ 중계, 위/ 아래, 건/ 습, 물/ 땅, 선/ 악, 인간/ 동물(새)의 이원대립이 발견되는데 이는 대지의 창조를 위한 생산적, 창조적, 필연적 대립이다. 또 하늘오리에게 창조주의 지위가 주어진 것은 물 ↔ 대지 ↔ 하늘을 자유롭게 오갈 수 있는 물새의 속성에 근거한다. 이처럼 1단계 대지 창조는 상계를 대표하는 하늘오리에 의한 것이었는데 이는 상계가 중계보다 우월한 지위를 차지하지는 관념적 근거가 되었다.

나-2. 2단계 3개의 태양 출현과 3단계 문화영웅에 의한 태양 살해
　2, 3단계는 연속성을 가진 사건이며 대개 한 신화 내에서 함께 그려진다.

　　〈사냥꾼 엑지가와 2개의 태양〉 사냥꾼 엑지가와 아내와 살았는데 태양은 2개였지만 달은 없었다. 너무 뜨거워서 나무와 풀들이 말라죽었고 강이 바닥을 드러냈으며 동물과 새들은 어디론가 달아났고 타이가에서는 숨을 쉴 수가 없었다. 아이들은 태어나자마자 죽었다. 엑지가는 활과 화살을 들고 절벽 꼭대기에 올라가서 태양이 오기를 기다렸다. 2개의 태양이 절벽 위로 오자 활을 쏘면서 말했다. "활아, 날아가서 태양에 꽂혀라. 너는 어려울 때마다 나를 구해주었다. 지금 너무 힘들구나!" 화살은 땅이 갈라지는 듯한 굉음을 내면서 날아갔다. 화살이 한 태양에 꽂히자 태양은 흐릿해지면서 빛을 잃더니 달로 변했고 다른 태양은 위로 올라갔다. 그때부터 태양과 달이 차례로 세상에 나타났다. 온 세상이 기뻐

했으며 나무와 풀이 자라기 시작했고 동물과 새들이 돌아왔으며 강물은 계곡을 따라 이리저리 달려갔다.[283]

〈강한 남자와 3개의 태양〉 옛날 하늘에는 3개의 태양이 있었다. 그들 중 하나는 컸고 그 옆을 따라다니는 2개는 작았다. 강한 남자에게 아들이 태어났는데 쉬지 않고 울었다. 어느 날 아들의 울음소리를 참을 수 없었던 엄마가 아들을 전날 빚어놓은 가루 반죽에 얹어놓았더니 아들은 울음을 그치고 편하게 잠이 들었다. 이 사실을 알게 된 노인들은 엄마에게 그것은 신의 규율에 어긋나는 행동이라고 질책했다. 하지만 엄마는 노인들의 말을 무시한 채 매일 같은 행동을 반복했다. 신이 이 사실을 알게 되었다. 이전에 신은 사람들을 위해 땅에 곡물과 동물의 지방을 내려보냈다. 하지만 규율을 어긴 것을 알게 된 이후 곡물 대신 눈을, 동물의 지방 대신 물을 내려보냈다. 사람들은 굶주렸다. 모든 것이 3개의 태양 때문이라고 생각한 강한 남자는 활을 쏘아 작은 태양 2개를 죽였다. 큰 태양은 하늘 높이 올라가는 바람에 활에 맞지 않았다. 이후 사람들의 삶은 변하여 물고기, 동물, 새를 직접 잡아먹었고 물고기와 동물 가죽으로 옷을 만들어 입었다.[284]

〈사냥꾼 엑지가와 2개의 태양〉에서 태양은 2개였는데 달이 없었으므로 밤낮의 변화, 빛과 어둠의 조화 등 자연생태계의 질서가 없어서 사람, 동물, 새, 나무, 풀 등이 생존할 수가 없었다. 이때 엑지가가 1개의 태양을 죽여 달로 만들면서 밤낮, 빛과 어둠의 조화와 균형이 이루어졌고, 나무와 풀이 다시 자랐으며, 어딘가로 떠났던 동물과 새들이 돌아왔고, 강물이 흐르는 등 자연생태계의 질서와 조화가 회복되었다.

---

283 М. Д. Симонов и др., там же, p.81
284 ДКУ ИЭО, p.237.

〈강한 남자와 3개의 태양〉에서 3개의 태양은 인간의 고통의 근원, 인간의 경제활동과 문화발전을 저해하는 요인이었다. 〈강한 남자와 3개의 태양〉에서 너무 뜨거워 울음을 그치지 않는 아들 때문에 힘들어하던 엄마는 신의 규율까지 어겼고 결국 신의 노여움을 사게 되었다. 또한 인간들은 너무 뜨거워 경제활동, 문화 활동을 할 수 없었기 때문에 신이 보내주는 곡물, 동물의 지방 등을 먹고 살았는데 규율을 어긴 것을 알게 된 신이 더 이상 먹을 것을 내려보내지 않아 사람들은 굶주렸고 인간들은 혼란에 빠졌다. 이때 문화영웅이 나타나 불필요한 태양 2개를 죽이자 열, 온기가 인간들의 생활과 활동에 적합한 수준으로 자리 잡았고, 사람들은 직접 물고기, 동물, 새 사냥을 하였으며, 물고기와 동물 가죽으로 옷을 만들어 입었다. 〈강한 남자와 3개의 태양〉에서는 극동 다른 토착종족의 신화와 달리 3개의 태양으로 인해 자연생태계가 파괴된 것이 아니라 너무 뜨거워 경제 활동과 생활양식에 대한 관념과 체계를 가질 수가 없었으므로 3개의 태양은 이들의 문화발전을 저해하는 요인이었다.

위 두 신화에서 문화영웅이 태양을 살해한 원인이 〈사냥꾼 엑지가와 2개의 태양〉에서는 자연생태계의 조화와 균형 회복, 〈강한 남자와 3개의 태양〉에서는 문화 발전의 기반 조성으로 변별적인데 이는 자연에서 문화가 분리되어 나가는 과정을 보여준다. 위 두 신화에서 문화영웅의 궁극적인 목적은 중계의 조화와 균형을 회복하여 우주의 질서와 체계를 완성하기 위한 것이었으며 살해의 원인에 근거할 때 '2개의 태양' 모티프가 '3개의 태양' 모티프보다 선행한다.

극동 토착종족의 신화 모티프는 퉁구스족 북부 그룹에게는 〈두 형제〉, 〈세베키와 하르기〉, 〈헤브키와 아링카〉, 〈2개의 태양〉 등 2수 원칙이었으나 퉁구스 남부 종족과 고아시아 닙흐족에게 오면 2수 원칙은 베일에 가려지고 〈3개의 태양〉, 〈삼형제〉 등 3수 원칙으로 변형된다. 또한 태양을 살해한 문화영웅이 퉁구스 북부 종족에게서는 무명(無名), 퉁구스 남부 종족에게서는 무명 혹은 하다우(하도우), 고아시아 닙흐족에게서는 삼눈으로 그 실체가 점점 분명해지므로 퉁구스족 남부 그룹과 닙흐족의 〈3개의 태양신화〉와 3수 원칙은 퉁구스족 북부 그룹의 2수 원칙에서 기원한다.

그런데 우데게족의 〈사냥꾼 엑지가와 2개의 태양〉에는 퉁구스족 북부 그룹, 〈강한 남자와 3개의 태양〉에서는 퉁구스족 남부 그룹과 닙흐족의 요소가 발견되므로 우데게족은 퉁구스족 북부 그룹과 남부 그룹, 고아시아 닙흐족의 문화적 경계지대, 사이지대에 있었다.

③ 하계의 기원과 구조
가. 하계의 기원

〈하계를 개척한 우자〉 태초에 사람들은 죽음이 무엇인지 몰랐다. 늙으면 남자는 포플러로, 여자는 자작나무로 변했다. 형 엑지가와 동생 우자가 살았는데 부모도, 출신 씨족도 몰랐다. 형 엑지가는 사냥을 다녔고 동생 우자는 고기를 꼬치에 끼워 화덕에서 구웠다. 어느 날 타이가를 걷던 우자가 호수 근처에 앉아서 쉬는데 물에서 이상한 소리가 들렸다. 물속을 들여다보니 바닥의 조개무지 가운데서 아름다운 조개가 사람처럼 말을 하였다. "우자야, 집으로 돌아가거든 네 형 엑지가의 침상 밑을 계속 파내려 가 봐. 하계 입구가 나올 거야." 집으로 달려간 우자는 형 엑지가의 침상 밑을 계속 파내려갔다. 한참 뒤 중계처럼 강, 호수, 언덕, 숲이 있고 수많은 동물이 있으며 달빛이 비치는 곳이 나왔다. 우자는

집으로 올라와 구멍을 자작나무껍질로 만든 양탄자로 덮어두었다. 그리
고 형은 훌륭한 사냥꾼이므로 그곳의 동물을 어렵지 않게 사냥할 것이
라는 데에 생각이 미쳤다. 그러자 곧 형을 그곳으로 보내기로 마음먹었
다. 저녁에 집에 돌아온 형 엑지가는 자작나무껍질로 만든 양탄자에 앉
아서 쉬려다가 그만 하계로 떨어지고 말았다. 하지만 곧 다시 돌아와서
우자에게 그곳에 가보라고 하였다. … 하계 입구에서 개가 우자에게 달
려들자 노파가 나타나서 우자를 하계로 들여보내주었다. 이렇게 해서
우자는 최초로 하계를 개척하였다. 이후 우자의 뒤를 이어 망자의 영혼
들은 하계로 갔고 다시는 중계로 돌아오지 못하였는데 개가 이들이 돌
아가는 것을 막았기 때문이다.[285]

위 신화에서 우자는 하계를 개척하여 우주의 균형과 조화를 완성한
우데계족의 첫 샤먼인데 위 신화를 통해 죽음과 하계에 관한 이들 고유
의 관념을 엿볼 수 있다.

첫 번째, 위 신화에는 극동 다른 토착종족의 하계 개척신화보다 사냥
의 전통이 훨씬 많이 보존되어 있으므로 이들의 하계관은 생업이 사냥
이었던 시기에 출현하였다. 그런데 하계는 샤먼에 의해 개척되었으므
로 샤머니즘은 이들의 주요 생업이 사냥이었던 시기에 출현하였다.

두 번째, 태초에 사람들은 죽지 않았는데 이는 하계가 없었기 때문이
므로 우데계족의 신화적 관념에서 상계, 중계, 하계 중 하계가 가장 늦
게 출현하였다. 또 이들에게 불멸, 하계 개척, 죽음 모티프의 출현 순서
는 불멸 → 하계 개척 → 죽음이다.

세 번째, 태초에 노령이 되면 우데계족 남자는 포플러, 여자는 자작

---

285 ДКУ ИЭО, p.239.

나무로 변했는데 이는 기원, 근원으로의 회귀를 의미하므로 우데계족은 나무에서 기원하며 나무는 인간의 모체이다. 이에 의하면 인간과 나무는 혈연공동체이며 인간은 본질적으로 '나무 – 사람'인데 이는 인간이 자연의 일부라는 이들의 생태적 세계관에 의한 것이다.

네 번째, 우자가 하계로 간 것은 하계 개척의 필요성을 자각한 반인 반조개 형상의 초월적 존재에 의한 것이었으므로 하계의 개척은 우연이 아닌 필연이었다.

다섯 번째, 우자가 형 엑지가의 침상 밑을 파내려가자 하계가 나왔으므로 이들에게 집은 우주의 중심이며, 하계와 중계는 수직 배열되어 있고, 생과 사는 '단절'이 아니라 '연속'이다.

여섯 번째, 하계 입구에 간 우자를 개가 막았지만 노파에 의해 하계로 들어가게 되었는데 노파는 하계신이며 고대 이들 사회에서 여성은 특별한 위치에 있었고 종교의식에서도 주도적 지위를 차지하였다. 또 개는 하계신의 보조신이므로 이들은 고대부터 개 사육에 종사했으며 개를 숭배하였다.

일곱 번째, 우자는 uʒɛ(샤먼의식을 하다/ 퉁구스 제어)[286]에서 엑지가는 εʒi (신, 정령, 지배자/ 네기달어, 퉁구스 남부 언어)에서 기원하므로 우데계족에게 우자는 첫 샤먼이자 문화영웅으로 인간의 속성을, 엑지가는 신의 속성을 가진 존재인데 이들은 오로크족의 우지가와 상기 마파에 상응한다.

여덟 번째, 위 신화에서는 남/ 여, 생/ 사, 중계/ 하계, 위/ 아래, 물/ 땅, 우연/ 필연, 형/ 동생, 포플러/ 자작나무의 이원대립이 발견되는데 이는 하계의 개척을 통해 우주의 조화와 균형을 완성하기 위한 창조적,

---

286 ССТМЯ 2, p.249.

생산적, 필연적인 대립이다.

나. 하계의 구조

우데게족에게 하계는 헤기 우헤 바(hɛgi uhɛ ba)인데 퉁구스 제어 hɛ(r)gi(아래) + huiɛ(다른 곳으로 떠나다) + ba(buga~boga~bua~boa~bo, 우주, 하늘, 지역, 나라, 땅, 세계, 날씨, 자연, 자연현상/ 퉁구스 제어)의 구조이다.[287] 헤기 우헤 바는 '아래쪽 다른 세계에 있는 모든 현상'을 의미하므로 우주는 수직 배열되어 있지만 삼단세계관의 요소는 흐릿하고 불분명하다. 우데게족에게 하계는 3층 구조인데 사마르가강 우데게족에 의하면 중계와 가장 가까운 하계 1층은 부니가, 2층은 도키니 오요니, 3층은 켐마 오요니인데 현재 이에 대한 관념은 상당부분 퇴색되어 그 원형 재구가 쉽지 않다.

1층 부니가는 bu(죽다/ 퉁구스 제어)에서 기원하며 퉁구스족 공통인 부니의 음성변형이다. 부니가는 중계 바로 아래에 위치하는데 중계처럼 태양과 달이 있으며, 씨족 조상령의 마을이 있다. 부니가 사람들은 상계로 가서 환생을 준비하기 전까지 생업에 종사하고 가정을 꾸리고 살면서 중계의 가족과 씨족을 보호해주는데 이는 이들의 조상숭배에 근거한다. 우데게족에 의하면 부니가는 중계보다 규율이 더 엄격하고 부부에 대한 신뢰가 더 철저하게 요구되는데[288] 이러한 관념의 근거는 불

---

287 А. Х. Грифанова, там же, p.77; ССТМЯ 2, pp.144, 358.

288 С. В. Березницкий, Верования и ритуалы коренных народов юга дальнего востока: этнокультурные компоненты и современное состояние (вторая половина XIX–XX в.), Диссерт. ...Доктора Исторических Наук, ИИАЭН ДВО РАН, Владивосток, 2005.

분명하지만 이들의 도덕관, 윤리관이 투영된 것이다.

　부니가 사람들의 식문화에 대해서는 다양한 의견이 존재하는데 이들이 중계에서처럼 어로와 사냥에 종사하는 것은 식생활을 해결하기 위한 것이므로 이들의 식문화는 중계 사람들과 유사하다. 하지만 호르강을 비롯한 일부 우데게족은 부니가 사람들은 목탄을 먹는다고 믿는데 이는 철기문화 전파 이후 인접종족으로부터 수용한 관념이다.

　2층 도키니 오요니는 dok(s)ini(잔인하다, 비인간적이다, 악독하다/ 우데게어) + ojoni(마을, 주거지/ 우데게어)의 구조로[289] '잔인하고 악독한 영혼의 마을'을 의미하며 생전 씨족의 관습법 중 살인, 식인 등의 규율을 위반한 사람들의 영혼이 가는 곳이다. 3층 켕마 오요니는 hɛɳimu(질식하다, 울다/ 우데게어) + ojoni의 구조로 '질식할 것 같은 마을, 울고 있는 영혼들의 마을'을 의미하며 씨족의 관습법 중 근친혼 등 족외혼을 위반한 사람들의 영혼이 가는 곳이다.[290]

　도키니 오요니와 켕마 오요니는 태양과 달이 없는 암흑의 세계이며 이곳으로 간 영혼들은 씨족의 관습법을 어긴 죄로 씨족에서 축출되었기 때문에 중계로의 환생은 불가능하다. 따라서 우데게족의 사회적, 개인적 삶의 근간은 씨족이며 씨족의 관습법 위반은 사후에도 고통을 받으면서 살아가야 할 만큼 중대한 범죄 행위이다. 그런데 씨족의 관습법 중 족외혼, 근친혼의 금기를 어긴 사람들의 영혼이 하계의 가장 깊은 곳인 3층 켕마 오요니로 가는데 이는 이들에게 씨족의 관습법 중 근친혼, 족외혼 금지가 가장 중요했기 때문이다. 족외혼은 이들 사이에서

---

[289] ССТМЯ 2, pp.8, 213, 326.
[290] ССТМЯ 2, p.361; А. Х. Грифанова, там же, p.29.

씨족 간 불화와 긴장 해소, 경제적 풍요 등 많은 순기능을 담당하면서 씨족의 물질적 풍요와 영속성 유지에 지대한 역할을 했기 때문에 족외혼 위반은 사후에도 결코 용서받을 수 없었다. 이에 근거할 때 과거 이들 사이에는 남매혼, 근친혼 등 족내혼이 실재하였고 실제로 많은 문제를 야기하였다.

아르세니예프에 의하면 부니가의 강 건너편에는 또 다른 하계 라온기나가 있는데 이곳은 중계처럼 하늘, 강, 산, 타이가, 나무 등 모든 것이 있지만 검은색이며 인간에게 대단한 피해를 주는 악령들의 세계인데 샤먼도 그곳에 가면 죽음을 면할 수 없다.[291] 이에 대한 우데게족의 관념은 알려진 바가 없을 뿐만 아니라 우데게어에 유사한 단어가 없기 때문에 그 실체 규명이 쉽지 않다. 하지만 laonga(탐욕스럽다, 대식가/ 나나이어)[292]와의 음성적 유사성에 근거할 때 나나이족과 인접한 일부 그룹의 관념이며 생전 도둑질을 일삼고 게으름을 피우면서 생업에 불성실했던 사람들의 영혼이 가는 곳으로 늘 허기에 시달리는 악령들의 세계이다.

5) 울치족의 우주관

(1) 우주의 구조와 우주 삼계의 완성

① 우주의 구조

울치족에게 우주는 상계, 중계, 하계의 구조로 이루어진 삼단세계인데 초기에는 분리 불가능한 단일체였으나 이후 구조화된 수평 혹은 수

---

291 В. К. Арсеньев, Лесные люди удэхейцы, Владивосток: Владивосток: Книжное дело, 1926, p.34.
292 ССТМЯ 1, p.459.

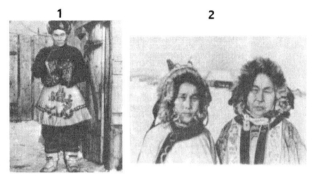

〈그림 58〉 1. 울치족 샤먼 2. 울치족 여인들
https://studfile.net/preview/957926/ 검색일: 2022.07.06.

평 – 수직 모델로 변형되었다. 우주의 수평구조는 콘돌리누와 아주아에
의한 우주강 연결로, 수평 – 수직 구조는 문화영웅 메르겐에 의한 우주
산 창조로 완성되었다.

〈콘돌리누와 아주아〉 전나무에는 콘돌리누라는 청년이 살고 있었고
삼나무에는 아주아라는 아름다운 아가씨가 살고 있었는데 서로의 존재
를 몰랐다. 둘은 한 번도 사람을 본 적이 없었다. 어느 날 콘돌리누는
전나무에서 나와 강을 따라 걸어가다 삼나무 근처에 이르러 아주아를
만나게 되었다. 둘은 혼인을 하였다. 아이가 태어날 시기가 가까워지자
콘돌리누는 출산용 움집을 지었다. 아주아는 딸 쌍둥이를 낳았다. 아주
아는 연달아 아주 힘이 센 아들 형제를 낳았다. 남동생들은 사냥을 했고
누나들은 음식과 옷을 만들면서 살았다.[293]

293 А. М. Золотарев, Родовой строй и религия ульчей, Хабаровск: Дальгиз,
1939, p.167.

위 신화에서 전나무에서 태어난 콘돌리누가 걸어간 강은 우주강이며 콘돌리누는 상류에, 아주아는 하류에 살고 있었는데 상류는 상계, 하류는 하계를 상징하므로 콘돌리누는 상계, 아주아는 하계를 대표한다. 위 신화에서 콘돌리누와 아주아에 의해 상계, 중계, 하계가 연결되면서 우주의 수평구조가 완성되었으므로 울치족에게 상계는 남성, 하계는 여성적 본성을 가지며 콘돌리누는 남성 신으로서 천신, 아주아는 여신으로서 하계신을 상징한다.

울치족에게 우주의 수평 – 수직 구조는 문화영웅 메르겐의 우주산 창조로 완성되었다. 메르겐은 땅에서 하늘까지 닿는 거대한 뿔을 가진 순록 형상의 우주산을 만들면서 우주의 위아래를 연결하였다. 우주산은 다시 생자의 세계로 빛의 신이 다스리는 까치 형상의 동쪽, 죽음과 망자의 세계로 동물의 신이 다스리는 까마귀 형상의 서쪽으로 나누어졌다.[294] 그런데 우주산의 동쪽과 서쪽을 까치와 까마귀로 형상화하는 것은 이들 고유의 관념이 아니라 새 숭배가 발달한 고아시아계 축치족의 영향이다. 이처럼 우주산에 의해 우주의 수직과 수평 구조가 융합되면서 동쪽은 상계, 서쪽은 하계를 상징하게 되었는데 이 모델은 서쪽이 조금 위, 동쪽이 조금 아래에 위치한 비스듬한 모양으로 서쪽과 북쪽, 동쪽과 남쪽이 혼종되어 있다. 이는 이들의 신화적 관념에서는 상계가 위쪽, 하계가 아래쪽, 종교적 관념에서는 상계가 동쪽 혹은 남쪽, 하계가 서쪽 혹은 북쪽인데 이 관념들을 융합하는 과정에서 발생한 현상이다.

---

294 T. Ю. Сем, там же, p.117.

② 메르겐의 우주 삼계 완성

메르겐은 우주의 수평 – 수직 모델을 완성한 뒤 상계와 하계로 가는 길을 개척하면서 우주 삼계를 연결하였다.

〈메르겐의 우주 삼계 연결〉 상계로 가는 길은 높은 산 인근 해안을 지나가는데 이곳에는 노부부의 집이 있다. 그곳을 지나면 산, 고개가 이어지다가 끝에 이르면 황금 물로 가득 차고 은장식, 구리로 수리한 집이 있는데 이곳은 빛과 하늘 신의 집이다. 이곳에는 이 신을 지키면서 일출과 일몰을 관장하는 개가 있다. 이곳을 지나면 세 갈래 길이 나오는데 메르겐은 가운데 길로 갔다. 메르겐은 9개의 산, 7개의 늪, 40개의 명아주 늪지대와 호수를 통과한 뒤 두 마리 개가 끄는 썰매를 타고 하늘을 지나가서 작은 방울을 가진 하늘토끼를 만났다. 메르겐은 하늘토끼를 타고 자작나무 여인, 구름 노인, 불이 있는 땅끝으로 날아갔다. 그곳에서 4그루 버드나무 옆에 있던 매가 메르겐을 바다 너머의 하계로 데려다주었다. 하계로 간 메르겐은 황금 윗도리, 은 치마를 입고 있는 철로 만들어진 노인 형상의 하계신을 찾아갔다. 그곳에서는 거대한 바위를 들어 올리는 경기가 벌어지고 있었다. 메르겐은 하계신과의 경기에 이기면서 우주강 중앙의 마을을 얻었고 하계신은 강 아래쪽을 지키게 되었다.[295]

위 신화에서 높은 산은 우주산이며 산 인근 해안에 있는 노부부는 상계 입구를 지키는 부부 신이다. 이곳을 지난 뒤 산, 고개의 끝에 위치한 황금물이 있고 은장식, 구리로 수리한 집에 기거하는 빛과 하늘 신은 지고신이며, 개는 이곳에서 지고신을 보호하면서 태양의 운행을 주

---

295 Т. Ю. Сем, там же, p.116.

관하는 천신이다. 위 신화에서 개는 지고신의 최측근 보조신으로서 태양을 지배하므로 지고신 → 개의 신 → 태양신의 위계가 성립되는데 개가 태양보다 높은 위계인 것은 이들에게 개가 종교적, 문화적으로 중요한 위치에 있었기 때문이다. 또 지고신의 집이 황금 물로 가득 차 있고 은으로 장식되어 있다는 관념은 금과 은이 물질적, 경제적 가치를 지니게 된 늦은 시기의 관념으로 지고신의 풍부한 경제력을 말해준다. 이곳을 지난 뒤 나오는 세 갈래 길 중 메르겐은 가운데 길로 갔는데 이 길은 상계와 하계를 연결하는 길이며 좌우의 길에 대해서는 알 수 없지만 악령 혹은 정령의 세계이다. 이후 메르겐은 9개의 산, 7개의 늪, 40개의 명아주 늪지대와 호수를 통과하였는데 이는 숫자 7, 9, 40 숭배에 근거한다. 숫자 7, 9 숭배는 이들 고유의 관념이지만 숫자 40 숭배는 러시아문화의 영향에 의한 것이다.

메르겐은 작은 방울을 가진 하늘토끼를 타고 자작나무 여인, 구름 노인, 불이 있는 땅끝으로 날아갔으므로 하늘토끼는 상계의 중요한 교통수단이며, 하늘토끼가 가지고 있는 작은 방울은 샤먼의 징표이므로 토끼는 샤먼의 보조령이다. 땅끝에 있는 바다를 건너 메르겐을 하계로 데려다준 매는 중계와 하계를 연결하는 중개자인데 이는 하늘, 땅, 물을 자유롭게 오가는 새의 속성에 근거한다.

하계로 간 메르겐이 만난 하계신은 철로 만들어졌으므로 위 신화는 철기시대 이후에 출현하였고, 하계신의 황금 윗도리, 은 치마는 하계신의 풍부한 경제력을 말해준다. 또 하계신은 남성 신인데 이는 이들의 신전에서 남성 신이 여신보다 우위를 차지하면서 하계신이 여신에서 남성 신으로 변형되는 과정을 보여주고 있다. 메르겐은 하계신과의 경기에 이기면서 우주강 중앙의 마을 즉 중계를, 하계신은 강 아래쪽 즉 하계를 다스리게 되었고, 마침내 상계 – 중계 – 하계가 연결되었다. 위 신화에서 메르겐은 하계로 가는 길을 개척함으로써 인간에게 생사의 균형을 가져다준 우데게족 첫 샤먼이자 문화영웅인데 메르겐의 하계 개척은 우주의 균형과 조화를 완성하기 위한 생산적, 필연적, 창조적인 과정이었다.

(2) 상계에 대한 관념

울치족에게 상계는 바(혹은 박타), 상계 사람은 바 나니(박타 나니)인데 바와 박타는 buga(~boga~bua~boa~bo~ba, 우주, 하늘, 지역, 나라, 땅, 세계, 날씨, 자연, 자연현상/ 퉁구스 제어)에서 기원하며[296] 상계는 통합의 단일체인 우주와 동일시되므로 이들의 신화적 관념에서 우주 삼계 중 상계가 가장 먼저 출현하였다. 상계에 대한 울치족의 관념은 매우 희미하지만 지고신 보아(혹은 보아 엔두리), 태양, 달, 별, 별자리 등의 천체, 번개, 우레, 천둥 등 천체 현상과 자연 현상을 다스리는 천신들, 문화영웅들, 신이 된 조상령, 그 이외 상계 사람들의 세계이며 씨족의 기원지가 있는 곳이다. 지고신 보아는 큰 마을에서 건장한 남자들의 보호를 받으며 사는데 황금 옷을 입고 있고 차양에서 빛이 나오는 황금 모자를 쓰고 있다.[297] 이에 근거할 때 지고신은 씨족마을에서 보조신들의 호위 받으면서 매우 풍요로운 생활을 하는데 지고신의 황금 옷과 황금 모자는 금은이 경제적, 물질적 가치를 지니게 된 후대에 추가된 관념으로 지고신의 풍부한 경제력을 말해준다.

---

296 ССТМЯ 2, p.144.
297 А. В. Смоляк, там же, p.19.

지고신의 최측근 보조신은 백발노인인 번개와 천둥의 신 악디이다. 악디는 상계 불을 대표하는데 봄이 되면 부싯돌을 부딪쳐 천둥과 번개를 치게 하여 악령들을 물리친다. 일부 울치족에 의하면 악디는 곰 머리, 사람의 몸, 독수리 날개, 불타는 눈을 가진 복합적 형상인데 악디가 날 때 천둥이 치고 눈이 반짝일 때 번개가 친다.[298] 이때 악디의 곰 머리는 하계, 사람의 몸은 중계, 독수리의 날개는 상계를 상징하므로 악디는 상계, 중계, 하계의 요소를 모두 가진 우주적 형상이다. 따라서 악디는 인간에게 병이나 불행을 가져오는 우주 삼계의 모든 악령을 퇴치할 수 있는 강력한 힘을 가지고 있다.

상계 사람들 중 울치족에게 의미 있는 존재는 문화영웅 하다우이다.

〈하다우와 3개의 태양〉 3개의 태양이 떠오르면서 빛 때문에 사람들은 눈이 멀었고 열로 인해 타죽었다. 빛과 열이 너무 강해서 땅이 타고 강물이 끓었고 물고기들이 물 밖으로 뛰쳐나갔다. 밤이 되어 태양이 지면 3개의 달이 떠올라 사람들은 잠을 잘 수가 없었다. 하다우는 움집을 지어 태양 빛으로부터 몸을 숨긴 뒤 활을 만들어 2개의 태양과 달을 쏘아 떨어뜨렸다. 자연은 예전의 모습으로 돌아갔다.[299]

위 신화에서 본디 태양은 1개였는데 알 수 없는 이유로 태양이 3개가 되면서 사람들은 눈이 멀었으며, 열기에 타죽었고, 강물이 끓는 바람에 물고기들이 물 밖으로 뛰쳐나갔다. 또 알 수 없는 이유로 본디 1개였던 달이 3개가 되면서 사람들은 잠을 잘 수가 없었다. 즉 알 수 없는 이유

---

298 https://studfile.net/preview/957926/ 검색일: 2022.07.06.

299 А. В. Смоляк, там же, p.19.

로 불필요한 2개의 태양과 2개의 달이 나타나면서 인간의 삶과 자연생태계의 조화와 질서가 파괴되었다. 이때 하다우가 2개의 태양과 2개의 달을 죽임으로써 인간 세계와 자연생태계의 조화와 균형이 회복되었다. 따라서 하다우의 태양과 달의 살해는 혼돈의 우주를 질서와 균형 잡힌 우주로 바꾸기 위한 생산적, 창조적, 필연적인 과정이었다.

하다우가 상계 몇 층에 사는지 구체적으로 알 수 없지만 상계 어딘가에 집 테우루 3채가 층지어 서있는데 그중 가장 높은 층의 집에 하다우와 그의 보조신들이 거주한다.[300] 울치족은 하다우를 창조주로 간주하면서 그의 이름 부르는 것을 금기시하여 운제라고 부른다.[301] 이는 이름에도 영혼이 있기 때문에 함부로 이름을 부르면 하다우의 분노를 산다는 관념에 근거하여 하다우를 타자화 시키기 위한 것이다. 운제는 인간의 속성을 지닌 오로크족의 문화영웅 우지가, 우데게족의 문화영웅 우자의 음성변형이므로 울치족에게 오로크족과 우데게족은 같은 퉁구스계에 속하지만 여전히 타자들이다.

(3) 중계에 대한 관념

울치족에게 중계는 극동의 다른 토착종족처럼 나(na, 땅, 대지/네기랄어, 퉁구스 남부언어)이며 타이가(산), 물(바다), 울치족이 거주하는 땅의 세계로 수평 분할되는데 땅의 세계가 중심에 위치하고 물의 세계에서는 바다가 가장 중요하다. 울치족에 의하면 타이가의 사람들은 나무에 살면서 타이가와 동물을 다스리고, 물(바다) 사람들은 물(바다)에 살면서 물

---

300 А. В. Смоляк, там же, p.19.
301 А. В. Смоляк, там же, p.19.

고기와 바다 동물들을 다스리는데 이들은 인간과 달리 신성하고 초월
적인 힘을 가지고 있다. 땅의 울치족은 물(바다), 타이가(산) 사람들과
항시적으로 교류하면서 혼인관계를 맺기도 하는데 주로 땅의 여인들과
다른 세계 남자들의 혼인이다. 이처럼 인간과 비인간 존재, 인간 너머
존재들 간 혼인이 가능한 것은 인간과 이들은 외형만 다를 뿐 동일한
속성을 가진 인격체이자 '사람'이라는 생태적 세계관에 근거한다.

〈타이가 두엔테 나니 씨족과 땅의 여인의 혼인〉 타이가의 신은 두엔
테 에제니이다. 어느 날 그는 키가 크고 건장한 남자의 모습으로 울치족
여인에게 나타나서 타이가 두엔테 나니 씨족의 남자와 혼인하라고 하였
다. 두 씨족이 혼인관계를 맺으면 자신이 사냥을 도와줄 것이라고 하였
다. 하지만 필요한 이상 사냥하면 안 되고 동물들, 새들, 나무들, 타이가
의 모든 것들을 소중히 여기고 혼인 관계에 있는 두엔테 나니를 존중해
야 된다고 하였다. 이 규율을 지키면 늘 사냥에 성공하고 평안하고 안정
된 삶을 영위할 수 있을 것이라고 하였다.[302]

두엔테 에제니는 duɛntɛ(곰 신, 타이가의 신, 산신/ 퉁구스 제어) + ɛʒɛni(신,
정령, 주인, 주인/ 퉁구스 제어)의 구조이며 곰의 형상인데 이는 극동 토착종
족 공통의 관념이다. 위 설화에서 타이가 남자와 땅의 울치족 여인의
혼인은 타이가 신 두엔테 에제니의 요구에 의한 것이었으며, 혼인의 조
건은 땅 사람들의 사냥을 도와주는 것이었고, 더불어 땅의 울치족 여인
들에게 타이가의 규율을 알려주었다. 그렇다면 땅의 울치족과 물(바다)

---

302 Н. В. Мартынова, Д. Р. Слипецкая, "Феномен материальной и духовной
культуры этноса ульчи: традиции, прошлое и настоящее", The scientific
heritage 72, 2021, p.4.

사람들 사이에도 유사한 관계가 있었고, 이들은 울치족의 어로와 바다 동물 사냥을 도와주었고, 바다 세계의 규율을 알려주었다. 따라서 이들에게 자연은 상호 보완하는 존재, 삶의 규율과 지침을 알려주는 존재, 생태적 세계관과 자연관 형성의 기초를 마련해준 존재이다.

(4) 하계에 대한 관념

울치족에게 하계는 불리인데 퉁구스족 공통의 buni(하계/ 퉁구스 제어)의 음성변형이다. 불리에는 씨족 조상령의 마을이 있는데 이곳 사람들은 생전처럼 아무르강에서 어로를 하며 타이가에서 사냥을 한다. 울치족에 의하면 불리는 서쪽 지하에 있는데 이는 샤머니즘 수용 이후 하계가 서쪽으로 옮겨졌기 때문이다. 망자의 영혼은 송혼식이 끝날 때까지 불리 입구 출입문 앞의 작은 움집에서 배고픔의 고통을 참으면서 문이 열리기를 기다린다.[303] 따라서 이들에게 송혼식은 망자의 영혼이 하계 씨족 조상령의 마을에 통합되기 위한 필수적인 통과의례이다.

울치족의 하계에는 불리 이외에 도르킨과 켈멘이 더 있다. 도르킨은 dol(아주 깊다/ 퉁구스 제어) + kin(장소표지 접미사)의 구조로 '아주 깊은 곳'을 의미하며 불리 아래쪽에 있다. 도르킨 사람들은 도르킨 나니이며 이곳 최고의 신은 해신 테무 에제니이다. 나나이족에게 도르킨은 악령의 세계, 물의 세계이지만 울치족에게 도르킨은 정령의 세계로 불신 푸쟈, 산과 강의 정령 칼가마, 곰의 정령, 호랑이 정령, 이가 비뚤어진 사람들이 기거한다.[304] 따라서 이들은 도르킨이라는 용어는 나나이족으로부터

---

303 А. В. Смоляк, там же, p.23.

304 А. В. Смоляк, Шаман: личность, функции, мировоззрение: (Народы Нижн

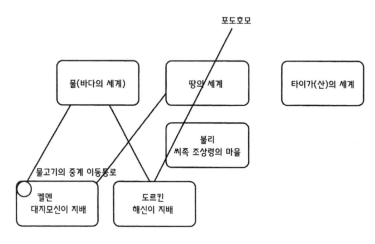

〈그림 59〉 울치족 관념 속 하계의 구조

차용하였으나 관념적 내용은 자신들 고유의 세계관에 근거하여 발전시
켜 나갔다. 도르킨의 정령들은 샤먼이 그곳에 오면 자신들에게 적대적
인 정령으로 생각하여 죽이려 하기 때문에 샤먼은 곰이나 호랑이 등과
같은 도르킨 사람으로 변신한 뒤 가야한다. 그런데 이가 비뚤어진 사람
이 도르킨으로 가는 이유는 불분명하며 가끔 우연히 평범한 사람도 불
리가 아닌 도르킨에 가서 중계에서와 같은 삶을 영위하므로 도르킨은
삶의 조건 및 생활 양태가 불리와 유사한 세계이다.

　도르킨에는 중계를 지나 하늘까지 뻗어있는 포도호모가 자라는데
bodo(삶, 생명/ 퉁구스 제어) + mo(나무)[305]의 구조이며 도르킨의 정령들은
이 나무를 이용해 우주를 돌아다니므로 포도호모는 상계 – 중계 – 하계

....

　　его Амура), М.: Наука, 1991, p.22.
305 ССТМЯ 1, p.88.

불리 – 하계 도르킨을 연결하는 우주목이다. 포도호모 정상은 상계, 기둥은 중계, 뿌리는 하계를 상징하는데 뿌리에는 뱀, 기둥에는 두꺼비와 도마뱀, 가지에는 방울들이 있다.[306] 뱀은 하계 샤먼의 보조령, 두꺼비와 도마뱀은 중계 샤먼의 보조령, 방울들은 샤먼의 징표이므로 포도호모는 샤먼목도 동시에 상징한다.

대다수 울치족은 포도호모는 높은 언덕에 있고 그 밑에는 악령 암반 에제니가 산다고 믿는데 이는 뿌리가 죽음과 악령의 세계인 하계를 상징하기 때문이다. 일부 울치족에 의하면 포도호모 뿌리에는 하늘 호랑이가 사는데[307] 이 호랑이는 상계와 하계의 속성을 모두 가지고 있는 우주적 형상이며 호랑이 숭배가 발달한 그룹에 특징적이다. 울치족 로숙부 씨족에 의하면 포도호모 뿌리에는 씨족의 보호령인 세멜 아마, 여신 마마리가 기거하므로 이들에게 포도호모는 씨족나무를 상징한다. 이처럼 포도호모는 우주의 중심축으로서 우주목, 씨족나무, 샤먼목을 동시에 상징하면서 오랜 기간 울치족 전통신앙의 중심에 자리 잡고 있었다.

하계 켈멘은 바다 아래에 있으며 중계를 다스리는 대지모신 나 에제니의 지배를 받는데 태양은 없고 켈멘의 구멍을 통해 중계의 강과 바다로 물고기가 나오므로 중계와 연결되어 있으며 물고기의 근원지이자 원천이다. 켈멘은 도르킨의 정령들과 유사한 정령들의 세계인데 일부 샤먼에 의하면 켈멘은 도르킨 아래에, 일부 샤먼에 의하면 도르킨 위에 있다.[308] 그런데 도르킨과 켈멘을 다스리는 신인 해신과 대지모신

---

306 ССТМЯ 1, p.88.
307 А. В. Смоляк, там же, p.22.

은 동등한 위계를 지닌 중계 3대 신[309]이고, 켈멘은 바다 아래에서 중계의 바다, 강과 연결되어 있으므로 도르킨과 켈멘은 수직 구조가 아니라 〈그림 59〉처럼 씨족 조상령의 마을이 있는 불리 아래쪽에 수평 배열되어 있다. 이상의 내용에 근거할 때 도르킨의 관념적 내용은 우주의 중심축으로서 우주목, 켈멘은 우주강에 근거하며 도르킨과 켈멘은 정령들의 세계이지만 샤머니즘이 발전하면서 샤먼의 위상과 권위를 강화시키기 위해 특화된 샤먼의 하계이다.

3. 극동 고아시아계 닙흐족의 우주관

1) 우주의 구조

닙흐족에게 우주 쿠른(kun~kur)은 거대한 사람의 형상이며 탄생, 성장, 죽음의 과정을 거치는데 밀물과 썰물은 쿠른의 규칙적인 호흡에 의한 것이다.[310] 이들에게 우주는 사람이고, 밀물과 썰물 같은 자연현상은 사람의 생리작용에 의한 것인데 이는 우주만물은 사람을 모체로 유기적으로 연결되어 있다는 이들의 생태적 세계관에 의한 것이다. 닙흐족에게 우주의 중심은 자신들의 집, 마을이 있는 곳인데[311] 이는 우주의

---

308 А. В. Смоляк, там же, p.22.
309 중계 3대 신의 위계는 종족, 씨족에 따라 다소 달라지는데 일부 종족, 씨족에게는 해신이 우위에, 일부 종족, 씨족에게는 대지모신이 우위에 있다.
310 Л. Я. Штернберг, Гиляки, орочи, гольды, непадальцы, айны, Хабаровск: Дальгиз, 1933, p.49.
311 В. М. Санги, Песнь о нивхах, Эпическая поэма в мифах, сказаниях, исторических и родовых преданиях, М.: Современник, 1989, p.25.

중심, 소우주, 신들에 의해 정화된 신성한 세계, 질서 잡힌 조직화 된 세계에 살고자 하는 염원에 의한 것이다. 닙흐족 신화에서 우주의 구조는 분리불가능한 단일체 → 상계와 중계로 구조화된 단일체 → 상계, 중계, 하계의 삼단세계로 변형되었다.

> 〈청년 아즈문〉 집에 가야하는데... 어떻게 하지? 아즈문은 한쪽 끝은 바다 가운데 섬, 한쪽 끝은 먼 땅에 닿아 있는 무지개를 보았다. 아즈문은 무지개로 기어 올라간 뒤 무지개를 따라 땅을 향해 달려갔다. 무지개가 끝났다. 아즈문은 땅으로 뛰어내렸다.[312]

> 〈우뭄즈 닙흐와 누나〉 고아 남매가 살고 있었는데 어느 날 갑자기 누나가 사라졌다. 동생 우뭄즈 닙흐에게 성주신이 말했다. "너무 애달파하지 말거라! 네 누나는 하늘 사람에게 시집갔단다." … 우뭄즈 닙흐는 바닷속 해신을 찾아가 하늘로 데려다 달라고 부탁하였다. 우뭄즈 닙흐는 바늘로 변신한 뒤 해신이 준 날개 달린 백마의 눈썹 사이에 앉았다. 백마는 앞뒤 돌아보지 않고 쏜살같이 하늘 문으로 돌진해 하늘로 들어갔다.[313]

〈청년 아즈문〉에서 무지개에 의해 바다 가운데의 섬과 땅의 끝이 연결되었으므로 무지개는 바다 - 하늘 - 땅을 연결하는 매개체이며 아즈문의 자유로운 우주 통행을 보장해준다. 〈우뭄즈 닙흐와 누나〉에서 우뭄즈 닙흐는 하늘 사람에게 시집간 누나를 찾기 위해 해신에게 가서 날개 달린 백마를 얻어 타고 하늘로 갔다. 위 두 신화에서 아즈문과 우뭄즈 닙흐는 대지에 살고 있으므로 중계를 대표하지만 하늘과 바다를

---

312 『시베리아설화집: 니브흐인 이야기』, 엄순천 편역, 지식을만드는지식, 2018, p.141.
313 『시베리아설화집: 니브흐인 이야기』, 앞의 책, p.153.

자유롭게 오가므로 땅 – 바다 – 하늘은 하나로 연결되어 있고 그 경계
는 불분명하다. 또 각 세계의 이동은 자유롭고 일반인도 통행이 가능하
므로 위 신화들에는 우주가 통합의 단일체이던 우주관 초기의 흔적이
남아있다.

일부 닙흐족은 우주를 상계, 중계, 하계, 바다(강, 호수 등 수중세계 포함)
의 네 개 세계로 나눈다.[314] 이처럼 바다를 독립된 세계로 나누는 것은
바다가 대지에 속하는 것이 아니라 대지와 대립관계에 있다는 관념에
의한 것이다. 그런데 바다는 대지(땅), 타이가(산)과 함께 중계의 구성요
소이므로 우주가 상계, 중계, 하계, 바다로 이루어져 있다는 관념은 일
부 닙흐족에 특징적이다.

초기 닙흐족에게 우주는 수직 구조였으며 상계, 중계, 하계의 상호관
계는 단순 명쾌하며 매우 분명하였다. 하지만 샤머니즘 수용 이후 수평
구조로 변형되면서 바다와 강이 아와 타의 세계를 나누는 기준이 되었
고,[315] 일출과 일몰은 동서가 아니라 바다와 강의 방향에 상응하게 되었
다. 이로 인해 수평 구조는 수직 구조와 달리 거주지역에 따라 서로 독
립적인 방향성을 가지게 되었는데 이는 자유로운 것이 아니라 주변 자
연환경, 지형조건에 따라 엄격하게 제한되었다. 이러한 방향 설정은 매
우 복잡하여 이해하기가 어렵지만 타이가와 바다에서는 주변의 혼란을
최대한 효과적으로 정리하고 일상생활에서 필요한 장소를 쉽게 찾을
수 있게 해준다.

----

314 С. Н. Скоринов, "Традиционная система верований и культов", История
 и культура нивхов: историко-этнографические очерки, СПб.: Наука, В.
 А. Тураев (Ред.), 2008, p.113; Е. А. Крейнович, там же, p.38.

315 Е. А. Крейнович, там же, pp.52-53.

〈새가 된 라도〉 라도가 백조에게 소리쳤다. "뒤로 한 번 구르고 나서 백조처럼 울면 나도 백조가 될 수 있지? 너희와 함께 떠날 거야! 다른 엄마를 찾으러 갈 거야." 땅을 한 번 구르자 라도는 백조처럼 날개가 생기면서 하늘로 날아올라갔다. … 백조들도 라도도 바람을 따라 떠났다. … 먼 남쪽 나라에서 따뜻한 바람이 불어오자 백조와 라도가 돌아왔다. 여름 내내 라도는 엄마가 집 밖으로 나오기만 기다렸지만 결국 엄마는 나오지 않았다. … 아무르강에서 찬바람이 불어오면서 라도는 다시 따뜻한 나라로 떠났다.[316]

위 신화에서 라도와 백조들은 가을에는 바람을 따라 아무르강을 떠났다가 봄이 되면 그 바람을 따라 다시 아무르강으로 돌아온다. 따라서 바람은 새들이 닙흐족의 세계, 가시적인 아의 세계에서 비가시적인 타자의 세계, 닙흐족의 우주에서 타자의 우주로의 수평 이동을 도와주는 수단이다. 이러한 관념은 과학적 지식이 없던 고대 바람과 같은 자연현상을 설명하는 과정에서 출현하였으므로 이들의 우주관에서는 종교적, 우주론적 특징보다는 자연에 대한 관찰자적 특성이 두드러진다.

2) 상계의 구조와 상계 사람

(1) 상계의 구조

상계는 틀리(tly, 하늘/ 닙흐어)이며 고정불변한 것이 아니라 항상 움직이는데[317] 이는 밤낮의 변화, 별과 별자리의 움직임, 빛과 어둠의 변화 등 하늘에 대한 관찰에 근거한다. 닙흐족은 천신들을 비롯한 상계 사람

---

316 『시베리아설화집: 니브흐인 이야기』, 앞의 책, pp.41-47.
317 А. Б. Островский, Мифология и верования нивхов, СПб.: ПВ, 1997, p.116.

을 틀닙흐(tlnivh)라고 하는데 이들의 외모, 생활양식, 전통은 닙흐족과 유사하지만 이들은 중계 사람들과 달리 신성하고 초월적인 힘을 가지고 있다. 이들은 중계 사람들에게 호의적이지만 규율이나 관습을 어긴 사람들에게 벌을 내리기 위해, 가끔은 장난으로 갈고리를 이용해 사람의 영혼을 하늘로 끌어올려[318] 죽음에 이르게 하는데 샤먼의식을 통해 죽음을 면할 수 있다. 따라서 이들에게 샤먼은 천신과 인간 사이에서 인간의 생사와 길흉화복을 주관하는 존재이다.

닙흐족은 상계 사람들과 교류하면서 우호적 관계를 유지하는데 가끔 닙흐족 아가씨와 상계 청년 사이에 혼인이 이루어지기도 한다.

〈천신의 아들과 혼인한 누나〉 고아 남매가 살았다. 동생은 사냥을 했고 누나는 이 사냥물로 음식을 만들었다. 이날도 동생은 아침 일찍 사냥을 하러 나갔다. 누나가 깜박 잊고 문을 열어두었는데 누군가 집에 들어오는 소리가 났다. 갈색 개가 집 안으로 뛰어 들어왔다. 누나는 개 때문에 기분이 상했다. 개는 자신은 천신의 아들로 하늘 사람이라고 했다. … 누나는 하늘로 올라가서 천신의 아들과 혼인을 하였다.[319]

위 신화에서 닙흐족 아가씨와 상계 청년의 혼인은 개로 변신한 상계 청년이 중계 닙흐족 아가씨를 유혹하면서 이루어졌는데 이는 닙흐족 아가씨의 중계 삶의 종결 즉 죽음을 의미한다. 따라서 이러한 모티프는 미혼의 아가씨들의 죽음을 애통해 하는 과정에서 출현하였으므로 이에 의하면 이들은 미혼의 남녀는 사후 바로 상계로 간다고 믿었다.

---

318 Л. Я. Штернберг, там же, pp.344-345.
319 『시베리아설화집: 니브흐인 이야기』, 앞의 책, pp.147-159.

닙흐족에게 상계는 7층 구조인데[320] 가장 높은 7층은 지고신, 천신들과 모든 천신들을 다스리는 최고의 천신 틀리즈, 6층에는 별, 별자리, 태양, 달을 다스리는 천신들, 5층에는 생전 자신의 선행으로 승천한 조상령들, 4층에는 중계 닙흐족의 아내가 될 아가씨들을 교육시킨 노파들, 3층에는 천둥과 번개 신 부부의 세계이며[321] 1, 2층에 대해서는 알려진 바가 없다. 이에 의하면 천둥과 번개의 신은 태양, 달, 별, 별자리보다 중계와 가까운 상계 3층에 기거하는데 이는 태양, 달, 별, 별자리 신들과 달리 천둥과 번개의 신은 악령 퇴치 등 이들의 삶에 실질적인 영향을 미치기 때문이다. 따라서 이들에게 중요한 것은 신격이 아니라 자신들의 삶에 미치는 영향력, 자신들과의 '관계성'이었다.

상계의 구조에서는 생전의 삶과 사후 운명의 상관관계에 대한 닙흐족의 관념을 엿볼 수 있는데 상계 5층은 생전 선하게 살았던 조상령의 세계이므로 생전 적선(積善)한 사람은 사후 신의 반열로 승격되어 바로 상계로 가서 영생한다. 4층에는 닙흐족의 예비 아내와 엄마들을 교육시켰던 노파가 사후 바로 신적 반열로 승격되어 기거하므로 닙흐족은 아내, 엄마로서 여성의 역할과 그에 대한 교육을 중요하게 생각했다. 1, 2층에 대해서는 알려진 바가 없지만 닙흐족은 사후 망자의 영혼은 장례식 3~4년 뒤 송혼식을 치를 때까지는 상계에 기거한다고 믿으므로 이곳에는 하계로 갈 씨족 조상령의 마을이 있다.

---

320 일부 닙흐족 사이에 상계가 9층이라는 관념도 전파되어 있지만 이에 대해 알려진 바는 없다.

321 А. Б. Островский, там же, p.116.

(2) 상계 사람 : 태양, 달, 별, 별자리

① 태양과 달에 대한 관념

닙흐족에게 태양과 달은 부부 혹은 여인, 달의 반점은 고아 소녀 혹은 수다쟁이 여인인데 전반적으로 이에 대한 관념은 매우 희미하고 불분명하다.

〈달의 반점이 된 고아 소녀〉 고아 소녀가 낯선 집에서 더부살이를 하고 있었는데 주인이 밤마다 물을 길어오라고 했다. 소녀는 밤마다 물을 길어오면서 울었다. 달은 소녀가 불쌍했다. 달은 땅으로 내려가 소녀를 달로 데리고 왔다.[322]

〈달의 반점이 된 수다쟁이 여인〉 어느 날 한 닙흐인 남자가 달에 올라갔다가 물통을 어깨에 메고 있는 여인과 가까워졌다. 남자가 집으로 돌아오니 일가친척 모두 이 사실을 알고 있었다. 달 여인이 이 일을 모두에게 떠들어댔기 때문이다.[323]

위 신화에서 달의 반점은 밤마다 물을 기르러 다니던 불쌍한 고아 소녀, 닙흐족 남자와의 관계를 중계 남자의 친인척들에게 떠벌린 어깨에 물통을 메고 있는 수다쟁이 여인이므로 여성적 본성을 가진다. 그렇다면 달은 남성적 본성을 가지는데 달은 태양과 부부이므로 태양은 여성적 본성을 가진다.

천체에 대한 과학적 지식이 없던 시기 닙흐족은 일식과 월식을 개가

---

[322] Нивхские мифы и сказки, А. М. Певнов (Ред.), М.: РАН, 2010, p.122.

[323] Ч. М. Таксами, там же, p.208.

태양과 달을 공격하기 때문에 생기는 현상이라고 믿었다. 이로 인해 일식과 월식이 되면 마을 사람들 모두 거리로 나와 철제품을 요란하게 두드리면서 적갈색, 흰색, 검정색 개(개의 색은 일식, 월식 때 태양과 달의 음영의 색)에게 크게 고함을 지르면서 제물을 바친다.[324] 닙흐족은 이 의식으로 개를 태양과 달로부터 떨어뜨려 놓음으로써 태양과 달을 구하고 이를 통해 밤낮, 빛과 어둠, 시간의 자연적 흐름 등을 복원할 수 있다고 믿었다. 우데게족에게도 유사한 의식이 보존되어 있는데, 이는 전통적으로 개 사육에 종사하면서 개를 숭배했던 닙흐족의 영향에 의한 것이다.

② 별, 별자리에 대한 관념

닙흐족 사이에 별, 별자리 신화는 많지만 극동의 다른 토착종족과 달리 별, 별자리 창조 신화는 없다. 이들은 별 웅히르(uŋhir) 혹은 웅히르 미프(uŋhir mif, 별의 땅)는 우주적인 크기인데 인간과 엄청나게 먼 거리에 떨어져 있기 때문에 작게 보인다고 믿는다.[325] 이들은 유성은 별이 손님으로 오는 것이고, 작은 별똥별은 별들이 똥을 싸는 것이며, 북극성은 틀리 응아우르 웅히르(tly ŋaur uŋhir, 하늘동물의 별), 화성은 케르 웅히르(ker uŋhir, 여우별), 큰곰자리는 냐흐르 뇨로(njahr njor, 쥐별), 작은곰자리는 타믈라 웅히르(tamla uŋhir, 많은 별), 목성은 필라 웅히르(pila uŋhir, 큰별)라고 한다.[326] 이들은 손님, 똥 같은 단어를 통해 별들의 움직임을 표현하고, 별을 여우, 쥐 등의 동물로 형상화하며, 별자리는 많다, 크다

324 А. Б. Островский, там же, p.116; Л. Я. Штернберг, Материалы по изучению гиляцкого языка и фольклора, Спб.: ИАН, 1908, pp.53, 146.

325 Ч. М. Таксами, там же, p.209.

326 Ч. М. Таксами, там же, p.209.

등 척도의 단위를 사용하여 명명(命名法)한다. 이는 별과 별자리의 이미지에 근거한 메타포이므로 이들의 별과 별자리에 대한 관념에서는 자연에 대한 관찰자적 태도가 두드러진다.

닙흐족에 의하면 별 사람들은 키는 크고, 눈썹은 짙고, 코는 길고 튼튼하고, 생활방식은 닙흐족과 유사하며 가끔 닙흐족과 만나는데[327] 이들의 외모는 닙흐족이 아니라 러시아인과 유사하다. 닙흐족 사이에 별과 별자리 창조신화가 없는 점, 별자리의 명명법, 별사람의 외모가 러시아인과 유사한 점으로 미루어 이들의 별과 별자리에 대한 관념은 그리 발달하지 않았거나 러시아문화 수용 이후 많은 변형을 겪었다.

3) 중계에 대한 관념

닙흐족에게 중계는 땅(닙흐족의 거주지), 타이가(산), 물(바다)의 세계로 나누어지며 땅의 세계가 중심에 있고, 각 세계에는 그 세계의 사람들이 기거하는데 생활양태, 관습, 신앙 등은 닙흐족과 유사하다.

(1) 대지의 기원과 완성

닙흐족의 관념에서 대지, 타이가, 산, 강 등의 지형물은 지고신 쿠른이 쌍두 순록 마차를 타고 다니면서 만들었는데[328] 이후 지고신은 창세

---

327 Л. И. Шренк, Об инородцах Амурского края, СПб.: ТИАН, 1903, p.47; Ф. А. Геннадьевич, Коллективные представления нивхского этноса: взаимодействие человека, социума и природы (вторая половина XIX-XX вв.), Диссерт. ...Канд. Исторических Наук, ХГПУ, 2002, p.26.

328 С. Н. Скоринов, т"Традиционная система верований и культов", История и культура нивхов: историко-этнографические очерки, СПб.: Наука,

의 완성을 위해 하위 신들, 문화영웅들을 남겨두고 우주 먼 곳으로, 인간이 볼 수 없는 곳으로 떠났다. 이로 인해 중계의 완성은 3개 태양 중 인간에게 불필요한 2개의 태양을 죽인 문화영웅 삼눈의 몫이 되었다. 닙흐족에 의하면 중계의 질서와 체계는 지고신에 의한 대지 창조 → 3개의 태양 출현 → 문화영웅 삼눈에 의한 2개의 태양 살해의 3단계 과정을 거쳐 완성되었다.

〈삼눈과 3개의 태양〉 먼 옛날 태양이 세 개였다. 너무 뜨거워서 사람들이 살 수가 없었다. 사람들은 태양열로 죽어갔다. … 삼눈은 오랫동안 걸어 드디어 땅의 끝자락에 도착해서 주위를 둘러보았다. 한참 뒤 바닷속에서 아주 빠른 속도로 태양이 올라왔다. 삼눈이 활을 쏘자 태양이 죽었다. 그 뒤를 이어 두 번째 태양이 올라왔다. 삼눈이 활을 잘못 쏘는 바람에 화살이 세 번째 태양에게 꽂혔다. 두 번째 태양은 유유히 떠나갔다. 태양이 하나만 남겨지면서 사람들은 아무 걱정 없이 살 수 있게 되었다.[329]

위 신화에서 대지가 만들어진 이후 무슨 이유에서인지 태양이 3개가 되었고 너무 뜨거워 사람들이 죽어가면서 인간 세계의 조화와 균형이 파괴되었다. 이때 삼눈이 3개의 태양 중 2개를 죽이면서 비로소 인간 세계의 조화와 균형이 복원되었으므로 삼눈의 2개의 태양 살해는 중계의 조화와 균형을 바로잡아 우주의 질서와 체계를 완성하기 위한 생산적, 창조적, 필연적인 과정이었다.

B. A. Тураев (Ред.), 2008, p.112.
329 『시베리아설화집: 니브흐인 이야기』, 앞의 책, pp.125-146.

(2) 바다 세계의 특징

닙흐족에 의하면 바다세계 톨에는 최고의 해신 톨리즈와 물고기, 바다동물 등 바다 사람 톨닙흐가 기거하며 바다 식물이 자라는데 톨리즈와 톨닙흐의 생활양태, 관습, 신앙, 세계관은 닙흐족과 유사하다. 이는 이들이 자신들 현실 세계의 프리즘을 통해 바다 세계의 이미지를 만들어 나갔기 때문이다. 닙흐족은 바다 가운데 섬도 바다 세계라고 생각하는데 이는 타이르난드 지프(taimand zif, 은하수까지 이어져있는 해신 타이르난드의 오솔길/ 닙흐어)를 통해 알 수 있다.[330] 타이르난드 지프는 땅, 하늘, 바다에 모두 걸쳐있고 그 경계는 매우 모호하지만 해신의 영역이므로 바다에 속한다.

① 최고의 물신 해신 톨리즈

해신 톨리즈는 바다뿐만 아니라 강, 호수 등 모든 수계 자연물을 다스리면서 닙흐족의 어로와 바다 동물 사냥을 주관하므로 이들의 생존과 직결된 존재이며 적극적 숭배 대상이다. 해신 톨리즈는 바다 가운데나 해변의 큰집에 살며 겨울에는 개 썰매, 여름에는 보트를 타고 다니는데,[331] 닙흐족에게 경제 활동 양식, 수중 생태계를 대하는 태도와 삶의 규범을 가르쳐 주었으므로 자연생태계의 질서 보존자이다.

〈아즈문과 해신〉 아즈문이 가만히 보니 해신 옆의 큰 통에는 상어,

---

330 П. Я. Гонтмахер, Нивхи: Этнографические тетради, Хабаровск: ХГПУ, 1999, p.318.

331 Ч. М. Таксами, там же, p.206.

연어, 황어, 곤들매기 등 온갖 물고기들이 살아 움직이고 있었다. 해신
은 통 옆에 놓인 가죽 자루에 물고기를 1/4분 정도 채운 뒤 문을 열어
물고기들을 바다로 보내면서 말했다. "닙흐인이 사는 아무르강으로 빨
리빨리 달려가라! 사시사철 물고기 풍년이 들게 해라!"³³²

위 신화에서 해신은 물고기를 바다에 보내 닙흐족이 사는 아무르강
에 물고기 풍년이 들게 하였는데 그 방법은 신화 판본에 따라 달라진
다. 어떤 신화에 의하면 해신은 4개의 물고기 가죽을 들고 있는데 2개
의 물고기 가죽을 던지면 물고기가 많아지고, 4개를 다 던지면 물고기
풍년이 든다. 또 다른 신화에 의하면 해신이 물고기 알을 닙흐족이 사
는 곳으로 던지면 알이 물고기로 변하면서 물고기 풍년이 든다.³³³ 이처
럼 해신이 닙흐족에게 물고기를 보내주는 방법은 다양하지만 분명한
것은 닙흐족의 생존을 주관한다는 것이다.

해신은 선신이지만 항상 친절을 베풀고 도움을 주는 것은 아니며 물
(바다)의 규율이나 관습을 어기면 그 사람과 그 사람이 속한 씨족 전체
에 엄한 벌을 내린다. 이에 근거하면 닙흐족은 씨족은 운명공동체이기
때문에 씨족원 한 사람의 잘못도 씨족의 공동 책임이며 모든 씨족원이
그 대가를 치러야 한다고 믿었다. 이러한 믿음은 이들의 사회적, 개인
적 삶에서 최우선의 원칙, 최고의 규율로 자리 잡으면서 씨족의 질서
유지, 씨족의 유대감 강화, 씨족공동체에 대한 소속감 강화에 지대한
역할을 하였다.

이에 대해 닙흐인 티벨리의 실제 경험담이 전해진다. 티벨리에 의하

332 『시베리아설화집: 니브흐인 이야기』, 앞의 책, p.138.
333 Ч. М. Таксами, там же, p.206.

면 그의 씨족원 중 한 명이 바다표범을 잡은 뒤 집에 묶어놓고 곰처럼 기르는 바람에 씨족의 일부는 죽고 일부는 다른 마을로 이주하는 등 씨족 전체가 혹독한 벌을 받았다고 한다.[334] 바다표범을 비롯한 바다 동물은 해신의 지배를 받는 바다 사람들인데 이 동물들을 잡아 집에서 기르는 행위는 해신에 대한 모독이자 바다의 규율을 어긴 것이므로 비록 한 씨족원의 잘못이었지만 씨족 전체가 벌을 받아야 했다. 여기에서 는 자연의 각 세계에는 인간이 거스르거나 개입해서는 안 되는 그 세계 만의 규율과 질서가 있는데 이를 위반하면 인간일지라도 그 세계의 방 식에 따라 벌을 받는다는 닙흐족의 생태적 세계관이 엿보인다.

② 바다 사람 톨닙흐

바다 사람 톨닙흐는 바다 동물, 물고기들인데 외형은 사람과 다르지 만 사람과 같은 인격체들로 땅의 사람과 달리 신성하고 초월적 힘을 가지고 있으며 씨족 단위로 생활한다. 땅의 닙흐족과 바다 사람은 씨족 단위로 교류하면서 서로에게 필요한 것을 교환하는데 닙흐족은 바다 사람은 동족이 아니라 이민족이라고 생각한다. 하지만 바다 사람들은 물고기와 바다 동물 사냥을 도와주기 때문에 닙흐족은 이들과 우호적 인 관계를 유지하려고 하는데 가끔 땅 사람들의 잘못으로 적대적 관계 로 변하기도 한다. 과거 바다 세계에 치하루르 씨족이 있었는데 닙흐족 과 항시적으로 교류하면서 솥을 구해가는 등 우호적인 관계를 유지했 다. 그런데 한 젊은 닙흐족 여인이 치하루르 씨족에게 치명적인 토끼 가죽을 바다에 던진 뒤 치하루르 씨족원 몇 명이 죽으면서 두 씨족의

---

334 Ф. А. Геннадьевич, там же, p.29.

관계는 적대적으로 변하였다.[335]

이처럼 닙흐족에게 바다 사람은 닙흐족/ 이민족, 아/ 타, 대지/ 바다, 성/ 속의 이원대립 속에 존재하지만 생활방식, 신앙, 관습 등이 닙흐족과 유사하므로 이러한 이원대립은 바다 세계와 땅의 세계의 조화와 통합을 위한 생산적 대립이다.

〈바다표범 마을과 샤먼〉 한참을 가다 큰 마을에 도착했다. 어떤 집 옆에서 여인들이 불 옆을 분주히 오가면서 음식을 만들고 있었다. 청년이 바다표범 아가씨의 집에 도착하니 하인들이 샤먼들의 시중을 들면서 무구(巫具)를 나르고 있었다. 상계와 하계의 샤먼도 왔다. 샤먼들은 악령을 몰아내 바다표범 아가씨를 치료할 계획이었다. 한 샤먼이 의식을 시작했다.[336]

위 신화를 근거로 바다 사람들의 생활양식에 대한 닙흐족의 관념을 추론할 수 있다.

첫 번째, 청년이 도착한 마을은 바다 사람의 씨족마을이므로 바다 사람들도 씨족 단위로 생활한다.

두 번째, 여인들이 불 옆에서 음식을 만들고 있었으므로 바다 사람들도 불을 사용하고 음식을 만들어 먹는다.

세 번째, 아가씨의 집에서 하인들이 샤먼의 시중을 들고 있었으므로 바다 사회에도 계층 분화가 존재하고 샤머니즘이 전파되어 있는데 샤먼은 상위 계층에 속한다.

---

335 Ф. А. Геннадьевич, там же, p.29.
336 『시베리아설화집: 니브흐인 이야기』, 앞의 책, p.30.

네 번째, 샤먼이 바다표범의 집에 온 것은 아가씨의 병을 치료하기 위한 것이므로 바다 사람들은 병의 객관적 원인을 찾기보다는 악령의 작용으로 간주하여 샤먼에게 의지한다. 따라서 바다 세계에서 샤먼은 사회적, 종교적으로 중요한 위치에 있다.

다섯 번째, 상계와 하계 샤먼도 아가씨의 치병을 위해 바다 세계에 왔으므로 바다 세계와 상계, 하계의 교류는 자유롭다. 그런데 샤머니즘 수용 이후 우주의 통행은 샤먼의 독점권이 되었으므로 바다 세계나 상계, 하계의 모든 사람들이 우주를 오갈 수 있는 것은 아니다.

바다 사람과 닙흐족 사이에 혼인이 이루어지기도 하는데 대개는 바다 아가씨와 닙흐족 청년의 혼인이다.

〈해신의 손녀와 혼인한 청년〉 어느 날 외삼촌들이 암놈과 수놈 물고기를 조카에게 주었다. 엄마가 수놈은 저녁 식사에 내놓고 암놈은 큰 솥에 담아 두었다. 그런데 한밤중에 솥에서 팔딱팔딱 물고기가 물을 치는 소리가 들렸다. 청년이 살며시 일어나 솥을 열어 보니 물고기가 살아 있었다. 물고기가 말했다. "나는 물고기가 아니라 해신의 딸이야. 나를 놓아주면 네가 원하는 모든 것을 줄게." 청년은 물고기를 솥에서 꺼내 바닷가로 달려가 놓아주었다. 1년이 흘렀다. 해신의 손녀가 청년을 찾아와 엄마가 자신이 청년과 혼인하기를 원했다고 했다. 둘은 혼인을 하여 함께 살기 시작했고 청년은 늘 바다 동물 사냥과 물고기 잡이에 성공하였다.

〈바다표범 아가씨와 혼인한 청년〉 오누이가 살았는데 남동생은 사냥꾼이 되었고 많은 동물을 사냥했다. 어느 날 동생은 바다표범 아가씨와 사랑에 빠졌다. 동생은 밤마다 바다표범 아가씨를 만나러 바닷가로 갔다. 이 사실을 알게 된 누나는 바다표범 아가씨를 죽이기로 마음먹었다. 누나

는 동생처럼 변장을 하고 바닷가로 나가 다가오는 바다표범 아가씨에게
작살을 던졌다. 바다표범 아가씨는 큰 상처를 입은 채 바다표범 마을로
떠났다. … 청년은 바다표범 마을에 가서 사경을 헤매는 아가씨를 치료한
뒤 아내로 맞이하여 함께 집으로 돌아왔고 항상 풍족하게 살았다.[337]

〈해신의 딸과 결혼한 가난한 어부〉 가난한 어부가 저녁 어스름에 작
은 물고기 한 마리를 잡은 뒤 배를 해변에 대어놓고 집으로 가려고 하였
다. 그때 바다표범이 해변으로 올라왔다. 바다표범은 눈처럼 온몸이 흰
색이었다. 바다표범은 누워서 힘겹게 숨을 몰아쉬고 있었다. 옆구리에
는 상처가 있었다. 어부가 물고기를 주자 그것을 먹고 생기를 되찾은
바다표범은 물속으로 사라졌다. 바다표범이 있던 자리에 모랫길이 생겼
다. 어부는 모랫길을 따라 걸어갔다. 오른쪽도 바다, 왼쪽도 바다였다.
갑자기 물이 밀려오면? 그래도 어부는 따라갔다. 길의 끝에 이르렀다.
길은 어떤 집의 지붕 위에 닿아 있었다. 어부는 굴뚝 안을 들여다보았
다. 집은 무척 컸고 난로 옆 침대에는 노인이 앉아 있었다. 인기척을 느
낀 노인은 들어오라고 손짓을 했다. 어부는 밑으로 내려갔다. 노인은 해
신 톨리즈였고 바다표범은 해신의 딸이었다. 바다표범은 해신의 명령에
따라 어부와 혼인한 뒤 함께 어부의 마을로 와서 행복하게 살았고 어부
는 항상 바다 동물 사냥과 물고기 잡이에 성공하였다.[338]

〈해신의 손녀와 혼인한 청년〉에서 청년은 해신의 딸의 생명을 구해
준 대가로 해신의 손녀와 혼인을 하였고, 〈바다표범 아가씨와 혼인한
청년〉에서 청년은 사랑하던 바다표범 아가씨가 누나로 인해 치명상을
입자 바다표범 마을을 찾아가 아가씨의 병을 고친 뒤 혼인을 하였다.

337 『시베리아설화집: 니브흐인 이야기』, 앞의 책, pp.25-34.
338 『시베리아설화집: 니브흐인 이야기』, 앞의 책, pp.21-24.

〈해신의 딸과 결혼한 가난한 어부〉에서 어부는 옆구리의 상처로 인해 해변에 누워서 힘겹게 숨을 몰아쉬고 있는 해신의 딸인 바다표범을 구해준 뒤 해신의 명령으로 바다표범과 혼인을 하였다. 모티프는 다소 차이가 나지만 그 구도는 바다 동물 사냥꾼인 닙흐족 청년과 목숨이 위태로운 바다 아가씨의 만남 → 닙흐족 청년에 의한 바다 아가씨의 소생 → 두 사람의 혼인 → 닙흐족 마을로 귀환 → 어로와 바다 동물 사냥에 성공 → 풍족하고 부유한 삶 영위이다.

혼인 이후 이들이 어로와 바다 동물 사냥에 성공하면서 풍족한 생활을 하는 것은 아내가 된 바다 사람이 보호신의 역할을 하기 때문이다. 아내들은 외형은 인간이지만 본성은 바다표범 즉 바다동물이므로 남편들과 달리 신성하고 초월적인 힘을 가지고 있다. 혼인 이후 닙흐족 청년들과 바다 여인들의 갈등 관계는 표출되지 않는데 이는 서로의 생활양식, 관습, 신앙, 세계관 등이 유사하기 때문이다. 여기에서는 바다 동물은 외형은 인간과 다르지만 인간과 유사한 정신 및 물질문화를 영위하며 인간과 동등한 위치에 있는 '사람'이라는 이들의 생태적 세계관이 엿보인다.

(3) 타이가 세계의 특징

납흐족은 타이가의 세계는 팔, 타이가 최고의 신은 팔리즈(paliӡ, 팔리증그), 타이가 동물인 타이가 사람들은 팔닙흐(palnivh)라고 한다. 타이가 신은 거대한 곰 형상으로 타이가의 개별 동물의 신과 동물들을 다스리는 신이자 닙흐족의 사냥의 보호신이다. 타이가의 신은 닙흐족에게 매년 일정한 양의 사냥 동물을 보내주어 생계를 보장해주는데 헌제의식을 행한 뒤에는 그에 대한 대가로 사냥 동물을 더 많이 보내준다.[339]

특히 곰 축제 이후 닙흐족이 많은 제물을 바치는 것을 알고 있기 때문에 곰 사냥에 성공할 수 있도록 적극적으로 도와준다.[340] 여기에서는 신과 인간의 관계는 일방적인 지배 - 복종, 보호 - 피보호의 관계가 아니라 서로 주고받고 공생하면서 자연과 우주의 질서와 조화를 만들어가는 관계라는 이들의 생태적 세계관이 엿보인다.

뿐만 아니라 타이가의 신은 땅의 사람들이 타이가에서 안전하게 이동하고 활동할 수 있도록 지켜주는 역할을 하는데 반(半)유목, 반(半)정착 생활을 하는 닙흐족에게 타이가에서의 안전은 매우 중요한 사안이었다. 지금도 닙흐족은 다른 지역으로 이주할 때, 타이가를 지나갈 때 타이가의 신에게 기도한다.[341]

타이가 사람들은 1~2채의 집으로 이루어진 씨족마을에서 생활하는데 자연환경이나 생활양식은 현실 닙흐족과 유사하다. 이는 이들이 자신들 현실 세계의 프리즘을 통해 타이가 세계에 대한 이미지를 만들어갔기 때문이다. 이들과 닙흐족 사이에 혼인 관계가 이루어지기도 하는데 그 유형은 크게 두 가지이다. 첫 번째 유형은 닙흐족 여인과 타이가 남자의 혼인인데 남자들은 사람의 모습을 하고 있지만 곰, 호랑이, 여우 등의 동물적 본성을 지니고 있다. 닙흐족 여인들이 숲에서 열매, 도토리, 나리 뿌리 등을 채집하고 있을 때 혹은 남편이나 남자형제들이 집에 없을 때 타이가 남자들이 여인을 유혹하거나 납치하는 방식인데 여인들은 크게 저항하지 않는다.[342] 이는 과거 이들 사이에 약탈혼이

339 Ч. М. Таксами, там же, p.204; А. Б. Островский, там же, p.114.
340 А. Б. Островский, там же, p.114.
341 Ч. М. Таксами, там же, p.205.

존재했던 흔적이며, 여인들이 저항을 하지 않는 것은 자신들과 타이가
사람들의 신앙, 생활방식, 세계관 등이 유사하여 이질감을 느끼지 않기
때문이다.

여인들이 사라진 사실을 알게 된 남자들은 타이가로 가서 여인들을
찾아낸다. 이들은 타이가 사람들로부터 혼인의 대가로 값비싼 모피를
선물로 받거나 사냥의 성공을 보장받는 조건으로 평화롭게 타협을 마
무리하지만, 타협이 원활하지 못하여 가끔 싸움이 벌어져 양쪽 모두 희
생자를 내고 끝이 나기도 한다.[343]

두 번째 유형은 닙흐족 남자와 타이가 여인의 혼인인데 여인은 사람
의 모습을 하고 있지만 곰, 호랑이, 여우 등 동물적 본성을 지니고 있다.

> 〈타이가 여인과 사랑에 빠진 청년〉 여인이 개울 쪽으로 내려오면서
> 노래를 불렀다. 여인의 옷 스치는 소리, 옷에 매단 작은 방울 소리가 가
> 까이에서 들렸다. … 청년은 여인에게 달려가서 손을 잡은 뒤 눈을 감았
> 다. 눈을 떠보니 청년이 잡고 있는 것은 부러진 전나무 가지였다. … 여
> 인은 몇 번 더 물을 길으러 내려와서 사냥꾼의 움집 근처를 지나갔지만
> 도무지 만날 수가 없었다. 어느 날 여인이 사냥꾼의 움집으로 들어왔다.
> 사냥꾼은 여인에게 "나를 가엽게 여겨주시오. 나는 당신 생각뿐이오"라
> 고 하자 여인이 "나도 그렇소"라고 대답하였다. 그들은 함께 청년의 마
> 을로 돌아와서 혼인을 하였고 청년은 이후 항상 사냥에 성공하였다.

위 설화에서 타이가 여인은 외형은 사람이지만 동물적 본성을 지니
고 있으며 유혹, 보은, 납치 등이 아니라 사랑에 의해 닙흐족 청년과

---

342 Л. Я. Штернберг, там же, pp.171-177.
343 Л. Я. Штернберг, там же, pp.171-177.

혼인을 하였다. 이는 사람과 동물 사이의 감정교류가 전제되어야 하는
데 인간과 동물을 동등한 인격체이자 사람으로 간주하는 닙흐족에게
이러한 모티프는 지극히 자연스러운 것이다. 위 설화에서 타이가 여인
과 혼인한 뒤 청년은 늘 사냥에 성공하였는데 이는 타이가 여인이 사냥
보호신의 역할을 하기 때문이다.

혼인관계 이외에 타이가 사람이 가난하지만 선한 닙흐족을 도와준다
는 모티프도 발견된다.

〈부자가 된 가난한 사냥꾼〉 무척 가난한 닙흐족 사냥꾼이 있었다. 바
다 동물 사냥도, 흑담비 사냥도, 물고기 잡이도 늘 실패하여 항상 가난
하였다. 달빛 한 점 없는 어느 어두운 밤, 사냥 움집에 있는데 이상한
소리가 들려 밖으로 나갔더니 사람의 시신이 든 큰 자루가 있었다. 다음
날 아침 시신을 화장하려고 준비를 마친 뒤 자루를 열어보니 시신 대신
모피가 가득하였다. 사냥꾼은 모피를 팔아 부자가 되었고 이후 항상 사
냥에 성공하였다.[344]

위 설화에서 사람의 시신이 든 큰 자루를 본 사냥꾼은 낯선 사람의
시신임에도 장례를 치러주려고 했는데 이는 이들에게 장례가 필수적인
통과의례이기 때문이다. 다음 날 아침 화장을 하려고 자루를 열어보니
시신 대신 모피가 가득했는데 이는 사냥꾼의 선한 마음에 감복한 타이
가 사람이 주고 간 선물이었다. 이후 사냥꾼은 모피를 팔아 부자가 되
었고 항상 사냥에 성공했는데 이는 타이가 사람이 사냥 보호신의 역할
을 하였기 때문이다. 이처럼 타이가 사람들은 신성하고 초월적인 힘을

----

344 Нивхские мифы и сказки, там же, p.56.

이용하여 닙흐족을 도와주기 때문에 닙흐족은 이들과 우호적 관계를 유지하려고 한다. 따라서 타이가 사람들을 불쾌하게 하거나 화를 돋울 수 있다는 생각으로 타이가에서 욕을 하거나 큰 소리로 떠드는 행위, 함부로 나무를 자르거나 땅을 파헤치는 행위는 금기시되었는데[345] 이는 이들의 자연 생태계 보존에 지대한 역할을 하였다.

이상의 내용에 의하면 바다 사람, 타이가 사람의 생활관습, 신앙, 세계관, 사회구조는 땅의 닙흐족과 유사한데 이는 닙흐족이 자신들 세계의 프리즘을 통해 이 세계들에 대한 이미지를 구축하였기 때문이다. 또 닙흐족과 바다 사람, 타이가 사람 사이에 혼인 관계가 성립되기도 하며 이후 닙흐족은 항상 사냥에서 성공하는데 이는 바다 사람, 타이가 사람들이 사냥 보호신의 역할을 하기 때문이다. 이에 의하면 바다 사람, 타이가 사람들과 땅의 닙흐족 사이에는 거주지와 외형의 차이는 있지만 정서적, 문화적 차이는 존재하지 않고 중계는 바다, 타이가, 땅의 조화와 통합 속에 존재한다.

4) 하계에 대한 관념

닙흐족에게 하계는 믈리보(mlyvo), 하계 사람은 믈닙흐인데 첫 샤먼에 의해 하계가 개척되면서 상계, 중계, 하계의 삼단세계가 완성되었고, 우주의 질서와 조화, 균형과 체계가 자리 잡았다. 하계에는 씨족 조상령의 마을이 있는데 이곳 사람들은 중계에서와 같은 생활을 한다.

하계 입구는 땅의 구멍이므로 중계와 하계는 수직 배열되어 있으며

---

345 Ч. М. Таксами, там же, p.205.

샤먼 이외의 중계 사람은 하계로 가는 길을 찾을 수 없지만 샤먼의 주도로 송혼식을 치른 망자의 영혼은 쉽게 찾을 수 있다. 닙흐족은 중계를 '신발 끈을 묶기 위한 마을', '하계의 불안정한 반영'이라고 생각한다.[346] 따라서 인간의 전 생애에서 중계의 삶은 신발 끈을 묶는 정도의 찰나의 순간이며, 중계는 불안정하고 일시적인 세계이고, 하계는 매우 안정적이고 영구적인 세계이다.

하계의 자연생태환경은 중계와 같지만 계절과 시간은 반대의 속성을 지니고 있어서 중계가 여름이면 하계는 겨울, 중계가 봄이면 하계는 가을, 중계가 낮이면 하계는 밤, 중계가 밤이면 하계는 낮이다. 이는 봄-여름-가을-겨울, 밤-낮의 순환구조 속에서 중계와 하계가 대칭점에 놓여 있다는 관념에 의한 것이므로 이들에게 중계와 하계는 서로 연결되어 있으며 그 경계는 불분명하다. 닙흐족은 잘 때 머리를 불 쪽, 다리를 벽 쪽에 두지만 망자의 시신은 다리를 불 쪽, 머리를 벽 쪽으로 놓아두는데[347] 이는 중계와 하계가 대칭 구조라는 관념에 근거한다.

〈하계에 다녀온 남자〉 겨울이었다. 어느 날 남자가 사냥을 나갔다가 여우를 발견해 화살을 쏘았다. 여우는 화살을 꽂은 채 피를 철철 흘리면서 그대로 굴속으로 쏙 들어갔다. 남자는 손으로 굴을 파면서 계속 따라갔다. 조금씩 빛이 비쳐 왔다. 빛을 따라간 남자의 눈앞에 붉은색 땅이 펼쳐졌는데 그곳은 여름이었다. 남자는 강기슭을 따라 걸었다. 그때 두 청년이 작살로 물고기를 잡고 있었다. 남자가 옆에 갔지만 눈길 한번

---

346 Ф. А. Геннадьевич, там же, p.28.

347 Ч. М. Таксами, Основные проблемы этнографии и истории нивхов (середина XIX-начало XX вв.), Л.: Наука, 1975, p.9.

주지 않고 자기들끼리만 이야기를 주고받았다. 무작정 걷다가 강기슭에 있는 큰 마을에 도착했는데 사람들이 무척 많았다. 큰 집 앞에서 중년의 남자가 작살을 만들고 있었다. 남자가 옆에 가서 앉았지만 눈길 한번 주지 않았다.

집 안으로 들어갔더니 먼저 죽은 아내가 있었다. 밤이 되자 남자는 아내 옆에 가서 누운 뒤 아내를 껴안았다. 아내가 갑자기 신음 소리를 내면서 일어나 앉더니 고통을 호소했다. 한 청년이 샤먼을 데리고 왔고 샤먼이 의식을 시작했다. … "중계의 남자가 이 집에 있다." 남자는 황급히 그 집을 빠져나와 건조대에 걸린 생선 중 가장 통통하고 맛있어 보이는 놈을 챙겨 들었다.

한참을 걷다 거대한 순록 두 마리가 자신을 밟아 죽이려고 뒤에서 쫓아오고 있다는 사실을 알게 되었다. 남자는 혼비백산하여 달렸고 그곳을 빠져나와 드디어 자신의 마을에 도착했다. 남자가 가지고 온 생선은 완전히 썩어 있었다. 남자는 친구들에게 자신이 겪은 이야기를 들려주었다. 그날 밤, 남자는 간다 온다 한 마디 남기지 못한 채 자다가 저세상으로 떠났다.[348]

위 설화를 통해 하계에 대한 닙흐족 고유의 관념을 추론할 수 있다.

첫 번째, 사냥꾼은 처음에는 자신이 있는 곳이 어디인지 알지 못하였으나 "중계의 남자가 이 집에 있다"는 샤먼의 말을 듣고 비로소 자신이 하계에 있다는 사실을 알게 되었다. 이는 하계와 중계가 자연환경, 사람들의 생활 양태, 신앙 등이 유사하여 사냥꾼이 낯설음, 이질감을 전혀 느끼지 못했기 때문이다.

두 번째, 남자는 강기슭을 따라 걸어가 큰 마을에 도착했는데 이곳은

---

348 『시베리아설화집: 니브흐인 이야기』, 앞의 책, pp.176-181.

씨족 조상령의 마을이므로 하계 사람들은 중계 닙흐족처럼 강 인근에서 씨족 단위로 거주하며 씨족은 생전에도 사후에도 이들 삶의 근간이다.

세 번째, 하계의 땅 색은 중계와 달리 붉은 색이므로 땅의 색은 중계와 하계를 경계 짓는 상징이다.

네 번째, 물고기를 잡는 청년들, 작살을 만드는 남자, 심지어 아내조차도 남자의 존재를 눈치 채지 못하였으므로 하계 사람들은 중계 사람의 존재를 알 수가 없는데 이는 중계와 하계가 다른 차원의 시공간이기 때문이다. 따라서 하계 사람들이 중계에 오면 중계 사람들도 이들의 존재를 알아챌 수 없다.

다섯 번째, 청년들이 물고기를 잡고 있었던 점, 중년의 남자가 작살을 만들고 있었던 점, 집 앞에 생선 건조대가 있었던 점, 순록들이 남자를 쫓아온 점으로 미루어 하계에서도 닙흐족의 주요 생업은 어로이고, 의례 의식에서 순록은 중요한 역할을 한다.

여섯 번째, 남자는 하계에 갔다 온 이야기를 친구들에게 들려준 날 밤 죽었으므로 이들에게는 우연히 하계에 갔다 와도 이에 대해 발설하면 죽음에 이르는 형벌을 받게 된다는 씨족의 관습법이 있었다.

일곱 번째, 위 설화에 근거할 때 닙흐족은 자신들 현실 세계의 프리즘으로 하계에 대한 이미지를 구축해나갔으므로 이들의 종교적 관념에서 중계가 하계보다 선행한다.

〈하계 여인과 혼인을 위해 죽음을 택한 청년〉 늙은 부모와 오누이가 암캐 한 마리를 키우면서 살고 있었다. 어느 겨울날 집을 나갔다가 한참 뒤에 돌아온 개의 배가 매우 불러있었다. 아버지는 아들에게 개의 뒤를 따라가 보라고 말했다. 아들은 아버지 말대로 개의 뒤를 따라 갔다. 개는 오랫동안 걸어 땅 밑의 굴속으로 들어갔다. 아들은 개를 따라 그곳으로 갔는데 몸을 구부리지 않아도 될 만큼 굴은 넓었다. 오랫동안 걸어갔는데 어두워지더니 이후 빛이 비쳐왔다. 계속 걸어 강기슭에 이르렀다.

청년은 강 아래쪽으로 오랫동안 걸어서 큰 마을에 도착했다. 많은 연어를 말리고 있었고 여인들은 다리에 앉아 물고기를 손질하고 있었다. 개는 큰 집의 창고로 들어가서 누웠다. 청년은 그곳에 개를 묶어두고는 집 안으로 들어갔다. 사람들이 많이 있었는데 이들에게는 청년이 보이지 않는 듯 했다. 청년은 벽 쪽에 놓인 침상에 앉아서 주위를 둘러보았다. 노파가 손에 갓 태어난 어린아이를 안고 있었다.

침상 아래쪽 끝에는 매우 아름다운 아가씨가 앉아 있었다. … 청년은 '내가 살아있으면 저 연인을 아가씨로 맞이할 수 없겠지. 차라리 죽음을 택하여 저 아가씨를 아내로 맞이해야겠다.'고 생각했다. 집으로 돌아온 청년은 아버지에게 이 이야기를 한 뒤 3일 동안 잠을 잤다. 잠에서 깨어난 아들은 정오가 되자 죽었고 부모는 화장을 하였다.[349]

〈하계 여인과 혼인을 위해 죽음을 택한 청년〉에서는 〈하계에 다녀온 남자〉에서 드러나지 않은 닙흐족 고유의 하계관을 추론할 수 있다.

첫 번째, 가족들은 암캐를 키우고 있었으므로 과거부터 닙흐족은 개 사육에 종사했다. 또한 개는 중계와 하계를 오가면서 먹을 것을 해결하였고, 아들은 키우던 개로 인해 하계에 가게 되었으므로 개는 사람과 달리 중계와 하계를 자유롭게 오갈 수 있다. 이에 의하면 개는 상계, 중계, 하계를 오가면서 그 세계만의 내밀한 비밀을 알고 있는 존재인데 이는 개 숭배에 근거한다.

두 번째, 청년은 마을에 도착한 뒤 많은 연어를 말리는 광경, 여인들

---

349 Е. А. Крейнович, там же, pp.375-376.

이 다리에 앉아 물고기를 손질하고 있는 광경을 목격하였으므로 하계 사람들도 어로에 종사하는데 주요 어종은 연어이다.

세 번째, 청년은 노파가 손에 갓 태어난 어린아이를 안고 있는 광경을 목격하였으므로 하계에서도 출산이 이루어진다.

네 번째, 아들은 하계 여인과 혼인을 위하여 죽음을 택하였으므로 중계 사람은 죽은 뒤 자신이 원하는 하계 사람과 혼인을 할 수 있다. 그런데 중계의 부부는 하계에서도 부부의 인연을 이어가기 때문에 이를 위한 전제 조건은 중계에서 혼인을 하지 않았어야 한다는 것이다.

다섯 번째, 부모는 아들을 화장하였으므로 닙흐족의 주된 장례법은 화장이다.

4. 타즈족의 우주관

타즈족에 의하면 우주는 천신들의 세계인 상계 챠호, 현실 타즈족의 세계인 중계 얀디, 죽음, 악령, 망자의 세계인 하계 인쟈의 삼단 세계로 이루어져 있는데 용어는 다르지만 관념적 내용은 퉁구스족과 유사하다.[350] 하지만 이에 대해 알려진 바가 없기 때문에 자세한 분석은 불가능하다. 그런데 챠호는 중국어 천(天, 하늘)과의 음성적 유사성에 근거할 때 중국 기원이지만 이들과 극동 토착종족의 문화적 유사성에 근거할 때 관념적 내용은 이들 고유의 것 혹은 다른 극동 토착종족으로부터 수용한 것이다. 하계 인쟈는 중국어 하계(地獄, diyu)과 전혀 연결되지

---

350 Л. И. Сем, "Тазы", Северная энциклопедия, М.: Северные просторы, 2004, p. 932; С. Н. Браиловский, Тазы или yguhэ, СПб.: ТКМ, 1902, p.184.

않기 때문에 이들 고유의 관념이다.

<표 7> 극동 토착종족의 우주 삼계에 대한 용어

종족명	상계	중계	하계		비고
			제1 하계	제2 하계	
네기달	우우 볼라	돌린 볼라 (투이 볼라)	부니 (하이구 보가)	울리마리크	아무르강 그룹
	냠무	둔나 투이			암군강 그룹
에벤	부가	둘칸	부니	훌림쿠르	
에벤키	우구 부가 (우구 둔네)	둘린 부가	부니 (헤르구 부가, 헤르구 둔네)	x	전통적인 관념
	우구	둘류	헤르구	하만 헤르구 (옐람라크)	예니세이강과 알단강 동쪽 그룹
	냐냐	북다	헤르기시키	엥제키트	일부 예니세이강 그룹
나나이	보아	나	부니	홀리오초아 (상쿠)	
오로치	부아	나	부니	x	
오로크	부아 (보아/ 우우 나)	탈다우 나	부니	x	
우데게	우구 부가 (울리예 나, 바 나)	나	헤기 우헤 바 (부니가)	x	
울치	바(박타)	나	불리	x	
닙흐	틀리	미프	플리보	x	
타즈	챠호	얀디	인쟈	x	

5. 우주관에 근거한 종족 간 교류, 접촉 및 분화

1) 종족 간 교류 및 접촉 현황

극동 토착종족의 우주관은 이들의 문화 교류와 접촉 양상 및 종족 간 친연관계를 규명할 수 있는 열쇠이다. 상계를 가리키는 부가(buga~ boga~bua~boa~bo~ba, 우주, 하늘, 지역, 나라, 땅, 세계, 날씨, 자연, 자연현상/ 퉁구스 제어)는 극동 퉁구스족 공통이므로 퉁구스족이 분화되기 이전에 출현하였는데 부가에서 우주는 통합의 단일체이며 삼단세계관의 요소는 보이지 않는다. 네기달족의 볼라, 나나이족의 보아, 오로치족과 오로크족의 부아는 부가의 음성변형이다. 아무르강 네기달족, 에벤키족, 우데게족은 상계를 우구 부가라고 하는데 이는 이들의 문화교류와 친연관계에 대해 말해준다. 이에 의하면 네기달족은 암군강에서 에벤키족과 토착민의 혼종으로 출현한 뒤 일부는 아무르강으로 이주하였지만 이후에도 에벤키족과 긴밀하게 교류하였고, 우데게족은 이들과 활발하게 접촉하였다.

닙흐족에게 상계는 틀리(하늘/ 닙흐어), 타즈족에게 상계는 챠호(天)이므로 상계를 가리키는 용어에 근거할 때 극동 토착종족은 계통적으로 퉁구스족/ 닙흐족/ 타즈족의 3개 그룹으로 나누어지지만 퉁구스족 중 네기달족~에벤키족~우데게족 사이에 더 활발한 교류가 있었다.

퉁구스족 북부 그룹과 남부 그룹의 중계를 가리키는 용어는 서로 변별적이므로 중계를 가리키는 용어는 퉁구스족이 북부 그룹과 남부 그룹으로 분화된 이후에 출현하였다. 퉁구스족 북부 그룹 사이에는 dulin (중간, 가운데/ 퉁구스 제어)형 단어가 전파되어 있으며 네기달족의 돌린, 에벤족의 둘칸, 일부 예니세이강과 알단강 동쪽 에벤키족의 둘류는 둘린의 음성변형이고 아무르강 네기달족과 에벤키족은 돌린 볼라, 둘린 부가라고 한다. 퉁구스족 남부 그룹은 중계를 나(na, 땅, 대지/ 네기달어, 퉁구스 남부 언어)라고 한다. 중계를 닙흐족은 미프, 타즈족은 얀디라고 하므로 중계를 가리키는 용어에 근거할 때 극동 토착종족은 크게 퉁구스족 북부 그룹/ 퉁구스족 남부 그룹/ 닙흐족/ 타즈족의 4개 그룹으로 나누어진다.

하계를 가리키는 용어 부니는 퉁구스족 공통이므로 퉁구스족이 분화 되기 전에, 또 샤먼에 의해 하계가 개척한 이후 출현하였다. 하지만 분화 이후 종족별로 변형을 겪었으며 네기달족은 하이구 보가, 에벤키족 은 헤르구 부가(헤르구 둔네), 우데게족은 헤기 우헤바라고 한다. 하이구, 헤르구, 헤기 우헤바는 hɛi(죽음 / 에벤키어)에서 기원하므로 네기달족과 우데게족은 이 용어는 에벤키족으로부터 수용하였다. 닙흐족에게 하계 는 믈리보, 타즈족에게는 인쟈이므로 하계를 가리키는 용어에 근거할 때 극동 토착종족은 계통적으로 퉁구스족/ 닙흐족/ 타즈족의 3개 그룹 으로 나누어지지만 퉁구스족 중 네기달족~에벤키족~우데게족 사이 에 더 활발한 교류가 있었다.

이상의 내용에 근거할 때 상계와 하계를 가리키는 용어는 퉁구스족 이 분화되기 전에 출현하였지만 상계 부가가 하계 부니보다 선행한다. 또 중계를 가리키는 용어는 퉁구스족이 분화된 이후 출현하였다. 신화 적 관념에서 우주의 출현은 상계 → 중계 → 하계이고, 종교적 관념에 서는 중계 → 상계 → 하계인데 언어적 관념에서는 상계 → 하계 → 중계의 순서이다. 또한 우주 삼계의 용어에 근거할 때 아무르강 네기달 족~에벤키족~우데게족/ 에벤족~나나이족~오로치족~오로크족~울치 족 사이에 활발한 교류가 있었다.

극동 토착종족에게 우주는 상계, 중계, 하계의 삼단세계인데 네기달족, 에벤족, 예니세이강과 알단강 동쪽 에벤키족, 나나이족은 제2 하계를 상정하므로 이들에게 우주는 사단세계이다. 제2 하계는 네기달족의 울리마리크, 에벤족의 훌림쿠르, 예니세이강과 알단강 동쪽 에벤키족의 하만 헤르구(옐람라크), 일부 예니세이강 에벤키족의 엥제키트, 나나이족의 홀리오초아(상쿠)로 모두 다르기 때문에 서로 다른 기원을 가진다. 네기달족의 울리마리크는 uli(강/ 우데게어, 울치어, 만주어), 에벤족의 훌림쿠르는 huli-(끝, 가장자리/ 에벤키어) + kur(n)(우주/ 닙흐어), 에벤키족의 하만 헤르구는 haman(shaman의 음성변형) + hɛ(r)gi(아래/ 퉁구스 제어), 옐람라크는 ellara-(석탄/ 퉁구스 제어), 엥제키트는 ɛnǯe(사라지다, 보이지 않다/ 에벤키어), 나나이족의 홀리오초아는 holiochoa(옆으로 피해가다, 죽다/ 나나이어) 기원이다. 따라서 에벤키족과 나나이족의 제2 하계는 자신들 고유의 관념에 근거하고, 네기달족의 제2 하계는 우데게족, 울치족, 만주족의 요소, 에벤족의 제2 하계는 에벤키족과 닙흐족의 요소가 융합된 혼종적 관념이다.

우주관에 근거할 때 극동 지역의 종족은 계통에 따라 퉁구스족(북부 그룹/ 남부 그룹), 닙흐족, 타즈족으로 나누어진다.

2) 우주관에 근거한 극동 토착종족의 분화 과정

우주관을 통해 극동 토착종족의 분화과정에 대한 답을 찾을 수 있다.

1단계에서 고대 극동에는 고아시아계 닙흐족과 미지(未知)의 토착종족들이 거주하였는데 퉁구스족이 이주해 오면서 닙흐족을 제외한 토착종족들은 다른 곳으로 이주하든가, 퉁구스족이나 닙흐족에 흡수되든가, 자체 소멸되었다. 미지의 토착종족 중에는 옥저 등 한민족 계통의

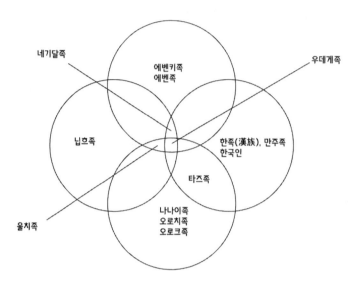

<그림 60> 우주관에 근거한 극동 토착종족의 친연관계

종족, 현재까지 맥이 이어지고 있는 유카기르족, 중국의 『구당서(舊唐書)』(945년), 『신당서(新唐書)』(1060년), 『문헌통고(文獻通考)』(1307년) 등에 극동 토착민으로 기록된 발야고(拔野古), 복골(僕骨), 국국(鞠國) 등이 가능하다.

2단계에서 퉁구스족과 닙흐족의 접촉과 교류로 퉁구스족 북부 그룹과 남부 그룹의 분화가 발생하였다. 이들의 신화적 관념에서 태양을 살해한 문화영웅은 이들의 첫 샤먼인데 퉁구스족 북부 그룹에게서 이에 대한 관념은 불분명하지만 남부 그룹에게서는 그 실체가 비교적 분명하다. 따라서 '3개의 태양' 모티프는 퉁구스족 북부와 남부 그룹이 분화된 뒤에 출현하였으며 그 시기는 샤머니즘이 전파된 기원전 2천년기 즉 신석기시대 후기 이후이다.

3단계에서 퉁구스족 북부 그룹과 남부 그룹 내부의 분화가 발생하면서 종족 간 교류 양상은 매우 복잡해졌는데 이는 러시아인이 시베리아에 진출한 17세기 경 일정 정도 마무리되었다. 퉁구스족 내부 분화에는 종족의 규모가 큰 에벤키족, 나나이족, 닙흐족이 많은 영향을 미쳤는데 이 시기 에벤키족에서 네기달족과 에벤족이 분화되었고, 퉁구스 남부 그룹도 각각 독자적인 종족으로 자리 잡았다.

4단계는 19세기 초중반부터 20세기 초까지 극동 남부 지역에 새로운 혼종 문화, 혼종 종족이 만들어지는 시기이다. 한족(漢族), 만주족, 한국인이 극동 지역에 등장하면서 종족 간 교류는 더 복잡해졌고, 한족, 만주족 남성과 나나이족, 오로치족, 울치족, 한국인 여성의 혼인으로 새로운 혼종 인종인 타즈족이 출현하였다.

산신을 나나이족은 산신요, 산시니, 우수리강 중류 비킨강 우데게족은 산시예, 타즈족은 산신예, 한국인과 중국인은 산신이라고 하는데 다른 지역의 퉁구스족과 하바롭스크주 우데게족은 온쿠라고 한다. 이에 근거할 때 과거 우수리강 중류 비킨강을 기점으로 극동 남부지역에는 나나이족~오로치족~우데게족 연해주 그룹~울치족~타즈족~한국인의 문화네트워크가 존재했다.

5단계는 20세기 초중반 이후로 이들의 종족 분화는 마무리되었고 거주지도 현재와 거의 유사한 상태로 굳어졌다. 이 과정에서 전반적으로 에벤키족은 에벤족, 네기달족, 우데게족에게, 나나이족은 오로치족, 오로크족, 울치족, 우데게족에게 많은 영향을 주었으며, 에벤키족과 나나이족 사이의 교류도 활발하였고, 닙흐족은 대다수의 퉁구스족에게 영향을 주었다. 전반적으로 우주관에 근거할 때 우데게족은 극동 토착 종족의 문화적 경계지대, 사이지대에 있었고, 네기달족은 퉁구스족 북부

그룹의 요소를 기층으로 남부 그룹과 납흐족의 요소를, 울치족은 퉁구
스족 남부 그룹의 요소를 기층으로 북부 그룹과 닙흐족의 요소를 적극
수용하였다.

III부

총론

I. 극동 토착종족 우주관의 특징

1. 생태적 세계관의 전형

극동 토착종족의 우주관은 종교적 관념이기 이전에 사회의 조직 원리, 생활양식, 세계관에 관한 지침을 주는 이들 최초의 철학이었고 윤리였으며 미학이었다. 이들은 우주관을 통해 우주의 구조와 자연생태계의 연쇄사슬 속에서 인간의 위상과 역할에 대한 체계적인 관념을 만들어 나갔는데 이들 우주관의 근저에는 현대 인류에게 요구되는 생태적 세계관의 모델이 자리하고 있다.

계속되는 생태 위기, 생태난민에 근거할 때 현재 인류는 '생태 위험 사회'에 살고 있다. 따라서 COVID-19와 양상은 다르지만 팬데믹 현상은 다양한 양상을 띠면서 지속될 것이고, 인류는 더 큰 위험에 직면하게 될 것이다. 이러한 위험에서 벗어나기 위해 인류는 생태적으로 재구성되어야 하며, 무한 경쟁과 지속 성장이 최대의 목표인 산업문명과 산업문명의 세계관에서 조화와 균형을 추구하는 생태문명과 생태적문명의 세계관으로 전환해야 한다. 생태문명은 과거로의 퇴행이나 후퇴, 전통의 무조건적 부활, 탈(脫)과학을 의미하는 것이 아니라 인간, 자연, 사회 그리고 과학, 과거, 현재 그리고 미래, 개인과 집단 사이에 조화를 추구한다. 생태적 세계관에서는 이 관계들을 보다 유기적으로 이해하면서 이 관계들의 합리적인 관계 맺음과 관계 설정을 통해 생태형 인간 (Homo Ecologius)로 나아갈 것을 촉구하며 인간중심주의가 아닌 지구중심주의를 지향한다.

극동 토착종족의 전통문화가 절대적인 해법은 아니지만 이들 전통문화의 저변에는 공동체 문화가 뿌리를 내리고 있으며, 개인과 집단의 조화를 통해 공감형 사회를 이루어나간다는 생태 철학이 자리하고 있다. 극동 토착종족의 전통문화는 현재는 개념적 자원에 머물고 있지만 이론적, 논리적으로 질서정연하게 재구성한다면 현대 인류에게 새로운 문명적 대안을 제공할 수 있다. 극동 토착종족의 생태적 세계관이 두드러지게 드러나는 지점은 우주와 대지 기원신화, 삼단세계관, 선악에 대한 관념이다.

1) 우주와 대지의 기원신화에 나타난 생태적 세계관

극동 토착종족의 우주관에서 우주는 소극적, 수동적 객체들의 집합이 아니라 능동적인 주체들의 적극적이고 활발한 교류와 교감이 이루어지는 공간이며, 우주만물은 동일한 모체에서 기원하기 때문에 유기적으로 연결되어 있다. 에벤족 신화에 의하면 우주순록의 희생적 죽음으로 중계의 대지, 산, 숲, 순록뿐만 아니라 천둥, 바람과 같은 천체 현상, 소년과 소녀가 만들어졌고, 에벤키족 신화에서는 한 아가씨가 여덟 개의 다리를 가진 순록으로 우주를 만들었다.[1]

오로치족 신화에서 대지는 다리가 8개인 뿔 없는 거대한 큰사슴인데 큰사슴 척추는 산맥, 가죽은 숲과 풀, 이빨은 동물과 새의 기원이 되었고, 큰사슴이 다리를 바꿀 때 지진이 발생한다. 위 신화들에서 순록과 큰사슴은 우주와 대지의 모체이므로 우주와 대지의 모든 개체들은 독립적으로 존재하기 이전에 유기적으로 연결된 하나의 공동체였다. 따라서 우주만물은 서로 대립, 배척, 갈등하는 관계가 아니라 공존, 공감하면서 순록과 큰사슴 즉 우주와 대지의 건강한 삶을 만들어가는 관계이다. 이에 의하면 인간은 우주 구성원의 하나일 뿐 우주의 주인이 아니며 인간과 우주는 지배 – 피지배, 정복의 관계가 아니라 조화, 공존, 통합의 관계이다.

2) 삼단세계관에 나타난 생태적 세계관

(1) 우주는 통합의 단일체라는 사고에 나타난 생태적 세계관

극동 토착종족의 보편적인 관념에서 하계 입구는 절벽의 틈, 동굴, 폭포, 연못, 숲의 호수, 강의 소용돌이 등인데 하계에서 보낸 공기가 이곳을 감싸고돌면서 기온을 조절해준다. 따라서 따뜻한 계절에는 차가운 기운이, 추운 계절에는 따뜻한 기운이 돌아서 급격한 자연재해가 발생하지 않는다. 이에 의하면 하계와 중계는 서로 연결되어 있으며 적대적, 대립적 관계가 아니라 상호보완하면서 함께 우주와 자연의 조화와 균형을 만들어가는 관계이다.

닙흐족 신화 〈청년 아즈문〉과 〈우뭄즈 닙흐와 누나〉에서 아즈문과

---

1 А. Н. Мыреева, Эвенкийский героические сказания, Новосибирск: Наука, 1990; М. Г. Воскобойников, Эвенкийский фольклор: учеб. пособие для пе д. Училищ, Л.: учпедгиз, 1960.

우뭄즈 닙흐는 대지에 살고 있지만 하늘과 바다를 자유롭게 오가므로 땅 – 바다 – 하늘, 상계 – 중계 – 하계는 하나로 연결되어 있으며 우주는 통합의 단일체이다. 따라서 이들에게는 상계, 중계, 하계의 상징인 신, 인간, 악령 그리고 삶과 죽음조차도 '다름'과 '대립'이 아니라 '같음'과 '공존'의 관계이며, 생물체, 무생물체뿐만 아니라 자연현상이나 사건조차도 홀로 존재하는 것이 아니라 하나로 연결된 네트워크 속에 유기적으로 통합되어 있다.

(2) 중계 삼세계의 조화와 균형에 나타난 생태적 세계관

극동 토착종족에게 중계는 토착종족들의 세계인 땅, 타이가(산), 물(바다)의 세계로 나누어지며 각 세계에는 그 세계를 다스리는 신, 그 세계의 사람들, 그 세계의 관습과 규율이 있는데 타이가 최고의 신은 곰 형상의 신이며, 물 세계 최고의 신은 해신이다. 타이가의 신과 해신은 선신이지만 토착종족에게 항상 친절을 베풀고 도움을 주는 것은 아니고, 자연생태계의 규율이나 관습을 어기면 그 사람과 씨족 전체에 엄한 벌을 내린다. 이에 의하면 자연의 각 세계에는 인간이 거스르거나 개입할 수 없는 그 세계만의 관습과 규율이 존재하는데 인간일지라도 이를 어기면 그 세계의 신으로부터 엄한 벌을 받는다.

뿐만 아니라 이 신들은 토착종족들에게 매년 일정한 양의 사냥 동물과 물고기를 보내주어 생계를 보장해주는데 헌제의식을 행한 뒤에는 그에 대한 보답으로 더 많은 사냥 동물을 보내준다. 이들의 세계관에서 인간과 비인간, 인간 너머 존재들의 관계는 일방적인 지배 – 복종, 보호 – 피보호의 관계가 아니라 서로 주고받고 공생하면서 함께 지구와 우주 조화와 질서를 만들어 가는 관계이다.

토착종족들에 의하면 땅의 사람들은 타이가와 바다 사람들과 교류하면서 가끔 혼인을 하기도 하는데 대개 토착종족 여인들과 타이가와 바다 세계 남자들의 결합이다. 혼인을 조건으로 타이가와 바다 사람들은 토착종족들의 타이가와 바다동물 사냥 및 어로를 도와주었고, 타이가와 바다 생태계의 규율을 알려주었다. 따라서 이들에게 자연은 상호 보완하는 존재, 삶의 규율과 지침을 알려주는 존재, 생태적 세계관과 자연관 형성의 기초를 마련해준 존재이다.

혼인 이후 토착종족 여인들과 타이가와 바다 청년들 사이에 갈등관계는 나타나지 않는다. 이는 토착종족, 타이가, 바다 사람들이 외형은 다르지만 생활양태, 관습, 신앙, 세계관 등이 유사하여 서로의 낯섦, 이질감은 적대시하면서 배척해야 할 요소가 아니라 상호이해와 공감대 형성을 통해 극복 가능한 요소이기 때문이다. 이에 의하면 인간, 타이가의 동물, 바다동물, 물고기는 외형과 거주지의 차이는 있지만 정서적, 문화적 차이는 존재하지 않는다.

이들은 자신들은 땅 사람, 타이가의 동물은 타이가 사람, 물(바다)의 물고기와 바다동물은 물 사람, 바다 사람이라고 부르고, 상계의 신들은 상계 사람, 하계의 조상령과 악령들은 하계 사람이라고 부른다. 이들에게는 인간만이 아니라 지구에 존재하는 모든 유기체, 비가시적이고 비물질적인 신적 존재들, 더 나아가 악령도 '사람'이다. 이는 우주의 모든 개체들은 살아있는 인격체이며 지구와 우주에서 '인간 - 사람'과 동등한 권리를 가지고 있다는 이들의 생태적 세계관에 의한 것이다.

3) 선악의 대립에 나타난 생태적 세계관

생태적 세계관에서는 선악을 비롯한 가치 판단적 개념들에 대해서도 특정 가치가 우월하고 다른 가치는 열등하다든가, 특정 가치는 인간에게 도움이 되는데 다른 가치는 인간에게 해가 된다는 식으로 바라보지 않는다. 따라서 생태적 세계관에서 선악은 서로 배척, 갈등하는 관계가 아니고, 선이 악보다 우월한 가치를 지닌 것도 아니며, 선과 악의 생산적인 대립과 통합 속에서 우주의 조화와 균형이 유지된다.

생태적 세계관의 이런 특징은 이들 신화에서 쉽게 찾을 수 있다. 〈에벤키족의 세베키와 하르기 신화〉에서 세베키는 선, 하르기는 악을 상징하지만 세베키가 까마귀의 도움으로 대지를 만들 때 하르기는 전혀 문제가 되지 않으므로 선과 악은 적대적인 대립의 관계가 아니라 공존, 상생하는 관계이다. 우데게족의 〈대지 기원신화〉에서 하늘에서 내려온 창조주인 하늘오리는 상계와 선, 바다에 사는 노파는 중계와 악을 상징하지만 노파는 하늘오리의 대지 창조에 방해가 되지 않기 때문에 선과 악의 대립은 이들의 대지 창조에서 특별한 의미는 없다. 에벤키족 〈지고신 부가신화〉에서 부가는 우주만물을 다스리는 지고신임에도 하계의 악령인 칸디카흐가 인간에게 저지르는 악행을 저지시키거나 늦출 수는 있지만 칸디카흐를 죽일 수는 없는데 이는 선이 악보다 우월한 가치를 지닌 것이 아니기 때문이다.

뿐만 아니라 극동 토착종족은 본디 선악을 죽음과 연결시키지 않았다. 이들의 전통적인 우주관에 의하면 생전 용감하고 부지런하게 살던 사람은 평범한 하계로, 게으르고 겁쟁이였던 사람은 어둠의 하계로 갔다. 그런데 기독교 수용 이후 생전 선했던 사람의 영혼은 사후 하계 씨족 조상령의 마을로 가서 일정기간 거주하다 상계 씨족의 기원지로 간 뒤 환생을 하거나 하계에서 영생한다. 하지만 악한 사람의 영혼은 영원한 죽음의 세계로 가게 되었고 환생은 불가능해졌다. 이처럼 이들의 우주관에 기독교의 이원대립적 사고가 습합되면서 상계는 창조, 선, 천사의 세계, 천국, 창조, 하계는 악마, 악의 세계, 지옥, 파괴의 등가개념으로 간주되었는데 이는 세계를 공존과 통합이 아니라 분리와 대립으로 바라보는 반(反)생태적인 시각이다.

2. 자연에 대한 관찰자적 특징

극동 토착종족의 우주관은 자연과 주변세계, 태양과 달의 주기적 순환, 별자리의 이미지, 밤낮의 변화, 계절의 순환 등 우주와 자연에 대한 관찰에 근거하기 때문에 우주론적, 종교적이라기보다는 자연에 대한 관찰자적 특징이 두드러진다. 이들의 우주 형상으로써 우주알과 우주뱀은 자연에 대한 관찰에 근거한다. 우주알은 생명의 원천으로서의 알, 모든 것이 한 덩어리로 섞여 있는 무정형의 알로서 알의 생태적 특성에 대한 관찰에 근거한다. 우주뱀은 알을 깨고 나와 생을 완성한 뒤 계속해서 스스로 허물을 벗어야 삶을 이어갈 수 있는 뱀의 생태적 특성에 대한 관찰에 근거한다.

극동 토착종족의 상계와 하계에 대한 관념도 논리적, 합리적, 우주론적 사고의 결과가 아니라 자연에 대한 관찰에 근거한다. 상계에 대한 관념은 끝없이 펼쳐진 무한함, 초월성, 영원성, 광대무변 등 하늘의 특성에 대한 관찰에, 하계에 대한 관념은 빛과 어둠, 낮과 밤, 위와 아래의 대립 등 인간을 둘러싼 자연현상에 대한 관찰에 근거한다. 또 오로치족에게 하계 조상령 아래의 세계는 물의 세계인데, 이는 끝을 알 수 없는 심연, 깊은 어둠 속에서 자신만의 비밀을 간직한 듯 보이는 물속의 세계에 대한 두려움, 공포 등 물에 대한 관찰에 근거한다.

뿐만 아니라 이들의 대지 기원신화에서 대지받침대 모티프는 고대인의 과학적 지식과 관념 체계로는 도저히 이해할 수 없는 지진, 화산, 눈사태 등으로 인한 붕괴, 매몰, 흔들림과 같은 자연현상을 설명하는 과정에서 발생하였다. 또한 우주의 중심축으로 우주목은 수직으로 서서 성장하면서 재생, 부활을 끊임없이 반복하는 자연의 객체로서 나무에 대한 관찰에서 비롯되었으며, 우주강이 남(남서) → 북(북서)로 흐르는 것은 시베리아의 지형적 특성에 대한 관찰에 근거한다.

이들의 천체관에서도 자연에 대한 관찰자의 특징이 두드러진다. 이들에 의하면 태양, 달, 별, 별자리는 북극성을 중심으로 하나의 네트워크를 형성하고 있는데 이는 북극성이 별들 중 유일하게 육안으로는 일주운동이 관찰되지 않고 제자리에 고정되어 있는 것처럼 보이기 때문이다. 이들이 플레이아데스성단을 숫자 7과 연결시키는 것은 성단 중 육안으로 보이는 별이 7개이기 때문이다. 닙흐족에게 바람은 자신들의 세계, 가시적인 아의 세계에서 비가시적인 타자의 세계로, 닙흐족의 우주에서 타자의 우주로 수평 이동을 도와주는 수단인데 이는 바람에 대한 관찰에 근거한다.

바다, 큰 강, 큰 호수 인근이라는 이들 거주지의 지형 조건이 우주관에 직접 반영되기도 한다. 고대 극동 토착종족은 태양과 달이 수평선에서 떠오르고 사라지는 것을 보면서 수평선이 우주의 경계이고 우주는 편평하다고 믿었다. 우데게족에게 태초에 하늘은 바다의 바닥에 있고 바다 위에는 인간이 알 수 없는 미지의 세계가 펼쳐져 있었으므로 바다가 우주의 중심에 위치하는데 이는 이들 거주지가 바다와 인접해 있기 때문이다. 이처럼 극동 토착종족 우주관의 기저에는 자연과 거주지의 지형조건에 대한 관찰이 뿌리 깊게 자리하고 있다.

II. 극동 토착종족 우주관의 세 가지 기본 개념

1. 우주의 형상

극동 토착종족의 우주의 형상에 대한 관념은 이들의 우주신화와 신석기시대로 추정되는 암벽화에 그려진 알(卵), 뱀, 사슴, 가지가 많은 뿔을 가진 사슴 등의 모티프를 통해 규명할 수 있다. 이 모티프들은 우주적 형상이며 서로 다른 시대의 관념들인데 출현 순서는 우주알 → 우주뱀 → 우주사슴 → 가지가 많은 뿔을 가진 사슴이다. 우주알은 구석기시대와 신석기의 경계, 우주뱀은 신석기시대 초, 우주사슴은 신석기시대 초에 출현하였지만 우주뱀보다는 늦은 시기에, 가지가 많은 뿔을 가진 사슴은 청동기시대 혹은 철기시대 초에 출현하였다.

우주알과 우주뱀의 관념적 근거는 알과 뱀의 생태적 특성에 대한 관찰이며, 우주사슴의 출현은 지구 환경 및 생태계의 변화와 극동 토착종족의 경제 활동의 변화, 가지가 많은 뿔을 가진 사슴의 출현은 극동 지역의 사회적, 물질적 발전에 의한 것이었다. 우주알은 생명의 원천, 우주뱀은 윤회, 불멸, 우주사슴은 우주의 모체, 대지모신, 동물의 신이자 주권자, 가지가 많은 뿔을 가진 사슴은 생명의 순환, 부활, 대지의 무한한 생산성과 재생능력을 상징한다. 따라서 이들의 우주의 형상은 초기에는 자연에 대한 관찰에 근거하였고 당시 이들에게 중요한 것은 '생명력'이었다. 하지만 극동 지역의 경제, 사회, 문화의 발전으로 점차 '생산성'이 중요한 가치가 되면서 우주의 형상은 인간, 사회, 자연, 문화의 관계에 대한 체계적, 합리적 관념에 근거하게 되었다.

한편 우주알에서 남녀에 대한 관념은 발견되지 않고, 우주뱀은 자웅 동체이며, 우주사슴에서는 여성성의 분화가 이루어지는데 남성성보다 여성성의 분화가 먼저 이루어진 것은 당시 이들 사회에서는 남성보다 여성의 생산성, 대지의 생산성이 중요했기 때문이다. 이에 근거할 때 우주사슴이 전파된 신석기시대 초 즈음 이들은 모계 씨족사회에 살고 있었다. 가지 많은 뿔을 가진 사슴에서는 남성성과 여성성의 분화가 명 확하게 자리 잡았으므로 청동기시대 혹은 철기시대 초 이들 사회에서 는 남녀의 역할이 분명하게 나누어져 있었다.

2. 우주의 구조 : 삼단세계관을 중심으로

극동 토착종족에게 우주는 상계, 중계, 하계로 이루어진 삼단세계인 데 신화적 관념에서는 수직 배열되며, 종교적 관념에서는 수평 배열되 지만 이런 관념들은 서로 독립적으로 존재하는 것이 아니라 혼종, 융합 되어 있다. 이들에게 상계와 하계는 중계의 복사본인데 이는 이들이 신 화적 상상력의 세계인 상계와 하계에 대한 관념을 중계 인간 사회의 프리즘을 통해 발전시켜 나갔기 때문이다.

이들의 종교적 관념에서 우주 삼단세계는 샤먼에 의해 하계가 개척 되면서 완성되었는데 이는 우주의 질서와 균형 유지를 위한 생산적, 창 조적, 필연적인 과정이었다. 이들에게 상계는 지고신, 태양, 달, 별, 별 자리, 번개, 천둥, 바람 등 천체와 천체현상을 다스리는 천신들, 문화영 웅, 신이 된 조상령들의 세계이자 씨족의 기원지이다. 중계는 현실 인

간의 세계, 하계는 씨족 조상령의 마을이 있는 곳, 죽음과 악령의 세계
이며 우주의 중심은 중계이다. 이들에게 상계, 중계, 하계는 다른 차원
의 시공간이지만 서로를 배척하는 관계가 아니라 하나의 네트워크 속
에서 상호 보완하는 관계, 우주의 질서와 균형 유지를 위해 끊임없이
상호 작용하는 관계이다.

이들 사이에 상계, 중계, 하계의 출현 시기를 명확하게 규명할 수는
없지만 종교적 관념에서는 인간의 현실 세계인 중계가 가장 먼저 출현
하였고, 이후 상계가 출현하였으며, 하계는 샤머니즘이 전파된 기원전
2천 년기 전후한 신석기시대 후기에 출현하였다. 하계가 가장 늦은 시
기에 출현한 것은 하계는 생사관, 상례, 제례 등과 관련되어 매우 추상
적인 사고를 필요로 하는 세계이기 때문이다.

신화적 관념에서는 상계가 가장 먼저 출현하였고, 그 이후 신적 존재
나 그와 유사한 지위에 있는 자연의 힘에 의해 중계가 출현하였는데
이는 신에 의해 정화된 신성한 세계, 우주의 중심, 질서 잡힌 조직화
된 세계에 살고자 하는 인간의 원초적 염원에 의한 것이다. 신화적 관
념에서 하계는 상계와 중계의 출현 이후 상계의 힘에 의해 출현하였다.
에벤키족의 〈하계를 개척한 까마귀〉에서 까마귀가 태양이 준 흙 조각
을 뱉어낼 때 흙 조각이 아주 깊게 박히면서 중계가 만들어졌고 하계로
가는 길까지 열렸지만 신화적 관념에서도 하계의 출현은 대개는 샤먼
에 의한 것이었다.

3. 우주의 중심축

우주의 중심축은 가능한 한 우주의 중심 혹은 그 가까이에 살고자하

는 인간의 원초적 염원에 의한 것인데 극동 토착종족의 우주의 중심축
에는 우주목, 우주강, 우주산이 있으며 출현 순서는 우주목 → 우주강
→ 우주산이다. 거주 지역의 자연환경, 그로 인한 우주관 및 세계관의
차이로 인해 우주목은 타이가 삼림지대, 우주강은 큰 강 연안의 그룹들
에게 적극적으로 수용되었으며, 늦은 시기 이들의 세계관에 들어온 우
주산은 우주목, 우주강을 보조해 주는 부차적인 지위에 머물렀고 폭넓
게 전파되지는 못하였다. 그런데 극동 토착종족에게 우주목, 우주강,
우주산은 독립적으로 존재하는 것이 아니라 혼종, 융합되어 있다. 또한
이들의 사회적, 개인적 삶의 근간은 씨족이었기 때문에 이들에게 의미
있는 것은 종족의 우주목, 우주강, 우주산이 아니라 개별 씨족의 우주
목, 우주강, 우주산이었다.

　우주목은 상계, 중계, 하계를 연결하는 수직적 우주 모델로 우주 중
심축의 전형이며 신석기시대 초 세계 여러 지역에서 동시에 발생하였
다. 이는 우주목의 관념적 기원이 논리적, 합리적 사고의 결과라기보다
는 수직으로 서서 성장하면서 재생, 부활을 끊임없이 반복하는 자연의
객체로서 나무에 대한 관찰에서 비롯되었기 때문이다.

　샤머니즘 출현 이후 우주의 중심축은 우주목에서 우주강으로 변형되
었지만 우주목을 완전히 밀어내지 못하면서 일정기간 공존하였다. 우
주강은 우주목과 유사한 기능을 하지만 우주목이 우주를 수직적, 단일
적, 통합적 시각으로 바라본다면, 우주강은 우주를 다층적 시각으로 바
라본다. 또 우주목에서는 상계와 하계가 인간의 현실 세계인 중계와 수
직적 대립을 낳았다면, 우주강에서는 문명화된 우주의 중심과 문화가
결여된 야만스러운 주변부라는 수평적 대립이 발생한다.

　우주산은 하늘과 가장 가까이 있다는 산에 대한 관찰에 근거하지만

이후 산의 이러한 특징은 산을 통해 위로는 하늘, 아래로는 지하세계로 갈 수 있다는 신화적 상상력으로 이어졌고, 산은 하늘과 땅이 만나는 곳, 우주에서 가장 높은 곳, 상계, 중계, 하계를 연결하는 우주의 중심축으로 자리 잡게 되었다.

Ⅲ. 우주관에 나타난 문화원형과 혼종성

1. 우주관에 나타난 토테미즘의 요소

토테미즘은 극동 토착종족 초기 신앙의 하나인데 아 / 타의 경계 표지로써 씨족을 대내외적으로 알리는 역할, 해당 씨족의 현재, 과거, 미래 그리고 인간, 사회, 문화, 자연을 연결하는 역할, 공통된 행위 규범을 제시하면서 씨족의 결속을 강화하는 역할, 사회의 제도적, 도덕적 질서 유지의 역할을 하였다. 이들의 우주관에서는 새, 개, 순록(사슴, 큰사슴) 토템이 두드러지게 발견되는데 이는 이 토템들이 이들의 경제, 사회, 문화, 종교생활에서 중심적인 위치에 있었음을 말해준다.

1) 우주관에 나타난 새 토템

극동 토착종족의 우주관에서 새 토템이 가장 분명하게 드러나는 지점은 인간의 영혼과 대지창조 신화에서다.

(1) 인간의 영혼으로서 새

극동 토착종족에게 인간의 영혼은 새 형상인데 〈상계에 갔다 온 에

벤키족 기달로〉에서 기달로를 상계에 데려다준 새는 인간의 영혼을 상
징하며, 우데게족의 〈달에게 간 아만다〉에서 남편 쿤티는 새로 변하였
는데 새는 죽은 쿤티의 영혼이다. 샤머니즘 수용 이전 인간의 영혼은
퉁구스족에게는 새 형상의 오미, 닙흐족에게는 탄 1개였는데 오미와
탄은 단계별로 그 속성을 달리하면서 상계, 중계, 하계를 오가며 씨족
의 영속성을 이어갔다. 새에게 이러한 역할이 주어진 것은 땅, 하늘, 물
속까지 누빌 수 있는 능력에 의한 것이었으나, 이후 종교적 속성을 부
여받으면서 이들의 종교와 신화에서 다양한 특징과 역할을 지닌 필수
적인 신화소가 되었다.

(2) 대지의 창조주 혹은 창조의 집행자로서 새

극동 토착종족의 대지 창조신화에서 새는 창조주 혹은 창조의 주요
집행자인데 대개는 물오리, 거위, 아비새 등의 물새였고 부분적으로 백
조, 까마귀, 까치도 참가하지만 까마귀는 인접한 고아시아계 축치족의
영향이다.

일정 시점부터는 아비새가 다른 물새들을 압도하면서 주요 숭배대상
으로 떠올랐는데 그 과정을 에벤족의 〈헤브키신화〉를 통해 알 수 있다.
〈헤브키신화〉에서 창조주 헤브키가 바다 밑에서 진흙을 가져오라고 부
탁했을 때 거위와 물오리는 죽을 수 있다고 거절하였지만 아비새는 잠
수하여 대지의 질료를 가지고 왔다. 따라서 이들에게 대지의 출현은 죽
음의 위험을 감수한 아비새의 희생에 의한 것인데 이는 이들의 숭배
대상이 거위와 물오리에서 아비새로 대체되는 과정을 보여준다.

하지만 자연생태적 관점에서 아비새가 숭배대상으로 떠오른 것은 물
새 중 물, 땅, 하늘을 오가는 능력이 가장 탁월하기 때문이다. 극동 토착

〈표 8〉 아비새의 신화적 상징의미. 엄순천, 2020, p.129.

하늘	⇒	상계	⇒	번식	환생
⇓		⇓		⇓	⇓
땅	⇒	중계	⇒	모태	탄생
⇓		⇓		⇓	⇓
물	⇒	하계	⇒	씨앗	죽음

(아비새 ⇒ 가 표 왼쪽에 위치)

종족들은 기본적인 생명 유지를 위해 대지의 생산성을 절실히 필요로 했으며 이를 위해서는 생명을 의미하는 물, 모태를 의미하는 땅, 번식 자를 의미하는 하늘이 있어야 했는데 아비새는 이 세 요소를 모두 가지 고 있었다. 종교적 층위에서 물은 죽음과 하계, 하늘은 환생과 상계, 땅 은 탄생과 중계를 의미한다. 따라서 아비새는 삼단세계관이 전파된 이 후 상계, 중계, 하계를 상징하면서 동시에 상계 ↔ 중계 ↔ 하계 순환고 리의 매개자로 자리매김하였다.

이외 에벤족에게 백조는 종족의 기원, 일림페야강 에벤키족에게 독 수리는 천둥과 번개의 신 악디, 아무르강 에벤키족에게 악디의 날개는 독수리, 나나이족에게 독수리는 대지의 창조주, 나나이족, 오로치족, 우 데게족에게 뻐꾸기는 우주 삼계의 연결자이므로 백조, 독수리, 뻐꾸기 토템도 발견되지만 아비새만큼 광범위하게 전파되지는 못하였다.

2) 개 토템

닙흐족은 상례, 물신제(水神祭), 수사자(水死者) 위령제 때 반드시 개 헌제의식을 행하지만 울치족을 제외한 다른 극동 토착종족에게는 그런 의식이 없기 때문에 극동 토착종족의 개 토템, 개 숭배는 닙흐족의 영향에 의한 것이다. 극동 토착종족의 개 토템, 개 숭배가 가장 분명하게 드러나는 지점은 개가 우주 삼계의 연결자, 우주 삼계의 대표자라는 관념에서다.

네기달족의 〈하계에 갔다 온 남자〉와 닙흐족 〈하계 여인과 혼인을 위해 죽음을 택한 청년〉에서 남자가 기르던 개는 중계와 하계를 자유롭게 오갔고, 남자는 개를 따라 하계로 가게 되었으므로 개는 중계와 하계, 인간과 조상령, 생과 사를 연결하는 존재이다. 즉 이들에게 개는 인간에게는 없는 신성하고 초월적인 힘을 이용하여 상계, 중계, 하계를 오가면서 그 세계만의 내밀한 비밀을 알고 있는 존재인데 이는 이들 개 숭배의 관념적 근거가 되었다.

상계의 대표자로서 개에 대한 관념은 우데게족, 울치족, 닙흐족에게서 발견된다. 우데게족의 〈달에게 간 아만다〉에서 아만다는 달에 가면서 개를 데리고 갔고, 울치족의 〈메르겐의 우주 삼계 연결〉에서 개는 지고신을 보호하면서 태양의 운행을 주관하는 천신이다. 우데게족과 닙흐족에게 일식과 월식은 하늘 개가 태양과 달을 물어뜯으면서 일어나는 현상인데 이때의 개는 상계를 대표하지만 다른 천신인 태양과 달을 괴롭히는 부정적인 존재이다. 닙흐족의 〈천신의 아들과 혼인한 누나〉에서 닙흐족 아가씨를 유혹하여 혼인을 하기 위해 상계 청년은 개로 변신하였는데 이는 중계 아가씨의 죽음을 의미하므로 개는 부정적인 존재이다. 위 신화들에 근거할 때 상계의 대표자로서 개는 처음에는 천신으로서 긍정적인 가치를 지니고 있었지만 이후 부정적 가치를 지닌 존재로 변형되었다. 이는 극동 토착종족 사이에서 개가 상계에서 하계로 이동해가는 과정, 개가 이들 토템의 중심에서 주변으로 밀려나는 과정을 보여준다.

하계로 이동한 개는 하계신의 보조신이 되었는데 우데게족의 〈카라
우 암반을 만난 남자〉에서 하계신 카라우 암반은 뱀의 꼬리에 머리가
3개인 개로 변신하였으므로 개는 하계신의 보조신이다. 또 우데게족의
〈하계를 개척한 우자〉에서 하계 입구에서 우자를 막은 개는 하계신의
보조신이다. 극동 토착종족의 우주관에서 발견되는 개 토템은 이들이
오래전부터 개 사육에 종사했고 개를 숭배했으며 개가 종교의식에서
중요한 자리에 있었음을 말해준다.

3) 순록(큰사슴, 사슴) 토템

극동 토착종족의 순록 토템이 가장 분명하게 나타나는 지점은 우주
의 형상, 우주와 대지의 모체로서 순록에 관한 관념에서다. 우주사슴은
신석기시대 초, 가지가 많은 뿔을 가진 사슴은 청동기시대 혹은 철기시
대 초 이들 사이에서 우주의 형상으로 자리 잡았다. 이때 우주사슴의
출현은 지구 환경 및 생태계의 변화와 극동 토착종족의 경제 활동의
변화, 가지가 많은 뿔을 가진 사슴의 출현은 극동 지역의 사회적, 물질
적 발전에 의한 것이었다.

에벤키족 신화에서는 한 아가씨가 여덟 개의 다리를 가진 순록으로
우주를 만들었고, 다른 에벤키족 신화에서는 지고신 부가가 구라니치
산 중앙에서 순록을 꺼내 바다에 던지자 대지가 만들어졌다. 또 에벤족
신화에서는 다리 여덟 개인 순록에서 대지와 대지의 모든 것이 만들어
졌고, 오로치족에게 대지는 다리가 8개인 뿔 없는 거대한 큰사슴이다.[2]

----

2 A. H. Мыреева, *Эвенкийский героические сказания*, Новосибирск: Наука,
1990.

극동 토착종족 사이에 우주의 중심축으로써 우주산이 전파되면서 우주사슴의 관념적 내용은 우주와 대지에서 우주산으로 옮겨갔다. 사하 공화국과 바이칼 호수 인근 에벤키족 신화에서 산신 쿨라다이는 순록을 타고 가는 무사 메르겐을 만났는데[3] 순록은 우주산을 상징한다. 우데게족 신화에서 문화영웅은 대홍수가 끝난 뒤 하늘에 닿아있는 순록 형상의 높은 우주산에 있던 첫 선조들을 구했고,[4] 울치족 신화에서 무사는 불을 지나 거대한 순록 형상의 우주산으로 갔다.

그런데 시간이 지나면서 순록은 우주, 대지, 우주산의 등가물이 아니라 천신 혹은 그의 보조신으로서 창세에 참여하였다. 오로크족에 의하면 하다우는 순록 썰매를 타고 우주산을 내려가면서 계곡과 강을 만들었고, 닙흐족에 의하면 지고신 쿠른은 쌍두 순록 마차를 타고 다니면서 대지, 타이가, 산, 강 등을 만들었다.[5] 순록의 역할 변화는 이들 사이에 순록사육이 폭넓게 전파되면서 순록이 경제, 종교, 문화 등 이들 삶의 모든 층위에서 중요한 위치를 차지하게 되었음을 말해준다.

샤머니즘 수용 이후 토테미즘은 샤머니즘에 융합되었고, 토템신들은 반인반수를 거쳐 인간신으로 변형되면서, 토테미즘은 이들 세계관에서 퇴색되어 갔지만 신화, 의례 의식 등에서는 여전히 보존되고 있다.

----

3 С. А. Садко, Эвенкийские сказки, Новосибирск: Западно-Сибирское кни жное изд-во, 1971, pp.9-12.

4 О. П. Суник, Ульчский язык. Исследования и материалы, Л.: Наука, 1985, pp.113-117; Б. А. Васильев, "Основные черты этнографии ороков. Предвар ительный отчёт по материалам экспедиции 1928 г.", Этнография 1, 1929, p.11.

5 О. П. Суник, там же, pp.113-117; Б. А. Васильев, там же, p.11; С. Н. Скоринов, там же, p.112.

2. 우주관에 나타난 샤머니즘의 요소

극동 토착종족에게 샤머니즘의 출현은 서구의 르네상스에 버금가는 대변혁이었고, 물질 및 정신문화의 대분기(大分期)였다. 극동 토착종족의 우주관은 샤머니즘 전후 큰 변화를 겪었다. 샤머니즘 수용 이전 통합의 단일체였던 우주는 샤머니즘 수용 이후 삼단세계로, 우주의 중심축은 우주목에서 우주강으로, 일반인도 가능하던 우주 통행은 샤먼의 특권으로 바뀌었다.

이들의 우주관에서 샤머니즘의 요소가 가장 극명하게 드러나는 지점은 하계에 대한 관념인데 이들에게 하계 개척은 문화영웅 – 샤먼에 의한 것이었다. 나나이족의 하다우는 인간이 너무 많아져서 살기 힘들어진 현실을 극복하기 위해, 오로치족의 샤먼은 바다오리의 알을 가지러 절벽에 갔다가 떨어져 죽은 아들의 영혼을 위해, 우데게족의 우자는 하계의 필요성을 자각한 초월적 존재인 반인반조개에 의해 하계를 개척하였는데 이들은 나나이족, 오로치족, 우데게족의 첫 샤먼이다. 하계를 개척한 이후 샤먼은 망자의 영혼을 하계로 인도하는 송혼식을 만들었고 의식의 수행은 샤먼의 특권이 되었다.

샤머니즘이 발전하고 샤먼의 권위와 위상이 더욱 강화되면서 특화된 샤먼의 하계가 만들어졌다. 에벤키족의 엥제키트강 하구 아래쪽에 있는 옐람라크, 충우제크, 돌보니트키, 나나이족의 도르킨과 게켄, 울치족의 도르킨 등이 대표적인 샤먼의 하계이다. 제2 하계인 네기달족의 울리마리크, 에벤족의 홀림쿠르, 예니세이강과 알단강 동쪽 에벤키족의 하만 헤르구(옐람라크, 엥제키트), 나나이족의 홀리오초아도 특화된 샤먼의 하계이다.

극동 토착종족에 의하면 상계에도 샤머니즘이 전파되어 있으며 샤먼은 사회적, 종교적, 문화적으로 중요한 위치에 있었다. 뿐만 아니라 바다 세계에서 샤먼이 종교적, 사회적으로 중요한 위치에 있다. 이는 현실 세계에서 샤먼의 권위와 위상을 더욱 강화시키는 역할을 하였고, 샤먼이 신의 위계로 격상할 수 있는 관념적 근거가 되었다. 닙흐족의 〈바다표범 마을과 샤먼〉에서 상계와 하계 샤먼이 아가씨의 치병 의식을 위해 바다 세계에 왔으므로 인간 세계의 샤먼뿐만 아니라 바다 세계, 상계, 하계의 샤먼들도 우주를 자유롭게 통행할 수 있는 특권을 가지고 있다.

극동 토착종족에게 천둥과 번개의 신 악디는 샤먼의 보조령인데 이는 이들 사이에서 샤먼의 권위가 천신보다 우위에 있었음을 말해준다. 즉 이들에게 중요한 존재는 비가시적, 관념적인 천신이 아니라 자신들 삶의 중심에서 길흉화복, 생사를 주관하는 샤먼이었다.

3. 우주관에 나타난 문화상징성

1) 숫자 상징성

숫자 3은 극동 토착종족 우주관의 중심에 자리하고 있는데 이들에게 우주는 상계, 중계, 하계의 삼단세계이며, 중계는 땅, 타이가(산), 물(바다)의 삼 세계로 이루어져 있고, 중계에서 하계로 가는데 삼일 걸린다. 에벤키족과 콘돈 지역 나나이족, 우데게족에게 상계와 하계는 3층 구조이며, 천둥과 번개의 신 악디의 손가락 발가락은 3개이다. 나나이족 사마르 씨족 샤먼 무복에 그려진 우주알 위쪽에는 상계를 상징하는 3

개의 꽃잎이 있고, 〈상계에 갔다 온 에벤키족 기달로〉에서 새는 기달로 에게 삼 년 동안 필요한 음식, 옷, 물, 장작을 준비하라고 하였다. 나나 이족 노인들은 치병의식 때 샤먼의 기둥 토로안 3개를 설치한 뒤 상계 2층의 신 요르하 엔두리와 상계 4층의 신들에게 기원하는데 모두 성수 3 숭배에 의한 것이다.

'3'은 퉁구스 제어에서 ila(n)~elan인데 il(줄, 활시위/ 에벤키어)에서 기 원하며[6] 퉁구스족 공통이므로 성수 3 숭배는 퉁구스족이 분화되기 이 전, 이들의 생업이 사냥이던 시기에 출현하였다. 닙흐족에게 3은 chakr[7] 이므로 퉁구스어 ila와 음성적 유사성은 발견되지 않지만 이들에게도 성수 3 숭배가 존재한다.

그런데 극동 토착종족들에게는 성수 3 숭배 이전에 성수 2 숭배, 3수 원칙 이전에 2수 원칙이 있었다. 퉁구스족 북부 그룹의 신화에서는 〈두 형제〉, 〈세베키와 하르기〉, 〈헤브키와 아링카〉처럼 2수 원칙이 발견되 는데, 퉁구스족 남부 그룹과 고아시아 닙흐족 신화에 오면 2수 원칙은 베일에 가려지고 〈3개의 태양〉, 〈삼형제〉 등 3수 원칙이 등장한다. 우데 계족의 〈사냥꾼 엑지가와 2개의 태양〉과 〈강한 남자와 3개의 태양〉 신 화에서 문화영웅이 태양을 살해한 원인이 전자는 밤낮의 변화, 빛과 어 둠의 조화 등 자연생태계의 조화와 균형 회복이었다면, 후자는 경제 활 동 및 생활양식 즉 문화 발전의 기반 조성이었다. 이에 근거할 때 '2개 의 태양' 모티프는 '3개의 태양' 모티프보다 선행하며 3수 원칙은 2수

---

6 엄순천, 「퉁구스 민족명의 어원 및 자명(自名) 분석: 에벤키족과 에벤족을 중심으로」, 『비교문화연구』 39, 2015, p.207.

7 Ч. М. Таксами, Словарь нивхско-русский и русско-нивхский, СПб.: Прос вещение, 1996, p.109.

원칙에서, 3수 숭배는 2수 숭배에서 기원한다.

'2'는 퉁구스 제어에서 ʒuwo~ʒü(2)인데 여진어 'tul-(양(陽)의 기원, 태양이 뜨는 방향, 따뜻하다)'에서 기원하므로[8] '동쪽, 따뜻함'과 관련이 있으며 한국어 '둘'과 음성적으로 유사하다. 이들의 종교적 관념에서 동쪽(혹은 남쪽)은 씨족의 기원지가 있는 곳이므로 과거 이들에게 2는 종교적으로 중요한 숫자였다. 닙흐어 2는 mekr이므로[9] 퉁구스어 ʒuwo~ʒü과 음성적 유사성은 발견되지 않지만 성수 2 숭배는 공통적이다.

극동 토착종족 사이에는 성수 3의 배수로서 성수 9 숭배가 전파되어 있다. 에벤키족에 의하면 하계에는 아홉 샤먼의 마을이 있고, 네기달족과 나나이족의 상계는 9층 구조이며, 에벤족의 샤먼들은 주술 능력에 따라 상계와 하계 7, 9, 12층까지 갈 수 있다. 나나이족의 상계 4층에는 아홉 그루의 우주목 포도하가 자라며, 상계 9층에는 천신들의 마을이 있고, 울치족의 〈메르겐의 우주 삼계 연결〉에서 메르겐은 하계를 갈 때 9개의 산을 지나갔다.

'9'는 만주어, 에벤어, 나나이어, 오로치어, 오로크어, 울치어에서는 ujun~ huju(n), 네기달어와 에벤키어에서는 jeyin이다. 우데게어의 9는 jeju(n)인데 어근은 에벤키어, 접미사는 만주어를 따르고 있으므로 우데게족은 문화적으로 퉁구스족 북부 그룹과 남부 그룹의 중간에 위치하였는데 이는 이들의 〈사냥꾼 엑지가와 2개의 태양〉과 〈강한 남자와 3개의 태양〉 신화를 통해서도 알 수 있다. 현재 우데게족은 극동의 중간 지점이 아니라 남부 지역에 거주하는데 이는 주객관적 요인으로 다른 종족

---

8 ССТМЯ 1, p.221.

9 Ч. М. Таксами, там же, p.109.

들이 이들보다 더 북쪽이나 북동쪽으로 이주하였기 때문이다. 실제로 오로치족, 울치족은 우주강이 남쪽에서 북쪽으로 흐른다고 믿으므로 이들은 남쪽 지역에서 기원하여 현재의 거주지에 정착하였다. 물론 우데게족도 우주강이 남쪽에서 북쪽으로 흐른다고 믿지만 이들의 이주 범위는 다른 토착종족에 비해 짧았는데 그 원인을 명확하게 규명하기는 힘들다. 닙흐어에서 9는 n"yn"ben이므로[10] 퉁구스어 ujun~huju(n)과 음성적 유사성은 발견되지 않지만 성수 9 숭배는 공통적이다.

2) 여성 상징성

극동 토착종족의 우주관에 의하면 고대 여성은 사회적으로 특별한 위치에 있었고 종교의식에서도 주도적 지위를 차지하였는데 이는 천신과 하계신으로서 여신의 관념을 통해 알 수 있다. 에벤키족의 지고신 부가는 노파이고, 나나이족의 상계 7, 8층은 룽예 엔두리, 냥냐 엔두리 등 여신들의 세계이며, 상계 달의 세계에 있는 호수를 지키는 오로치족의 천신은 노파이다.

에벤키족의 신화적 씨족의 강인 엥제키트강 기슭에서 하계 입구를 지키고 있는 하계신은 노파이며, 에벤키족 코르두얄 씨족의 샤먼 인틸리군이 주도하는 송혼식에서 하계로 가는 길을 지키고 있는 노파들과 그들의 수장인 하계신 부닌은 노파이다.[11] 나나이족의 제2 하계 홀리오

10 Ч. М. Таксами, там же, p.126.

11 Л. Я. Штернберг, Гиляки, орочи, гольды, негидальцы, айны. Классификация, коренного населения Приамурского края, Хабаровск: Дальгиз, 1933, p.330, 519.

초아의 북쪽 늪에는 망자의 영혼의 운명을 결정하는 노파 아타카 마마가 기거하고 있다. 이들의 또 다른 하계신 부니는 노파인데 송혼식 때 샤먼의 송혼식을 도와준다. 우데게족의 〈하계를 개척한 우자〉에서 하계신은 노파이고, 울치족의 〈콘돌리누와 아주아〉에서 우주강 하구에 살고 있던 여인 아주아는 하계신을 상징하며, 닙흐족의 하계신도 노파인데 하계로 가는 길 중간에서 망자의 영혼을 맞이한다.

그런데 오로크족의 〈카라우 암반을 만난 남자〉에서 하계신은 남성이며, 울치족의 문화영웅 메르겐이 상계와 하계로 가는 길을 개척하면서 우주 삼계를 연결할 때 만난 하계신도 남성이었다. 이는 극동 토착종족의 신전에서 남성 신이 여신을 밀어낼 때 하계신이 여신에서 남성 신으로 변형되는 과정을 보여준다.

이처럼 극동 토착종족 사이에서 우주관은 출현 이후 오랫동안 종족 및 씨족의 통합, 씨족구성원의 관계 조절 등 현실적인 기능뿐만 아니라 다양한 문화 층위 간 상호작용, 종족 및 씨족정체성, 문화정체성의 형성과 발전을 견인하는 동인이 되었다.

참고 자료

I. 문서보관소

- Архив ДВО ВНИИОЗ: Архив Дальневосточный Отдел Всероссийского Научно-Исследовательского Института Охотничьего Хозяйства и Звероводства
- Архив ИИАЭ ДВО РАН: Архив Институт Истории, Археологии, Этнографии Народов Дальнего Востока Дальневосточного Отделения Российской Академии Наук
- Архив МАЭ РАН: Архив Музей Археологии и Этнографии им. Петра Великого (Кунсткамера) Российской Академии Наук
- Архив ОИАК: Архив Общество Изучения Амурского Края
- Архив ПЦРГО-ОИАК: Архив Приморский Центр Русского Географического Общества-Общество Изучения Амурского Края
- Архив РАН СПб. Филиал: Архив Российской Академии Наук Санкт-Петербургский Филиал
- Архив РЭМ: Архив Российский Этнографический Музей
- ГАРФ: Государственный Архив Российской Федерации.
- ГАХК: Государственный Архив Хабаровского Края
- НА СОКМ: Научный Архив Сахалинского Областного Краеведческого Музея
- РГАДА: Российский Государственный Архив Дрених Атов
- РГИА ДВ: Российский Государственный Исторический Архив Дальнего Востока

II. 박물관

- ГМЭ: Государственный Музей Этнографии, г. СПб.
- ГРМ: Государственный Русский Музей, г. СПб.
- МАЭ: Музей Антропологии и Этнографии им. Петра Великого (Кун сткамеры) Российской Академии Наук, г. СПб.
- МАЭ ИИАЭ ДВО РАН: Музей Археологии и Этнографии Иститута Истории, Археологии, Этнографии Народов Дальнего Востока Да льневосточного Отделения Российской Академии Наук, г. СПб.
- ПГОМ: Приморский Государственный Объединённый Музей им. В. К. Арсеньева, г. Владивосток
- РЭМ: Российский Этнографический Музей, г. СПб.
- ХКМ: Хабаровского Краеведческого Музея им. Н. И. Гродекова, г. Хабаровск

III. 문헌 자료

1. 1차 문헌

- Сравнительный словарь тунгусо-маньчжурских языков (ССТМЯ) 1, 2, Цинциус В. И. (Ред.), Л.: Наука, 1975, 1977.
- Духовная культура удэгейцев XIX-XX в. Историко-этнографически е очерки (ДКУ ИЭО), В. В. Подмаскин (Ред.), Владивосток: ДВУ, 1991.
- История и культура негидальцев: историко-этнографические оче рки (ИиК Нег), Старцев А. Ф. (Ред.), Владивосток: Дальнаука, 2014.
- История и культура эвенов: историко-этнографические очерки (И иК Эвенов), Тураев В. А. (Ред.), СПб.: Наука, 1997.
- История и культура Дальневосточных эвенков: историко-этногра фические очерки (ИиК ДВ Эвенков), СПб.: Наука, Тураев В. А. (Ре д.), 2010.
- История и культура нанайцев: историко-этнографические очерки

(ИиК Нанайцев), Тураев В. А. (Ред.), СПб.: Наука, 2008.
- История и культура орочей: историко-этнографические очерки (И иК Орочей), Тураев В. А. (Ред.), СПб.: Наука, 2001.
- История и культура уйльта (ороков) Сахалина: историко-этнограф ические очерки (XIX-XXI вв.) (ИиК Уйльта), Подмаскин В. В. (Ред.), Владивосток: Дальнаука, 2021.
- История и культура удэгейцев (ИиК Удэгейцев), Крушанова А. И. (Ред.), Л.: Наука, 1989.
- История и культура ульчей в XVII-XX вв.: историко-этнографическ ие очерки (ИиК Ульчей), Иващенко Л. Я. (Ред.), СПб.: Наука, 1994.
- История и культура нивхов: историческо-этнографические очерк и (ИиК Нивхов), Тураев В. А. (Ред.), СПб.: Наука, 2008.
- История и культура тазов: историко-этнографические очерки (вто рая половина XIX-начало XXI в.) (ИиК Тазов), Старцев А. Ф. (Ред.), Владивосток: Дальнаука, 2019.

2. 2차 문헌

서론

- 이명희, 정영란, 『모빌리티 생태인문학』, 앨피, 2020.

I부 극동 토착종족 개관

- 두다료노크 S. M. 외, 『러시아 극동 지역의 역사』, 양승조 옮김, 진인진, 2018.
- 엄순천, 『잊혀져가는 흔적을 찾아서: 퉁구스족(에벤키족)의 씨족명과 문화 연구』, 서강대출판부, 2016.
- _____, 「타즈족의 형성 과정 및 문화 혼종성」, 『순천향 인문과학논총』 40(4), 2021, pp. 97-125.
- 한종만, 「시베리아·극동 지역의 자연·인문지리적 특성」, 『한국 시베리아 연구』,

창간호, 1996.

• Albert F., Die Waldmenshen Udehe: Forschungreisen in Amur und Ussurigebief, Darmstadt: C. W. Zeske Verlag, 1956.

• Alonso de la Fuente J. A., The Ainu Languages: Traditional Reconstruction, Eurasian Areal Linguistics, and Diachronic (Holistic) Typology, PhD in philol. sci. diss, Euskal Herriko Unibertsitatea, 2012.

• Laperous F. G., A vouage rouhd the world in the years 1785, 1786, 1787 and 1788, London.

• Аврорин В. А., Лебедев Е. П., Орочские сказки и мифы, Новосибир ск: Наука, 1966.

• _____, "Инцест в фольклоре орочей и класс ификационная система родства", ИСО АН СССР 1, 1979, pp.123-126.

• Анисимов А. Ф., Родовое общество эвенков (тунгусов), Л.: ИНС, 1936.

• _____, Космологические представления народов Север а, М.-Л.: АН СССР, 1959.

• Алексеев В. П., "К краниологии орочей (материалы к этногенезу)", ЗПФГО СССР 1(24), 1965.

• Арсеньев В. К., Краткий военно-географический и военно-статис тический очерк Уссурийскогокрая 1901-1911 гг., Хабаровск: ТЩПВ О, 1912.

• _____, "Китайцы в Уссурийском крае", ЗРГО 10(1), Хабаров ск, 1914, pp.34-35.

• _____, "По Уссурийскому краю (Дерсу Узала)", Путешеств ие в горную область Сихотэ-Алинь. Владивосток: Типография Эх о, 1921.

• _____, Дерсу Узала. Из воспоминаний о путешествии по Уссурийскому краю в 1907 г., Владивосток: Свободная Россия, 1923.

• _____, Лесные люди удэхейцы, Владивосток: Книжное де ло, 1926.

• _____, В горах Сихотэ-Алиня, Арсеньев В. К. Сочинения

3, Владивосток: Примиздат, 1947.

- Арсеньев В. К., Сквозь тайгу, Арсеньев В. К. Сочинения 4, Владиво сток: Примиздат, 1948.
- Березницкий С. В., "Мифология и верования орочей", Фольклор на родов Маньчжурии 2, СПб.: ПВ, 1999.
- _____, Этнические компонеты верований и ритуалов коренных народов Амуро-Сахалинского региона, Владивосток: Д альнаука, 2003.
- _____, Верования и ритуалы коренных народов юга дальнего востока: этнокультурные компоненты и современное со стояние (вторая половина XIX-XX в.), Диссерт. ...Доктора Историч еских Наук, РАН ИИАЭН ДВ, 2005.
- Беликов В. И., Перехвальская Е. В., "Язык тазов", Языки народов России. Красная книга, Нерознак В. П. (Ред.), М.: Academia, 2002, pp.171-172.
- Боголюбский И. С., Краткий очерк народов Амурского края, СПб.: ТСД, 1890.
- Богораз В. Г., "Древние переселения народов в северной Евразии и Америке", СМАЭ, Л. 1927.
- Бошняк Н. К., "Путешествия в Приамурском крае. Путешествие на Сахалин", МС 2, 1858, pp.189-190.
- _____, "Экспедиши в При-Амурском крае", МС 3(март), 1859, pp.193-212.
- Браиловский С. Н., Тазы или yguhэ, СПб.: ТКМ, 1902.
- Варавина Г. Н., Концепт души в традиционном мировоззрении ту нтусоязычных народов Якутии: традиции и современность, Диссе рт. ...Кандид. Исторических Наук, ИГИПМНС СО РАН, 2014.
- Варламова Г. И., Мировоззрение эвенков: Отражение в фольклор е, Новосибирск: Наука, 2004.
- Василевич Г. М., Эвенки: Историко-этнографические очерки XVIII-начала XX в., Л.: Наука, 1969.
- Васильев Б. А., "Основные черты этнографии ороков, Предварите

льный отчёт по материалам экспедиции 1928 г.", Этнография 7(1), 1929.

- Гаер Е. А., "Погребальные обряды народов Нижнего Амура", Вопро сы истории и культуры народов Дальнего Востока 2, Владивосто к, 1974, pp.125-139.

- _____, Традиционная бытовая обрядность нанайцев в конце XIX-начале XX в. (к проблеме устойчивости развития традиций), Диссерт. ...Канд. Исторических Наук, ИЭ АН СССР, 1984.

- Гапанович И. И., Россия в Северо-Восточной Азии 1, Колонизация Севера в прошлом и настоящем, Пекин: б. и., 1933.

- Геннадьевич Ф. А., Коллективные представления нивхского этнос а: взаимодействие человека, социума и природы (вторая половин а XIX-XX вв.), Диссерт. ...Кандид. Исторических Наук, ХГПУ, 2002.

- Глен П. П., Шмидт Ф., "Отчет о путешестви по острову Сахалину", ТСЭРГО 1, СПб., 1868.

- Голубцов И., "Религия, обряды и нравы племен, живущих по запа дному берегу Татарского пролива, по низовью реки Амур и части ю по западному берегу Охотского моря", Домашняя беседа для на родного чтения 34, СПб., 1859.

- Гонтмахер П. Я., Нивхи: Этнографические тетради, Хабаровск: ХГ ПУ, 1999.

- Груздева Е. Ю., "Нивхский язык," Языки мира. Палеоазиатские язы ки, М.: РАН, 1997.

- Долгих Б. О., Родовой и племенной состав народностей Севера Средней Сибири, Диссерт. ...Канд. Исторических Наук, М., 1946.

- _____, "О населении басейнов рек Оленека и Анабары", СЭ 2, 1952.

- _____, "Племена и роды коренного населения Забайкалья и южного Прибайкалья", КСИЭ 17, М., 1953.

- _____, "Этнографический состав населения Якутского уезда в 17 веке", КСИЭ 24, М., 1955.

- _____, "Этнический состав и расселение народов Амура в

XVII в. по русским источникам", Сборник статей по истории Даль
него Востока, М.: АН СССР, 1958.

- Долгих Б. О., Родовой и племенной состав народов Сибири в XVII
  веке, М.: АН СССР, 1960.

- _____, "Племя у народов севера", Общественной строй у
  народов Северной Сибири, М., 1970.

- Егорова А. И., "Элементы полового символизма в традишионной
  культуре якутов", ЭО 4, 1996.

- Ермолова Н. В., Эвенки Приамурья и Сахалина. Формирование и
  культурно-исторические связи XVII~начало XX вв., Автореф. Диссе
  рт. ...Канд. Исторических Наук, Л.: ЛГУ, 1984.

- Звиденная О. О., Новикова Н. И., Удэгейцы: охотники и собирател
  и реки Бикин (Этнологическая экспертиза 2010 года), М.: Стратеги
  я, 2010.

- Золотарев А. М., Пережитки тотемизма у народов Сибири, Л.: ИН
  С, 1934

- _____, "Новые данные о тунгусах и ламутах 18 веке", Ист
  орик-марксист 2, М.: Правда, 1938.

- _____, Родовой строй и религия ульчей, Хабаровск: Дал
  ьгиз, 1939.

- _____, Родовой строй и первобытная мифология, М.: На
  ука, 1964.

- Иванов С. В., "Медведь в религиозном и декоративном искусстве
  народностей Амура", Сборник статей, М.-Л., 1937, pp.1-45

- _____, Материалы по изобразительному искусству народов
  Сибири XIX начала XX вв. Сюжетный рисунок и другие виды изоб
  ражений на плоскости, М.-Л. 1954.

- _____, Орнамент народов Сибири как исторический источ
  ник (по материалам XIX в.-начала XX вв.): Народы Севера и Дальн
  его Востока, М.-Л.: АН СССР, Л, 1963.

- _____, "Представления нанайцев о человеке и его жизненн
  ом цикле", Природа и человек в религиознных представлениях

народов Сибири и Севера (второая половина XIX-начало XX в.), 1976, pp.161-188.

- Ильяшевич О. А., Традиционная жизнедеятельность орочей и ее трансформации в XX-XXI веках, Диссерт. ...Канд. Культурологии, Дальневосточный Государственный Гуманитарный университет, Комсомольск-на-Амуре, 2006.
- Иохельсон В. И., "Заметки о населении Якутской области в истори ко-географическом отношении", Землеведение 2, 1895, pp.137.
- _____, "Этнологические проблемы на северных берегах Тихого океана", ИИРГОИИРГО 43, 1907, pp.63-92.
- _____, "Археологические исследования на Камчатке", И ИРГО 62(3-4)·, 1930, pp.199-242; pp.351-385.
- Карлов В. В., "Социальная и этническая структура енисейских эве нков в 17-18 веках", СЭ 1, 1971.
- _____, Эвенки в 17-начале 20 в. (Хозяйство и социальная структура), М.: МГУ, 1982.
- Киле А. С., Искусство нанайцев: вышивка, орнамент. Традиции и новации, Хабаровск: Российский Медиа Альянс, 2004.
- Киле Н. Б., "Лексика, связанная с религиозными представлениями нанайцев", Природа и человек в религиозных представлениях на родов Сибири и Севера (вторая половина XIX-начало XX вв.), Вдо вин И. С. (Ред.), Л.: Наука, 1976, pp.189-202.
- _____, Нанайский фольклор: нингманы, сиохор, тэлунгу, Нов осибирск: Наука, 1996.
- Козьминский И. И., "Возникновение нового культа у гольдов", Сб. этнографических материалов, Л.: ЛГУ, 1927, pp.43-52.
- Крейнович Е. А., "Гиляцко-тунгсо-маньчжурские языковые паралл ели", Доклады и сообщения института языкозниния АН СССР 8, 1955, pp.135-150.
- _____, Нивхгу. Загадочные обитатели Сахалина и Амур а, М.: АН СССР, 1973.
- Кулемзин В. М., "Своеобразие эмоциональных проявлений хантов

и селькупов", Сибирский психологический журнал 2, Томск. 1996.

- Ларькин В. Г., "Религиозные воззрения удэгейцев", Труды ДВФ СО АН СССР. Сер. ист. 2, Владивосток, 1961.

- _____, Орочи: Историко-этнографических очерк с середины XIX в. до наших дней, М.: Наука, 1964.

- _____, Звиденная О. О., Новикова Н. И., Удэгейцы: охотники и собиратели реки Бикин (Этнологическая экспертиза 2010 года), М.: Этноконсалтинг, 2010.

- Лебедева В. В., Этнокультурные особенности одежды негидальцев (вторая половина XIX-начало XXI вв.), Диссерт. ...Канд. Исторических Наук, РАН ДО ИИАЭН ДВ, Владивосток, 2010.

- Левин М. Г., Религиозные верования народов СССР 1, М.-Л.: Московский рабочий, 1931.

- _____, "Материалы по краниологии Приморских орочей", Антропологический журнал 3, 1936, pp.14-20.

- _____, Этническая антропология и проблемы этногенеза народов Дальнего Востока, М: АН СССР, 1958.

- Леонтович С., Краткий русско-орочский словарь с грамматической заметкой. Записки общества изучения Амурского края 2, Владивосток: Тип. Н. В. Ремезова, 1896.

- Липская-Вальроид Н. А., "Материалы к этнографии гольдов", СЖС 3-4, 1925, pp.145-160.

- Липский А. Н., Элементы религиозно-психологических представлений гольдов, Чита: Тип. Губсоюза Забайкальских кооперативов, 1923.

- _____, "Некоторые вопросы таштыкской культуры в свете сибирской этнографии", Краеведческий сборник, 1, 1956, pp.42-92.

- Литвинцев В. П., "Промысловое население Амгунского района", Экономическая жизнь Дальнего Востока 6-7, Харабовск, 1926.

- Логиновский К. Д., 1898, Архив РАН, Ф.282, Оп.1, Д.8.

- Лопатин И. А., Гольды амурские, уссурийские и сунгарийские: Опыт этнографического исследования, Владивосток: б. и., 1922.

- Лопатин И. А., "Орочи-сородичи маньчжур", Общ-во изучения ман ьчжурского края: Историко-этнографическая секция. Сер. А, Харб ин, 1925.
- Максимова И. Е., "Военное дело у сымско-кетского эвенков", Вопр осы этнокультурной истории народов Западной Сибири, Томск, 1992а.
- _____, "Представления о мире у сымско-кетского эвенк ов", Сибирские чтения, СПб., 1992b.
- _____, Тунгусский ойкос (по материалам сымско-кетск ой группы эвенков), Автореф. Диссерт. ...Канд. Исторических Нау к, Новосибирск, 1994.
- Маргаритов В. П., Об орочах Императорской Гавани, СПб.: ТИАН, 1888.
- Мартынова Н. В., Слипецкая Д. Р., "Феномен материальной и духо вной культуры этноса ульчи: традиции, прошлое и настоящее", The scientific heritage 72, 2021, pp.3-14.
- Миддендорф А. Ф., Путешествие на север и северо-восток Сибири 1, СПб.: ИАН, 1860.
- _____, Путешествие на север и северо-восток Сибири 2, СПб.: ИАН, 1878.
- Миллер Г. Ф., История Сибири 1, СПб.: ТИАН, 1750.
- _____, История Сибири 2, М.-СПб.: АН СССР, 1937.
- _____, История Сибири 3, М.: Вост. лит., 2005.
- Миссонова Л. И., "Уйльта Сахалина: основные проблемы исследов аний", ЭО 5, 2002, pp.61–81.
- _____, "Основные проблемы изучения уйльта в контекс те истории народов Сахалина", КБ СОКМ 4, 2005, pp.166–194.
- _____, Уйльта Сахалина: большие проблемы малочисле нного народа, М.: Наука, 2006.
- _____, Лексика уйльта как историко-этнографический источник, М.: Наука, 2013.
- _____, "Танец огня как один из главных обрядов жизне

нного цикла в тунгусо-маньчжурской практике", Музей. Традиш
и. Этничность 2, 2014, pp.33‒44.

- Миссонова Л. И., "Перекрёстки и параллели культур на островах
Сахалин, Курилы, Хоккайдо (на основе фольклорного «слова» и «и
зображения»)", Фольклор палеоазиатских народов: материалы II М
еждунар. науч. конф. «Фольклор палеоазиатских народов» (г. Якутс
к, 21‒25 ноября 2016 г.), Якутск: РИО медиахолдинга, 2017, pp.11‒20.

- Мыльникова К. М., Цинциус В. И., Материалы по исследованию
негидальского языка, Л.: АН СССР, 1931.

- Народы Сибири. Этнографические очерки, Левин М. Г., Потапов
Л. П. (Ред.), М.-Л.: АН СССР, 1956.

- Народы Приморского Края, Ермак Г. Г., Табунщикоков Т. И. (Ред.),
Владивосток: Изд-во 48-часов, 2016

- Невельской Г. И., Подвиги русских морских офицеров на крайнем
востоке России 1849‒1855, Хабаровск: ХКИ, 1969.

- Никитин О. "К вопросу о погребальных обрядах народностей удэг
е", Проблемы краеведения (Арсеньевские чтения), Артемьев А. Р.,
Болотин Д. П. и др. (Ред.), Уссурийск: АН СССР, 1989, pp. 49-51.

- Никонов В. А., "Этнонимы Дальнего Востока СССР", Этническая о
номастика, Никонов В. А. (Ред.), М.: Наука, 1984.

- Озолиня Л. В., Федяева И. Я., Орокско-русский и русско-орокский
словарь, Южно-Сахалинск: СКИ, 2003.

- Окладников А. Л., Исторический путь народов Якутии, Якутск: Як
утск. Гос. Изд. 1943.

- _____, "Арехеологические работы в зоне строительств
а ангарских гидроэлектростанций (общие итоги)", ЗИКМ, Иркутс
к: ИКИ, 1958.

- Окладников А. П., Очерки по истории западных бурят-монголов,
Улан-Удэ: БГУ, 2013.

- _____, "Прошлое Якутии до присоединения к Русском
у государству", История Якутии 1. Якутск, 1949.

- _____, "К изучению начальных этапов формирования

народов сибири", СЭ 2, 1950.

• _____, Неолит и бронзовый век Прибайкалья, М.-Л., 1955.

• _____, "Тунгусо-маньчжурская проблема и археология", История СССР 6, 1968.

• _____, "Неолит Сибири Дальнего Востока", Каменный век на территории СССР 166, М., 1970,

• _____, Далекое прошлое Приморья и Приамурья, Владивосток, 1973.

• _____, Археология Северной, Центральной и Восточной Азии. Избранные труды, Новосибирск: Наука, 2003.

• Островский А. Б., "Культовые жезлы с озера Невского (поиски хронотопа)", Культурное наследие народов Дальнего Востока России. Сахалинская область, Уйльта, Эвенки. Южно-Сахалинск: Лукоморье, 2009, pp.68–74.

• Отаина Г. А., "Воспитание экологического сознания у народов Дальнего Востока", Культура Дальнего Востока, Владивосток: Дальнаука, 1992, pp.103-112.

• Панфилов В. З., "Нивхско-алтайские языковые связи", Вопросы языкознания 5, 1973, pp.3-12.

• Патканов С. К., Опыт географии и статистики тунгусских племен Сибири на основании данных переписи населения. 1897 г. и других источников 2, СПб.: Тип. Сибирского акционерного общества "Слово", 1906.

• _____, Статистические данные, показывающие племенной состав населения Сибири, язык и роды инородцев (на основании данных специальной разработки материала переписи 1897 г.) 3, СПб.: Тип. Ш. Буссель, 1912.

• Пашкова В. М., "Далекие и близкие Гвасюги", Презентация. Виртуальная экскурсия, In: https://infourok.ru/prezentaciya-virtualnaya-ekskursiya-dalekie-i-blizkie-gvasyugi-4133026.html?is_new. 검색일: 2020.02.11.

• Певнов А. М., "Лингвистические свидетельства древности оленев одства ороков", История и культура коренных народов Дальнего Востока: материалы междунар. науч. конф., посвящ. 150-летию со дня рождения Л. Я. Штернберга и 145-летию со дня рождения Б. О. Пилсудского (7–9 ноября 2011 г.), Южно-Сахалинск, 2013, pp. 56–60.

- Певнов А. М., "О нивхских заимствованиях в орокском языке", Проблемы изучения традиционных сообществ Тихоокеанской России: Сборник научных стации ИИАЭН ДВ ДВО РАН. Владивосток: Дальнаука, 2016, pp.147–159.

- Пенская Т. В., "Из истории этнографического изучения ороков Сахалина", ЭИСОКМ, Препринт, Южно-Сахалинск, 1984, pp.31–48.

- _____, "В поисках орокских захоронений (Из полевого дневника 1982-1983 гг.)", ЭИСОКМ, Южно-Сахалинск: ИМГГ ДВО АН СССР, 1985, pp.46–55.

- Перевалова Е. В., "Эротика в культуре хантов", Модель в культурологи Сибири и Севера, Екатеринбург, 1992.

- Петрова Т. И., Нанайско-русский словарь (около 8000 слов), Л.: Госучпедгиз Минпроса РСФСР, 1960.

- _____, Язык ороков (ульта), Л.: Наука, 1967.

- _____, Северные ханты: этническая история, Екатеринбург, 2004.

- Подмаскин В. В., Традиционные народные знания удэгейцев о природе, человеке и обществе во второй половине XIX-XX в. (опыт историко-этнографического исследования), Диссерт. Канд. Исторических Наук, ИИАЭН ДВО РАН, Владивосток, 1984.

- _____, Духовная культура удэгейцев XIX–XX вв. Историко-этнографические очерки, Владивосток: ДВГУ, 1991.

- _____, Народные знания удэгейцев: Историческое этнографическое исследование по материалам XIX-XX вв., Владивосток: ДВО РАН, 1998.

- _____, "Космография тунгусо-маньчжуров и нивхов", Вестник ДВО РАН 1, 2004, pp.94–105.

- Подмаскин В. В., "Медико-демографические последствия этнокуль
турных контактов коренных малочисленных народов Дальнего В
остока России", Вестник ДВО РАН 2, 2012, pp.102–110.
- _____, Мифологический словарь: коренные малочислен
ные народы Дальнего Востока России, Владивосток: Дальнаука,
2013.
- _____, "Динамика численности и территории природоп
ользования уйльта (ороков) Сахалина (XIX–XXI вв.)", Известия РГО
151(4), 2019, pp.40–49.
- _____, "Древние представления о тигре и леопарде у ко
ренных народов Нижнего Амура и Сахалина как историко-этногр
афический источник", Манускрипт 13(12), 2020, pp.120–126.
- Полевой Б. П., Таксами Ч. М., "Первые русские сведения о нивхах-
гиляках", Страны и народы Востока 17(3), 1975.
- Поляков И. С., "Путешествие на остров Сахалин в 1881–1882 гг.: пи
сьма к секретарю Общества", Известия РГО 19(1-2), СПб., 1883.
- _____, Отчет об исследованиях на острове Сахалине и в
Южно-Уссурийском крае, СПб., 1884.
- Пржевальский Н. М., Путешествие в Уссурийском крае 1867-1869,
Владивосток: Примиздат, 1949.
- Протоддъяконов А. П., Краткий русско-орочский словарь, Казань:
Православ. миссионер. общество, 1888.
- Радаев Н. Н., "Гилюй-Ольдойский и Амгунский охотничье-промыс
ловые районы", Экономическая жизнь Дальнего Востока, Хабаров
ск 6-7, 1926.
- Решетов А. М., "Китайцы", Народы России: энциклопедия, 1994.
- Роббек В. А., Фольклор эвенов Березовки (образцы шедевров), Яку
тск: ИГИПМНС СО РАН, 2005.
- Роббек В. А., Дуткин Х. И., "Миф о происхождении Земли и челове
ка в эвенском фольклоре", Эпическое творчество народов Сибир
и и Дальнего Востока, Якутск: Якут. филиала СО АН СССР, 1978.
- Роон Т. П., "Традиционная система оленеводства уйльта", КБ СОК

M 3, 1994, pp. 101–139.

- Роон Т. П., Уильта Сахалина: историко-этнографические исследов
  ания традиционного хозяйства и материальной культуры XVIII-се
  редины XX веков, Южно-Сахалинск, 1996.

- _____, "Экономические изменения у коренных народов Сахал
  ина в XX веке", ИИНБП 3, 1999, pp.182–197.

- Роббек В. А., Роббек М. Е., Эвенско-русский словарь, Новосибирс
  к: Наука, 2004.

- Санги В. М., Песнь о нивхах. Эпическая поэма в мифах, сказаниях,
  исторических и родовых преданиях, М.: Современник, 1989.

- Сем Л. И., Язык бикинских (уссурийских) нанайцев. Диссерт. ...Ка
  нд. Филол. Наук, Л.-Владивосток, 1961.

- _____, Очерки диалектов нанайского языка, Л.: Наука, 1976.

- _____, "Нанайский язык", Энциклопедия. Языки мира, М.,
  1997, pp.173-188.

- Сем Л. И., Сем Ю. А., Мифы, сказки и предания нанайцев (гольдов,
  хэчжэ). Myths, fairy tales and legends of nanai (golds, hezhe), СПб.: РГПУ,
  2020.

- Сем Т. Ю., "Традиционные представления негидальцев о мире и
  человеке", Религиоведческие исследования в этнографических му
  зеях, Сборник научных трудов, Л.: ГМЭ, 1990.

- _____, Картина мира тунгусов: пантеон (семантика образов
  и этнокультурные связи): историко-этнографические очерки, СП
  б.: Фил-факультет СПбГУ, 2012.

- Сем Ю. А., Родовая организация нанайцев и ее разложение, Влади
  восток, 1959.

- _____, "Проблема происхождения ороков Сахалина, Общие за
  кономерности и особенности исторического развития народов с
  оветского ДВ (с древнейших времён до наших дней)", Тез. докл.
  и сообщ. на сессии гуманитарных наук совета ДВФ СО АН СССР
  по итогам научно-организационной работы за 1964 г., Владивосто
  к: ДВФ СО АН СССР, 1965, pp.79–87.

- Сем Ю. А., "Мифологические представления нанайцев о природе и человеке", Генезис и эволюция этнических культур в Сибири, Новосибирск: Наука, 1986.
- _____, "Космогонические представления нанайцев: верхний мир", Религиоведческие исследования в этнографических музеях. Л.: ГМЭ, 1990, pp.114-128.
- _____, Пэрхи, Северные просторы 1-2, Владивосток: б.и., 1992.
- Симонов, М. Д., Кялундзюга В. Т., Хасанова М. М., Фольклор удэге йцев: ниманку, тэлунгу, ехэ, Новосибирск: Наука, 1998.
- Сирина А. А., "Преемственность в организации среды жизнедеятельности (на примере эвенков верховья р. Нижняя Тунгуска)", ЭО 2, 1992.
- _____, "Современные религиозные представления у нижне тунгусских эвенков (по материалам Катангского района Иркутск ой области)", Традиционные ритуалы и верования, М., 1995.
- _____, Катангские эвенки в XX веке: расселение, организа ция среды жизнедеятельности, М.-Иркутск, 2002.
- _____, Проблемы типологии и преемственности этнически х культур эвенков и эвенов (конец начало веков), Диссерт. ...Докт ора Исторических Наук, МГУ, 2011.
- Смоляк А. В., "Магические обряды сохранения жизни детей у наро дов нижнего Амура", Сибирский этнографический сборник 4, М., 1962, pp.267-275.
- _____, "Погребальные и поминальные обряды у народов Ни жнего Амура и проблемы преодоления религиозных пережитков", Материалы научно-практической конференции в г. Улан-Удэ, 1966a.
- _____, Ульчи: Хозяйство, культура и быт в прошлом и насто ящем, М., 1966b.
- _____, "О некоторых старых традициях в современном быт у ульчей", Бронзовый и железный век Сибири, Новосибирск: АН СССР, 1974.

- Смоляк А. В., "О взаимных культурных влияниях народов Сахалин
а и некоторых проблемах этногенеза", Этногенез и этническая ис
тория народв Севера, М.: Наука, 1975.
- _____, "Представления нанайцев о мире", Природа и челов
ек в религиозных представлениях народов Сибири и Севера (вто
рая половина XIX-начало XX в.), Л.: Наука, 1976, pp.129-160.
- _____, "Похоронная обрядность. Ульчи", Семейная обряднос
ть народов Сибири, Гурвич И. С. (Ред.), М.: Наука, 1980, pp.182-187.
- _____, "Народы Нижнего Амура и Сахалина", Этническая ис
тория народов Севера, М: Наука, 1982.
- _____, Традиционное хозяйство и материальная культура
народов Нижнего Амура и Сахалина, М.: АН СССР, 1984.
- _____, "Традиционные календари коренных жителей Нижн
его Амура", Новое в этнографии 1, М., 1989, pp.45-53.
- _____, Шаман: личность, функции, мировоззрение народы
Нижнего Амура, М.: Наука, 1991.
- _____, "Удэгейцы", Народы и религия мира. Энциклопедия,
Тишков В. А.(Ред.), М.: БРЭ, 1999, pp.561-562.
- Солярский В., "Современное правовое и культурно-экономическо
е положение инородцев Приамурского края", Материалы по изуч
ению Приамурского края, Хабаровск: ТКПГГ, 1916.
- Старцев А. Ф., "Боги и хозяева трёх миров в мировоззрении удэге
йцев (по материалам В. К. Арсеньева)", Съезд сведущих людей Да
льнего Востока: Науч. практич. историко-краеведческая конф., по
свящ. 100-летию ХКМ (Хабаровск, 17-18 мая 1994 г.), Хабаровск: ХГ
ПУ, 1994, pp.76-78.
- _____, Проблемы этнокультурного развития удэгейцев во
второй половине XIX-XX вв., Диссерт. ...Доктор Исторических Нау
к, ИИАЭН ДВО РАН, 2002.
- _____, Культура и быт удэгейцев (вторая половина XIX-XX
в.), Владивосток: Дальнаука, 2005.
- _____, "Рыболовство негидальцев в XX веке", Россия и АТ

Р 1, Владивосток, 2012.

- Старцев А. Ф., "Мировоззрение тазов Ольгинского района Приморс кого края о природе", Инновационные технологии в науке и образ овании: материалы IV Междунар. науч.-практич. конф. (Чебоксары, 18 дек. 2015 г.), Чебоксары: ЦНС Интерактив плюс, 2015, pp.55-63.

- _____, Этнические представления тунгусо-маньчжуров о природе и обществе, Владивосток: Дальнаука, 2017.

- _____, "Культ огня в охотопромысловой деятельности и бытовой культуре тунгусо-маньчжурских этносов Нижнего Амура и Приморья", Религиоведение 4, Благовещенск: АМГУ, 2019, pp.73-79.

- _____, "Демографическая характеристика семьи орочей (1951–1995 гг.)", Иторическая демография 1(5), 2010. https:// illhkomisc. ru/wp-content/uploads/2014/07/ist-demo01-2010.pdf. 검색일: 2022.07.03.

- Степанов Н. Н., "Русские экспедиции в XVII веке на Охотском поб ережье и их материалы о тунгусских племенах," УЗЛГПИ 188, 1959, pp.179–254.

- Таксами Ч. М., Основные проблемы этнографии и истории нивхо в (середина XIX-начало XX вв.), Л.: Наука, 1975.

- _____, "Представления о природе и человеке у нивхов", Природа и человек в религиозных представлениях народов Сиби ри и Севера (вторая половина XIX-начало XX вв.), Л.: Наука, 1976, pp.203-216.

- _____, "Нивхи", Народы россии. Энциклопедия,Тишков В. А. (Ред.), М.: БРЭ, 1994, pp.253-256.

- _____, Словарь нивхско-русский и русско-нивхский, СП б.: Просвещение, 1996.

- Туголуков В. А., "Охотские эвенки", СЭ 1, М., 1958.

- _____, "Экондские эвенки", Современное хозяйство, кул ьтура и быт малых народов Севера, М., 1960.

- _____, "Витимо-олекминские эвенки", ТИЭ 78(4), М., 1962.

- _____, Следопыты верхом на оленах, М., 1969.

- _____, "Народ один-названий много", СЭ 5, М.: Наука,

1970.

- Туголуков В. А., "Институт доха у удэгейцев и орочей", СЭ 3, 1972, pp.105-115.

- _____, "Эвенки бассейна рек Турухан", Социальная орга низация и культура народов севера, М.: Наука, 1974.

- _____, "Конные тунгусы (этническая история и этногене з)", Этногенез и этническая история народов севера, М.: Наука, 1975.

- _____, "Эвенки-ганальчи (к вопросу о существовании пл емени у тунгусов)", СЭ 4, 1979.

- _____, "Этнические корни тунгусов", Этногенез народов Севера, М.: Наука, 1980a.

- _____, Витимо-олекминские эвенки, М.: Наука, 1980b.

- _____, "Тунгусы среди татар и хантов на Иртыше и Оби в XVI-XVII вв.", III Всесоюзная тюркологическая конференция. Лит ератураведение и история. Тезисы и докладов и сообщений, 1980c.

- _____, Тунгусы (эвенки и эвены) Средней и Западной Си бири, М.: Наука, 1985(1997).

- Туров М. Г., Хозяйство эвенков таежной зоны Средней Сибири в конце XIX-начале XX в. принципы освоения угодий, Иркутск: Ирк ут. ун-та, 1990.

- _____, "К проблеме этногенеза и этнической истории эвенко в", ЭО 3, 1998.

- _____, "Проблемы исторической прародины северных тунгу сов и этногенеза эвенков", Известия Иркутского государственног о университета 1(2), 2013.

- Унтербергер П. Ф., Приморская область. 1856-1898, СПб.: Тип. В. Ф. Киршбаума, 1900.

- Фадеев А. А., Последний из удэге, М.: Художественная литература, 1982.

- Функ Д. А., Зенько А. П., Силланпяя Л., "Материалы по современно й культуре и социально--экономическому положению северной г руппы уйльта", ЭО 3, 2000, pp.14−30.

- Хасанова М., Певнов А., Негидальцы: язык и фольклор, p.228, http://hdl.handle.net/2115/57373. 검색일: 2022.07.05.

- Худяков И. А., "Верхоянский сборник", Записки Вост.-Сиб. отд. РГ О по этнографии 1(3), Иркутск, 1890.

- _____, Образцы народной литературы якутов, собранные И. А. Худяковым 1, СПб.: ТИАН, 1913-1918.

- Цинциус В. И., "К этимологии алтайских терминов родства", Очер ки сравнительной лексикологии алтайских языков, Л.: Наука, 1972, pp.15-70.

- _____, Негидальский язык. Исследования и материалы, Л.: Наука, 1982.

- Ришес Л. Д., Эвенско-русский словарь, Л.: Учпедгиз, 1957.

- Шимкевич П. П., Материалы для изучения шаманства у гольдов, Х абаровск: ТКПГГ, 1896.

- _____, "Обычаи, поверья и предания гольдов", ЭО 3, 1897a.

- _____, "Некоторые моменты из жизни гольдов и связан ные с жизнью суеверия", ЭО 34(3), 1897b.

- Шнейдер Е. Р., Искусство народностей Сибири, Л.: ГРМ, 1930.

- Шперк Ф., Россия Дальнего Востока, СПб.: ТИАН, 1885.

- Шренк Л., Об инородцах Амурского края 1-3, СПб.: ТИАН, 1883, 1889, 1903.

- Штернберг Л. Я., "Образцы материалов по изучению гиляцкого яз ыка и фольклора", ИИАН 4. 1900.

- _____, Материалы по изучению гиляцкого языка и фоль клора, СПб.: ТИАН, 1908.

- _____, Гиляки, гольды, орочи, негидальцы, айны. Хабар овск: Дальгиз, 1933.

- _____, Первобытная религия в свете этнографии, Л.: ИН С, 1936.

- Янчев Д. В., "Отражение этнокультурных контактов в промыслово
  й деятельности негидальцев", VII Дальневост. конф. молодых исто
  риков. 13-16 мая 2002 г., Владивосток: ДВГУ. 2002.
- _____, Хозяйство и материальная культура негидальцев: вто
  рая половина XIX-XX в. Диссерт. ...Канд. Исторических Наук, Влад
  ивосток, 2006.
- Янчев Д. В., Самар А. П., "Негидальское собаководство", История
  и культура негидальцев: историко-этнографические очерки (ИиК
  нег.), Старцев А. Ф. (Ред.), Владивосток: Дальнаука, 2014.
- "Всероссийская перепись населения 2010. Национальный состав н
  аселения РФ 2010", http://www.gks.ru/free_doc/new_site/perepis2010/pere
  pis_itogi1612.htm, 검색일: 2022.07.06.
- "Национальный состав населения Российской Федерации согласн
  о переписи населения 2021 года", https://ru.wikipedia.org/wiki/%D0%A
  D%D0%B2%D0%B5%D0%BD%D1%8B, 검색일: 2022.12.10.
- Ороки, https://ru.wikipedia.org/wiki/%D0%9E%D1%80%D0%BE%D0%BA%D0%
  B8. 검색일: 2022.04.24.
- http://ihaefe.org/files/publications/full/history-and-culture-of-negidalians.
  pdf. 검색일: 2022.01.10
- https://ru.wikipedia.org/wiki/%D0%AD%D0%B2%D0%B5%D0%BD%D1%8B, 검색
  일: 2022.12.10.
- https://ru.wikipedia.org/wiki/%D0%AD%D0%B2%D0%B5%D0%BD%D0%BA%D0
  %B8. 검색일: 2022.10.11.
- https://ru.wikipedia.org/wiki/%D0%9E%D1%80%D0%BE%D0%BA%D0%B8. 검색일:
  2022.04.24.
- https://www.komandirovka.ru/cities/vladimirovkafhg/ 검색일: 2022.05.22.
- https://infourok.ru/klassniy-chas-moy-lyubimiy-habarovskiy-kray-613494.
  html 검색일: 2022.05.22.
- https://aleutsky.livejournal.com/145922.html. 검색일: 2022.09.22.
- https://arctic-megapedia.com/wp-content/uploads/2020/12/Old_winter_dwell
  ing_Orochi.png. 검색일: 2022.09.22.
- https://studfile.net/preview/957926/ 검색일: 2022.07.06.

- https://travelask.ru/articles/oroki-nani-korennoy-narod-sahalina 검색일: 2022. 07.03.
- https://postnauka.ru/longreads/155703 검색일: 2022.07.03.

II부 극동 토착종족의 우주관

- 강인욱, 「스키토-시베리아 문화의 기원과 러시아 투바의 아르잔 1호 고분」, 『中央 아시아 硏究』 20(1), 2015, pp.127-151.
- 김현돈, 「서양예술사에 나타난 자연과 인간」, 『대동철학』 30, 2005, pp.83-104.
- 두다료노크 S. M. 외, 『러시아 극동지역의 역사』, 양승조 옮김, 진인진, 2018.
- 멜레틴스키 E. M., 『신화시학 1, 2』, 박종소 외 옮김, 나남, 2016.
- 『시베리아 설화집 예벤키인 이야기』, 엄순천 편역, 지식을만드는지식, 2018.
- 『시베리아설화집: 니브흐인 이야기』, 엄순천 편역, 지식을만드는지식, 2018.
- 아리엘 골란, 『선사시대가 남긴 세계의 모든 문양』, 정석배 옮김, 푸른 역사, 2004.
- 엄순천, 「퉁구스 민족명의 어원 및 자명(自名) 분석: 에벤키족과 에벤족을 중심으로」, 『비교문화연구』 39, 2015, pp.191-218.
- _____, 「퉁구스족의 대지기원신화 분석: 에벤키족의 세베키신화와 에벤족의 헤브키신화를 중심으로」, 『유럽사회문화』, 2020, pp.105-136.
- 우노 하르바, 『알타이 민족의 종교적 표상: 샤머니즘의 세계』, 박재양 옮김, 보고사, 2014.
- 엘리아데 M., 『성과 속』, 이은봉 옮김, 한길사, 1998.
- _____, 『세계종교사상사 3』, 박규태 옮김, 이학사, 2006.
- 이호창, 「신화를 통해 살펴본 신과 인간과 대자연의 신성한 관계: 미르체아 엘리아데의 창조적 신화 해석을 토대로」, 『동유럽발칸학』 26, 2011, pp.81-110.
- 전영숙, 「한국과 중국의 창세 및 건국신화 속에 깃든 물 숭배 관념」, 『한중인문학연구』 24, 2008, pp.247-274.
- 陶陽, 鍾秀, 「混沌周末」, 『中國創世神話』, 上海人民出版社, 1989.
- 馬振鋒, 「試論楚蠻夷神話與巫術對漢代儒學的影響」, 『儒學與中國少數民族思想文化』, 當代中國出版社, 1996.

- 衛興儒, 「論貴州天地神話中的宇宙星雲觀」, 『貴州神話史詩論文集』, 貴州民族出版社, 1988.
- Lopatin I., The cult of the dead among the natives of the Amur Basin, S-Gravenhage: Mouton & co, 1960.
- Muller W., Die heilige Stadt. Roma quadrata, himmlisches Jerusalem und die Mythe vom Weltnabel, Stuttgart, 1961.
- Radloff W., Aus Sibirien Lose Blaatter aus dem eines reisen den Linguisten von Wihelm Radloff I, Leipzig, 1884.
- Shirokogoroff S. M., Psychomental Complex of the Tungus, Pekin: Catholic University Press, 1935.
- Аврорин В. А., Козьминский И. И., "Представления орочей о вселенной, о переселении душ и путешествиях шаманов, изображенные на карте", СМАЭ 11, 1949, pp.324-331.
- Аврорин В. А., Лебедева Е. П., Орочские тексты и словарь, Л.: Наука, 1978.
- Алексеев А. А., Забытый мир предков. Очерки традиций и мировоззрения эвенов Сев.-Запад. Верхоянья, Якутск: Ситим, 1993.
- _____, Эвены Верхоянья: История и культура (кон. XIX-80-е гг. XX в.), СПб.: ВВМ, 2006.
- Анисимов А. Ф., Родовое общество эвенков (тунгусов), Л.: ИНС, 1936.
- _____, Религия эвенков в историко-генетическом изучении и проблема происхождения первобытных верований, М.-Л.: АН СССР, 1958.
- _____, Космологические представления народов Севера, М.-Л.: АН СССР, 1959.
- Арсеньев В. К., Лесные люди удэхейцы, Владивосток: Владивосток: Книжное дело, 1926.
- _____, Фольклорные материалы, Фольклор удэгейцев нимманку, тэлунгу, ехэ, Новосибирск: Наука, 1998, pp.448-487.
- Бельды Р. А., Булгакова Т. Д., Нанайские сказки, Norderstedt: Verlag der Kulturstiftung Sibirien, SEC Publications, 2012.

- Березницкий С. В., Мифология и верования орочей, СПб.: ПВ, 1999.
- _____, Этнические компоненты верований и ритуало в коренных народов амуро-сахалинского региона, Владивосток: Дальнаука, 2003.
- _____, Верования и ритуалы коренных народов юга дальнего востока: этнокультурные компоненты и современное состояние (вторая половина XIX-XX в.), Диссерт. ...Доктора Историч еских Наук, ИИАЭН ДВО РАН, Владивосток, 2005.
- _____, Сем Т. Ю., Фадеева Е. В., "Обрядность жизненн ого цикла", История и культура уйльта (ороков) Сахалина: истори ко-этнографические очерки (XIX–XXI вв.), Подмаскин В. В. (Ред.), В ладивосток: Дальнаука, 2021.
- Богдайко О. В., Мифологическая культура орочей начала века: ист орическая реконструкция, Диссерт. ...Кандид. Культурологии, Ха б. Гос. Институт Искусств и Культуры, 2012.
- Болдырев Б. В., Эвенко-русскийсловарь 1, 2, М.: Филиал СО РАН ГЕО, 2000.
- Браиловский С. Н., Тазы или yguhэ, СПб.: ТКМ, 1902.
- Варавина Г. Н., Концепт души в традиционном мировоззрении ту нтусоязычных народов Якутии: традиции и современность. Диссе рт. ...Кандид. Исторических Наук, ИГИПМНС РАН, 2014.
- Варламова Г. И., Двуногий да поперечноглазый, Черноголовый че ловек-эвенк и его земля дулин буга, Якутск: Розовная чайка, 1991.
- Василевич Г. М., Сборник по эвенкийскому (тунгусскому) фолькло ру, Л.: Учпедгиз, 1936.
- _____, "Материалы по религиозным представлениям эв енков", Архив МАЭ РАН Ф.22, 1(37), 1943, pp.34-35.
- _____, "Древние охотничьи и оленеводческие обряды э венков", СМАЭ 17, 1957.
- _____, "Ранние представления о мире у эвенков," ТИЭ 51, 1959, pp.157-192.
- Василевич Г. М., Исторический фольклор эвенков. Сказания и пр

едания, М.-Л.: Наука, 1966.

- _____, Эвенки. Историко-этнографические очерки (XVIII-начало XX в.), Л.: Наука, 1969.
- Васильев Б. А., "Основные черты этнографии ороков. Предварительный отчёт по материалам экспедиции 1928 г.", Этнография 1, 1929, pp.3–22.
- _____, Орочи. Архив МАЭ РАН, Ф.К-V, Оп.1, №125, Л.13.
- Воскобойников М. Г., Эвенкийский фольклор: учеб. пособие для пед. училищ, Л.: Учпедгиз, 1960.
- Гаер Е. А., Традиционная бытовая обрядность нанайцев в конце XIX-начале XX в. (к проблеме устойчивости развития традиций), Диссерт. ...Канд. Исторических Наук, ИЭ АН СССР, 1984.
- Геннадьевич Ф. А., Коллективные представления нивхского этноса: взаимодействие человека, социума и природы (вторая половина XIX-XX вв.), Диссерт. ...Канд. Исторических Наук, ХГПУ, 2002.
- Гонтмахер П. Я., Нивхи: Этнографические тетради, Хабаровск: ХГПУ, 1999.
- Грифанова А. Х., Словарь удэгейско-русский и русско-удэгейский, СПб.: Дрофа, 2002.
- Духовная культура удэгейцев XIX-XX в. Историко-этнографические очерки (ДКУ ИЭО), Подмаскин В. В. (Ред.), Владивосток: ДВГУ, 1991.
- Дьяконова В. П., "Религиозные представления альайцев и тувинцев о природе и человеке", Природа и человека в религиозных представлениях народов Сибири и Севера (вторая половина XIX-начало XX в.), Л.: Наука, 1976.
- Дьяконова М. П., Миф в фольклоре эвенков и эвенов (цикл творения мира), Диссерт. ...Кандид. Филолог. Наук, Дагестан. Гос. Пед. Ун-т, Мачхала, 2016.
- Ермолова Н. В. "Представления о душе, смерти и загробной жизни в традиционном мировоззрении эвенков", От бытия к инобытию: Фольклор и погребальный ритуал в традиционных культурах Сиб

ири и Америки, Березкин Ю. Е., Павлинская Л. Р. (Ред.), СПб.: МАЭ РАН, 2010, pp.93-158.

- Золотарев А. М., Родовой строй и религия ульчей, Хабаровск: Дал ьгиз, 1939.

- Иванов С. В., "Материалы по изобразительному искусству народо в Сибири в XIX-XX начале века", ТИЭ. Новая серия 22, М.-Л.: АН СССР, 1954, pp.211-214.

- Ильяшевич О. А., Традиционная жизнедеятельность орочей и ее трансформации в XX-XXI веках, Диссерт. ...Кандид. Культурологи и, Дальневосточный Государственный Гуманитарный университе т, Комсомольск-на-Амуре, 2006.

- Каргер Н., Козьминский И., "Отчет об исследованиях материальн ой культуры гарииских гольдов", Гарипо-амгуньская экспедиция 1926 г., Л.: АН СССР, 1929.

- Кибер А. Э., "Краткие замечания о Ламутах, Тунгусах и Юкагира х", СВ 3, СПб., 1823.

- Киле А. С., Искусство нанайцев: вышивка, орнамент. Традиции и новации, Хабаровск: Российский Медиа Альянс, 2004.

- "Краткие замечания о Ламутах", Тунгусах и Юкагирах, СВ 3, СПб., 1823.

- Крейнович Е. А., Нивхгу: загадочные обитатели Сахалина и Амур а, М.: Наука, 1973.

- Крючкин Ю., Большой современный русско-монгольский-монгол ьско-русский словарь, М.: Восток, 2006.

- Куфтин, Архив МАЭ РАН, Ф.12, Оп.1, No.48, Л.49.

- Ларичев В. Е., "Скульптурное изображение женщины и лунно-сол нечный календарь поселения Малая Сыя (семантика образа и рек онструкция способа счисления времени на раннем этапе палеоли та Сибири", ИСО АН СССР. Серия: История, философия, филологи я 3(1), 1984, pp.20-31.

- Ларькин В. Г., Звиденная О. О., Новикова Н. И., Удэгейцы: охотник и и собиратели реки Бикин (Этнологическая экспертиза 2010 год а), М.: Этноконсалтинг, 2010.

- Лебедева Ж. К., Эпические памятники народов Крайнего Севера, Путилов Б. Н. (Ред.), Новосибирск: Наука, 1982.
- Леньков В. Д., Металлургия и металлообработка у чжурчжэней в XII веке (По материалам исследований шайгинского городища), Новосибирск: АН СССР, 1974.
- Логиновский К. Д., 1898, Архив РАН, Ф.282, Оп.1, Д.8.
- Лушникова А. В., "Календари Северной Евразии и Сибири как источник для реконструкции древней картины мира", Вопросы языкознания 5, 2005, pp.11−29.
- Мазин А. И., Традиционные верования и обряды эвенков-орочонов (конец XIX-начало XX в.), Новосибирск: Наука, 1984.
- Маргаритов В. П., Об орочах Императорской Гавани, СПб.: ОИАК, 1888.
- Мартынова Н. В., Слипецкая Д. Р., "Феномен материальной и духовной культуры этноса ульчи: традиции, прошлое и настоящее", The scientific heritage 72, 2021.
- Миницкий М. И., "Некоторые известиея об охотском порте и уезде оного доставленные капитаном-лейтенантом Миницким в 1809 году", Записки, издаваемые государственным адмиралтейским департаментом, относящимся к мореплаванию, наукам и словестности 3, СПб.: Гос. пуб. истор. библиотека России, 1815.
- Мыреева А. Н., Эвенкийский героические сказания, Новосибирск: Наука, 1990.
- Нагишкин Д. А., Храбрый Азмун. Амурские сказки, М.: Детгиз, 1960.
- Напольских В. В., "Миф о возникновении Земли в прауральской космогонии: реконструкция, параллели, эволюция", СЭ 1, 1990, pp.65-74.
- Нивхские мифы и сказки, Певнов А. М. (Ред.), М.: РАН, 2010.
- Новгородова Э. А., Древняя Монголия (Некоторые проблемы хронологии и этнокультурной истории), М.: Наук, 1989.
- Озолиня Л. В., Федяева И. Я., Орокско-русский и русско-орокско

словарь, Южно-сахалинск: СКИ, 2003.

- Окладников А. П., "Археологические данные о древнейшей исто рии Прибайкалья", Вестник древней истории 1(2), 1938, pp.244-260.
- _____, Шишкинские писаницы, Иркутск: ИКИ, 1959.
- _____, "Олень золотые рога", Рассказы об охоте за на скальными рисунками. М.-Л: Искусство, 1964.
- _____, Петроглифы Нижнего Амура, Л.: Наука, 1971.
- _____, Неолитические памятники Нижней Ангары (от Серово до Братска), Новосибирск: Наука, 1976, pp.98-99.
- _____, Мазин А. И., Писаницы бассейна реки Алдан, Новосибирск: Наука, 1979.
- Островский А. Б., Мифология и верования нивхов, СПб: ПВ, 1997.
- Петрова Т. И., Нанайско-русский словарь (около 8000 слов), Л.: Го сучпедгиз Минпроса РСФСР, 1960.
- _____, Язык ороков (ульта), Л.: Наука, 1967.
- Пилсудский Б. О., Из поездки к орокам о. Сахалина в 1904 г., Южн о Сахалинск: ИМГГ ДВО АН СССР, 1989.
- Подмаскин В. В., Традиционные народные знания удэгейцев о пр ироде, человеке и обществе во второй половине XIX-XX в. (опыт историко-этнографического исследования), Диссерт. ...Канд. Ист орических Наук, ИИАЭН ДВО РАН, Владивосток, 1984.
- _____, "Космография тунгусо-маньчжуров и нивхов", Ве стник ДВО РАН. Этнография 1, 2004.
- Подмаскин В. В., Сем Т. Ю., "Пантеон уильта (ороков) Сахалина в XIX–XX вв. Типология и семантика", Россия и АТР 3, 2018.
- _____, Сем Т. Ю., "Духи, хозяева природы, божества, об ереги", ИиК Уильта, Владивосток: Дальнаука, 2021.
- _____, Язык ороков (ульта), Л.: Наука, 1967.
- Поляков И. С., "Путешествие на остров Сахалин в 1881–1882 гг.: пи сьма к секретарю Общества", Известия РГО 19(1-2), 1883.
- Роббек В. А., Фольклор эвенов Березовки (образцы шедевров), Яку тск: ИПМНС СО РАН, 2005.

- Роббек В. А., Дуткин Х. И., "Миф о происхождении Земли и челове ка в эвенском фольклоре", Эпическое творчество народов Сибир и и Дальнего Востока, Якутск: Изд-во Якут. филиала СО АН СССР, 1978, pp.156–159.
- Рычков К. М., "Енисейские тунгусы", Землеведение 1-4, М.-Л.: ТТК К°, 1917, 1922.
- Садко С. А., Эвенкийские сказки, Новосибирск: Западно-Сибирск ое книжное изд-во, 1971.
- Самар А. П., Традиционное собаководство нанайцев, Владивосто к: Дальнаука, 2010.
- Санги В. М., Песнь о нивхах, Эпическая поэма в мифах, сказаниях, исторических и родовых преданиях, М.: Современник, 1989.
- Санги В. М. и др., Сказки Сахалина, Гашилова Л. Б. (Ред.), М.: ФАК ТОТУМС, 2018.
- Сафьянникова Т. М., Орнаменты и украшения эвенков, Красноярс к: Сибирские промыслы, 2007.
- Сем Л. И., "Тазы", Северная энциклопедия, М.: Северные простор ы, 2004.
- Сем Т. Ю., "Традиционные представления негидальцев о мире и человеке", Религиоведческие исследования в этнографических му зеях, Сборник научных трудов, Л.: ГМЭ, 1990.
- _____, Картина мира тунгусов: пантеон (семантика образов и этнокультурные связи): историко-этнографические очерки, СП 6.: Фил-факультет СПбГУ, 2012.
- Сем Ю. А., "Мифологические представления нанайцев о природе и человеке", Генезис и эволюция этнических культур в Сибири, Новосибирск: Наука, 1986.
- _____, "Космогонические представления нанайцев: верхний мир", Религиоведческие исследования в этнографических музеях. Л.: ГМЭ, 1990, pp.114-128.
- Сем Ю. А., "Пэрхи", Северные просторы 1-2, Владивосток: б.и., 1992.

- Сидоров Н. П., "Материалы об орочах", СФХКМ, Ф.45/1, Л.5.
- Симонов М. Д., Кялундзюга В. Т., Хасанова М. М., Фольклор удэгей цев: ниманку, тэлунгу, ехэ, Новосибирск: Наука, 1998.
- Скоринов С. Н., "Традиционная система верований и культов", История и культура нивхов: историко-этнографические очерки, СПб.: Наука, Тураев В. А. (Ред.), 2008.
- Смоляк А. В., "Представления нанайцев о мире", Природа и человек в религиозных представлениях народов Сибири и Севера (вторая половина XIX- начало XXв.), Л.: Наука, 1976, pp. 129-160.
- _____, Шаман: личность, функции, мировоззрение народы Нижнего Амура, М.: Наука, 1991.
- Спеваковский А. Б., "Этнокультурные контакты тунгусоязычных народностей на востоке Сибири (эвены и эвенки)", Этнокультурные контакты народов Сибири, Л.: Наука, 1984, pp.121-131.
- Старцев А. Ф., Этнические представления тунгусо-маньчжуров о природе и обществе, Владивосток: Дальнаука, 2017.
- Суник О. П., Ульчский язык. Исследования и материалы, Л.: Наука, 1985.
- Суслов И. М., "Шаманство и борьба с ним", Сов. Север 3-4, 1931, pp.89-152.
- _____, "Материалы по шаманству у эвенков бассейна реки Енисей", Архив МАЭ РАН, Ф.1, Оп.1, №58, 1935 г. Л.3.
- Таксами Ч. М., Основные проблемы этнографии и истории нивхов (середина XIX-начало XX вв.), Л.: Наука, 1975.
- _____, Нивхско-русский и русско-нивхский словарь, Л.: Просвещение, 1983.
- Типы героических сказаний эвенков, Варламова Г. И., Мыреева А. Н. (Сост.), Новосибирск: Наука, 2008.
- Трусов Д., "Отчет о состоянии Камчатской миссии за 1883 год", Иркутские епархиальные ведомости 40, 1884, pp.438-468.
- Туголуков В. А., Следопыты верхом на оленях, М.: Наука, 1969.
- Тураев В. А., История и культура эвенов, СПб: Наука, 1997.

- Хасанова М. М., "Путь души в мир мертвых по представлениям на родов Амура", Структура, функция и семантика погребального об ряда народов Сибири: Этнографические очерки, Павлинская Л. Р. (Ред.), СПб.: Наука, 2007, pp.134-153.
- Цинциус В. И., "Воззрения негидальцев, связанные с охотничьем промыслом", Религиозные представления и обряды народов Сиби ри в XIX-XX начале века, СМАЭ 27, Л.: Наука, 1971, pp.170-200.
- _____, Негидальский язык. Исследования и материалы, Л.: Наука, 1982.
- Чадаева А. Я., К югу от северного сияния, Хабаровск: ХКИ, 1982.
- _____, Древний свет. Сказки, легенды, предания народов Хабаровского края, Хабаровск: ХКИ, 1990.
- Чернецов В. Н., "Нижнее Приобье в 1 тыс. до н.э.", МИА 58, М., 1957, pp.136-245.
- Шавкунов Э. В., Государство Бохай и памятники его культуры в Приморье, Л.: Наука, 1968.
- _____, Культура чжурчжэней-удигэ XII–XIII вв. и проблем а происхождения тунгусских народов Дальнего Востока, М.: Наук а, 1990.
- Шаманизм народов Сибири. Этнографические материалы XVIII-XX вв.: хрестоматия 2, Сем Т. Ю. (Сост.), СПб.: Фил-фак. СПбГУ; Несто р-История, 2011.
- Шаньшина Е. В., Мифология первотворения у тунгусоязычных нар одов юга Дальнего Востока России: Опыт мифологической рекон струкции и общего анализа, Владивосток: Дальнаука, 2001.
- Шимкевич П. П. Материалы для изучения шаманства у гольдов, Ха баровск: ТКПГГ, 1896.
- Шренк Л. И., Об инородцах Амурского края, СПб.: ТИАН, 1903.
- Штернберг Л. Я., Материалы по изучению гиляцкого языка и фоль клора, СПб.: ТИАН, 1908.
- Штернберг Л. Я., Гиляки, орочи, гольды, негидальцы, айны. Класс ификация, коренного населения Приамурского края, Хабаровск:

Дальгиз, 1933.

• _____, Первобытная религия в свете этнографии, Л.: ИН
С, 1936.

• http://vadimons-blog.ru/page/kostum_evenki_foto/ 검색일: 2022.01.12.

• https://dic.daum.net/word/view.do?wordid=ckw000069846&supid=c
ku000070865 검색일: 2021.12.10.

• https://studfile.net/preview/957926/ 검색일: 2022.07.06.

• https://zooclub.org.ua/gagaroobraznye/1869-gagara-krasnozobaya.html. 검색
일: 2022.10.11.

• https://goru.travel/irkutsk/tours/ 검색일: 2021.07.03.

• http://www.ruthenia.ru/folklore/visual/Antropology/GRAPH/Antropol/Pictures
/Jpg/Ill39.jpg;5. 검색일: 2022.07.03.

• https://copirayter.ru/moj-reportazh-s-mesta-sobytij-primer-kak-delat/ 검색
일: 2022.07.03.

III부 총론

• 엄순천, 「퉁구스 민족명의 어원 및 자명(自名) 분석: 에벤키족과 에벤족을 중심
으로」, 『비교문화연구』 39, 2015, pp.191-218.

• _____, 「퉁구스족의 대지기원신화 분석: 에벤키족의 세베키신화와 에벤족의 헤
브키신화를 중심으로」, 『유럽사회문화』, 2020, pp.105-136.

• Васильев Б. А., "Основные черты этнографии ороков. Предварите
льный отчёт по материалам экспедиши 1928 г.", Этнография 1,
1929.

• Мыреева А. Н., Эвенкийский героические сказания, Новосибирск:
Наука, 1990; М. Г. Воскобойников, Эвенкийский фольклор: учеб.
пособие для пед. училищ, Л.: Үчпедгиз, 1960.

• Садко С. А., Эвенкийские сказки, Новосибирск: Западно-Сибирск
ое книжное изд-во, 1971.

• Суник О. П., Ульчский язык. Исследования и материалы, Л.: Наука,

1985.

- Таксами Ч. М., Словарь нивхско-русский и русско-нивхский, СП б.: Просвещение, 1996
- Хасанова М., Певнов А., Негидальцы: язык и фольклор, p.230, http://hdl.handle.net/2115/57373. 검색일: 2022.07.05.
- Штернберг Л. Я., Гиляки, гольды, орочи, негидальцы, айны. Хабаровск: Дальгиз, 1933.

IV. 약어

- АМГУ: Амурский Государственный Университет
- БГУ: Бурятский Государственный Университет
- БРЭ: Большая Российская Энциклопедия
- ГМЭ: Государственный Музей Этнографии
- ДВ: Дальний Восток
- ДВГУ: Дальний Восточный Государственный Университет
- ДВНЦ АН СССР: Дальневосточный Научный Центр Академии Наук Союза Советских Социалистических Рестпублик
- ДВО РАН: Дальневосточный Отдел Российской Академии Наук
- ДВФ СО АН СССР: Дальневосточный Филиал им. В. Л. Комарова Сибирского Отделения Академии Наук Союза Советских Социали стических Рестпублик
- ЖС: Живая Старина
- ЗИРГО: Записки Императорсгого Русского Географического Обще ства
- ЗИКМ: Записки Иркутского Краеведческого Музея
- ЗПО ИРГО: Записки Приамурского Отдела Императорского Русск ого Географического Общества
- ЗПФГО СССР: Записки Приамурского Филиального Географическ ого Общества Союза Советских Социалистических Рестпублик

- ЗОИАК ФОПО ИРГО: Записки Общества Изучения Амурского Края Филиального Отделения Приамурского Отдела Императорского Русского Географического Общества
- ЗРГО: Записки Русского Географического Общества
- ИАН: Императорская Академия Наук
- ИГИПМНС СО РАН: Институт Гуманитарных Исследований и Проблем Малочисленных Народов Севера Сибирского Отделения Российской Академии Наук
- ИИАН: Известия Императорской Академии Наук
- ИИАЭН ДВ ДВО РАН: Институт Истории, Археологии и Этнографии Народов Дальнего Востока Дальневосточного Отделения Российской Академии Наук
- ИИРГО: Известия Императорского Русского Географического Общества
- ИКИ: Иркутское Книжное Издательство
- ИМГГ ДВО АН СССР: Институт Морской Геологии и Географии Дальневосточный Отдел Дальневосточного Отделения Академии Наук Союза Советских Социалистических Республик
- ИНС: Институт Народов Севера Центральный Исполнительный Комитет Союза Советских Социалистических Республик им. П. Г. Смидовича
- ИРГО: Императорское Русское Географическое Общество
- ИСО АН СССР: Известия Сибирского Отделения Академии Наук Союза Советских Социалистических Республик
- ИЭ АН СССР: Институт этнографии им. Н. Н. Миклухо-Маклая Академии Наук Союза Советских Социалистических Республик
- ИЭАС: Историко-Этнографический Атлас Сибири
- ИЭА РАН: Институт Этнологии и Антропологии Российской Академии Наук
- КБ СОКМ: Краеведческий Бюллетень Сахалинского Областного Краеведческого Музея
- ЛГПИ: Ленинградский Государственный Педагогический Институт

т им. А. И. Герцена
- ЛГУ: Ленинградский Государственный Университет
- МИА: Материалы и Исследования по Археологии Союза Советски х Социалистических Реструблик
- МС: Морской Сборник
- ОИАК: Общество Изучения Амурского Края
- ПВ: Петербургское Востоковедение
- ПОИРГО: Приамурский Отдел Императорского Русского Географи ческого Общества
- ПОРГО: Приамурский Отдел Русского Географического Общества
- ПФРГО: Приморский Филиал Русского Географического Обществ а Союза Советских Социалистических Реструблик
- ПЦРГО ОИАК: Приморский Центр Русского Географического Общ ества-Общество Изучения Амурского края
- РГО: Русское Географическое Общество
- РГПУ: Российского Государственного Педагогического Университ ета им. А. И. Герцена
- СВ: Сибирский Вестник
- СЖС: Сибирская Живая Старина
- СК: Сахалинский Календарь
- СКИ: Сахалинское Книжное Издательство
- СМАЭ: Сборник Музея Антропологии и Этнографии им. Петра Вел икого Российской Академии Наук
- СПб: Санкт-Петербург
- СПбГУ: Санкт-Петербургский Государственный Университет
- СПбФА РАН: Санкт-Петербургский Филиал Архива Российской Ак адемии Наук
- СР РЭМ: Секция Рукописей Российского Этнографического Музея
- СЭ: Советская Этнография
- ТИАН: Типология Императорской Академии Наук
- ТИИАЭ ДВО РАН: Труды Института Истории, Археологии и Этног рафии Народов Дальнего Востока Дальневосточного Отделения

Российской Академии Наук
- ТИЭ: Труды Института Этнографии им. Н. Н. Миклухо-Маклая Академии Наук Союза Советских Социалистических Рестпублик
- ТКМ: Типография Кнжная В. П. Мещерского
- ТКПГГ: Типография Канцелярии Приамурского Генерал-Губернатора
- ТПОРГО: Труды Приамурского Отдела Русского Географического Общества
- ТС: Тунгусский Сборник
- ТСЭРГО: Труды Сибирской Экспедиции Русского Географического Общества
- ТСД: Типография С. Добродеева
- ТЩПВО: Типография Штаба Приамурского Военного Округа
- ТТКК°: Типография товарища И. Н. Кушнерев и К°
- УЗЛГПИ: Ученые Записки Ленинградский Государственный Педагогический Институт им. А. И. Герцена
- ХГПУ: Хабаровский Государственный Педагогический Университет
- ХКИ: Хабаровское Книжное Издательство
- ХЛ: Художественная Литература
- ЭИСОКМ: Этнографические Исследования Сахалинского Областного Краеведческого Музея
- ЭО: Этнографическое Обозрение
- ЯКИ: Якутское Книжное Издательство

찾아보기

엄순천

성공회대학교 교양학부 외래교수. 러시아언어학을 전공, 현재 극동 퉁구스족의 언어와 문화를 연구하고 있다.

논저

『잊혀져가는 흔적을 찾아서-퉁구스족(에벤키족) 씨족명 및 문화 연구』(저서, 2016), 『한민족문화와 퉁구스족』(공저, 2019), 「알타이족 샤머니즘의 기원 및 혼종성과 특수성 분석: 에벤키족을 중심으로」(논문, 2020), 「러시아 극동 우데게족의 치병(治病)의식과 치병용 신상(神像)의 문화기술지적 고찰」(논문, 2022) 등.

극동 토착종족의 우주관과 생태

2024년 3월 20일 초판 1쇄 펴냄

지은이 엄순천
펴낸이 김흥국
펴낸곳 보고사

책임편집 이소희
표지디자인 김규범

등록 1990년 12월 13일 제6-0429호
주소 경기도 파주시 회동길 337-15 보고사
전화 031-955-9797
팩스 02-922-6990
메일 bogosabooks@naver.com
http://www.bogosabooks.co.kr

ISBN 979-11-6587-688-3　93100
ⓒ 엄순천, 2024

정가 25,000원